시민 아카데미

시민 아카데미

김춘섭·김태성·김화택·노희관·손광은
송희성·윤정한·이정구·전태갑·정환담
지경래·최영관·최준원(가나다순) 공저

전남대학교출판부

권두언

사단법인 <빛고을 정책연구센터>는 2011년 5월 20일, 전목회(전남대학교 정년퇴임 명예교수 모임 단체)의 위임을 받은 7인 준비위원회에서 사단법인을 창설하는데 의견을 모으고 회원 전체의 동의를 얻어 2012년 1월 25일, 사단법인으로 출범하였습니다.

이와 때를 같이하여 광주 NGO 시민재단이 전남대 명예교수들(후에 조선대 정년퇴임 교수 2인 참여)의 시민을 대상으로 한, '시민 아카데미' 강좌 개설을 제안해 왔습니다. 우리들 참여교수 모두는 서로 공감하고 뜻을 같이 하여 시민 아카데미가 출범하게 되었습니다. 이미 2011년부터 NGO시민재단이 주관하던 '사회적 기업'의 프로 보노(공익을 위한 재능기부를 의미하는 라틴어 'pro bono publico'의 줄임말) 활동과 광주시청 주관의 소단위 도서관 도움 일 등을 하고 있는 때여서 <빛고을 정책연구센터>가 이때부터 세 가지 분야에서 사회공헌 활동을 하게 된 것입니다.

아울러 2013년부터는 <광주데일리 뉴스>와 협의하여 정론 직필의 기치아래 우리 명예교수 6인의 논설진이 참여하여 칼럼을 쓰거나 사회 각 분야에 대한 정론을 개진하기도 합니다. 비록 제한된 소수 인원 참여이기는 하지만 우리 명예교수 일동은 각자가 가진 전문지식을 담은 전문논설을 제공하기도 하고, 정의롭고 밝은 사회, 바람직한 사회를 위하여 소신있는 의견을 펴 오는 일에도 적극적으로 활동하고 있는 중이기도 합니다.

오늘날 세계화 시대를 살아가는 우리 현대인은 급속하게 변하는 세계의 경제상황과 문화, 그리고 산업사회의 여러 현상을 경험하게 됩니다. 앞으로, 더욱 더 급변할 미래사회에 대한 준비를 소홀히 할 수 없게 되어 가고 있습니다. 문화와 산업이 각 국이나 각각의 사회의 독자성을 유지하기도 하지만 전체적으로는 종합적이고 복합적인 한 덩어리가 된 사회로 발전하거나 굴러가기는 그런 사회의 도래가 예견되기도 합니다.

지금의 세계는 각국이나 각 지역이 독자성을 유지하고 발전하는가 하면 전 세계적인 안목과 질서 속에서 같은 방법으로 좌표를 설정하기도 합니다. 문화나 예술, 그리고 산업과 정보가 서로 순방향으로 발전하기도 하고 역방향으로 발전하기도 합니다. 문화나 예술, 그것의 내용이 다르기도 하고 같기도 합니다. 그러나 분명한 것은 그 주체에 따라서 그것의 방향과 속도, 그리고 내용이나 의미가 전연 다를 수 있다는 것입니다. 그 주체의 대소에 따라 그 방향이나 내용이 크게 달라 질 수도 있습니다. 한 국가의 중앙이냐 지방이냐, 지방이더라도 시도냐 시군이냐에 따라서 달라지기도 하고, 또한 개인이냐 기업이냐, 그리고 중앙정부냐 지방정부냐에 따라서 크게 다르게 나타날 수가 있습니다.

우리 한국은 이러한 세계화에 동참하고 한 발짝 앞서 세계화를 선도해 가려고 하고 있습니다. 여러 가지 측면에서 한국은 세계의 10대 강국이 되고 여러 가지 분야에서 선진국의 대열에 서게 되었습니다. 이제 한국의 국민들과 광주시민들도 이러한 세계화에 동참하고 선도하는 국민과 시민의 자격과 능력을 갖추어 가야 한다고 생각합니다.

이러한 차원에서 제반 안목과 내용, 그리고 각자 나름의 경륜을 가진 전남대학교/조선대학교 정년퇴임 교수들의 사회참여가 이루어지고, 시민의 교양을 증진하고 세계와 지역사회의 문화의식 증진을 위하여 광주광역시 시민이면 누구나 참여할 수 있도록 시민 아카데미를 설립하고 운영하였습니다.

미국에서는 법조인들의 사회참여가 프로보노로서 미국인들에게 환영받고 세계인들에게 추앙받는 일이 되고 있기도 합니다. 이 지역 광주 전남에서는 전 분야의 전문가인 정년퇴임 교수들이 국가와 사회, 그리고 지역의 발전을 위해서 전문지식과 학식, 지혜를 기부하는 시민 아카데미에서 2013년 한 해 동안 강의한 내용의 주요 부분을 모아 이 책을 펴냅니다.

더불어 이 책이 간행된 것은 전남대학교 교직원 저술지원 사업을 안내하고 지원해 준 지병문 총장의 배려가 있었기에 가능했다는 것을 말씀드리고 거듭 감사를 드립니다.

2014년 9월

사단법인 빛고을 정책연구센터 이사장 전 태 갑

2013년 시민 아카데미

1. 교육개요

- 주최·주관: (사)빛고을 정책연구센터·(사)광주NGO시민재단
- 교육목적: 시민의 교양 및 지역사회 문화의식 증진
- 교육대상: 광주광역시 시민이면 누구나
- 교육기간: 2013.04.~06. (1학기), 2013.08.~10. (2학기) 매주 화, 목/ 오전 10~12시
- 교육장소: 광주NGO센터 4층 교육실
  (광주광역시 서구 상무번영로 57 KT텔레캅빌딩 4층)

2. 교육과정

월	일	시간	차수	강의내용	강사
4월	3일(수)	14:00~16:00 (2시간)	1차	최초의 고대 동방의 문명	김춘섭
	5일(금)		2차	세계의 식문화와 우리의 식문화	전태갑
	10일(수)		3차	여성과 사회	송희성
	12일(금)		4차	영재아 육성을 위한 교육	노희관
	17일(수)		5차	행복동행전략으로서 사회적 기업(1)	이정구
	19일(금)		6차	적극적 대화법	정환담
	24일(수)		7차	우리말 한자와 일본어 한자는 어떻게 다른가	지경라
	26일(금)		8차	막걸리, 우리 몸에 좋은가?	전태갑
5월	1일(수)	14:00~16:00 (2시간)	휴 강		
	3일(금)		9차	국제사회 이해를 위한 몇 가지 문제	최영관
	8일(수)		10차	과학—고조선의 역사적 사실을 과학으로 입증	김화탁
	10일(금)		11차	위대한 지구의 탄생	윤정한
	15일(수)		12차	효과적인 학습방법	노희관
	22일(수)		13차	행복동행전략으로서 사회적 기업(2)	이정구
	24일(금)		14차	가정의 화합의 어려움-가정이 살아야 나라가 산다.	정환담
	29일(수)		15차	한글의 자모와 일본의 가나에 대하여	지경라
	31일(금)		16차	아테네의 문화사적 승리와 비극, 그 교훈	김춘섭
6월	5일(수)	14:00~16:00 (2시간)	17차	자랑스러운 우리의 농수산물: 인삼과 천일염	전태갑
	7일(금)		18차	김치와 우리식품의 세계화	전태갑
	12일(수)		19차	국제질서의 변화	최영관
	14일(금)		20차	인간과 지구	윤정한
	19일(수)		21차	생활과 여성정책	송희성
	21일(금)		22차	세계화 시대, 한국의 예의범절(1)	전태갑
	26일(수)		23차	문화로 읽은 혁명의 시대 이야기	김춘섭
	28일(금)		24차	세계화 시대, 한국의 예의범절(2)	전태갑
				수료식 및 종강파티	

2013년 빛고을 시민 아카데미 2학기 커리큘럼(8월~10월)

월	일	차수	강의내용	시간	강사
8월	6일(화)	1차	왕따없는 소통: 가정교육, 학교폭력 없는 인성교육	2시간	손광은
	8일(목)	2차	고전예화를 통한 도덕, 양보 희망찾기	2시간	손광은
	13일(화)	3차	신나는 경영, 행복한 기업	2시간	최준원
	15일(목)	4차	법치주의와 인정-정직 공정 사회	2시간	최준원
	20일(화)	5차	즐거운 마음 갖기-세상을 건강하게	2시간	손광은
	22일(목)	6차	용기와 도전-창의인성교육 실천	2시간	손광은
	27일(화)	7차	조직의 활성화 방안	2시간	최준원
	29일(목)	8차	효자상과 경영의 지혜	2시간	최준원
9월	3일(화)	9차	강진 고려청자는 왜 비취색인가?	2시간	김화택
	5일(목)	10차	과학자의 입장에서 본 중국인의 처세술	2시간	김화택
	10일(화)	11차	지구상의 재해	2시간	윤정한
	12일(목)	12차	지구를 살리자	2시간	윤정한
	17일(화)		추석		
	19일(목)		추석		
	24일(화)	13차	여성과 법률	2시간	송희성
	26일(목)	14차	여성범죄	2시간	송희성
10월	1일(화)	15차	국제질서의 진화	2시간	최영관
	3일(목)	16차	현 국제질서와 국제협력	2시간	최영관
	8일(화)	17차	일본어 한자의 음독과 훈독에 대하여	2시간	지경래
	10일(목)	18차	한국어와 일본어에 존재하는 "國"자의 의미	2시간	지경래
	15일(화)	19차	영재아 육성을 위한 학술이론	2시간	노희관
	17일(목)	20차	영재아 육성을 위한 방법	2시간	노희관
	22일(화)	21차	사회적 기업가의 정의, 구조, Network형 사고	2시간	이정구
	24일(목)	22차	세상을 보는 창으로써의 경제학과 경제이슈	2시간	이정구
	29일(화)	23차	혼인에 관련된 법률문제	2시간	정환담
	31일(목)	24차	고령사회의 법률문제	2시간	정환담
합계				48시간	

3. 강사소개 (가나다순)

연번	성명	소속	전문분야	비고
1	김춘섭	전남대학교 명예교수(인문대학 국어국문학과)	문학, 인문학	
2	김태성	전남대학교 명예교수(공과대학 전기학과)	전기공학	
3	김화택	전남대학교 명예교수(자연과학대학 물리학과)	과학, 물리학	
4	노희관	전남대학교 명예교수(사범대학 교육학과)	교육학	
5	손광은	전남대학교 명예교수(인문대학 국어국문학과)	국문학	
6	송희성	전 조선대학교 교수(사회과학대학 정치외교학부)	여성과 생활법률	
7	윤정한	전남대학교 명예교수(공과대학 에너지자원공학과)	에너지자원, 과학	
8	이정구	전남대학교 명예교수(경영대학 경제학부)	사회적기업, 경제	
9	전태갑	전남대학교 명예교수(농업생명과학대학 농업경제학과)	식품문화, 농업경제	
10	정환담	전남대학교 명예교수(법과대학 법학과)	유교, 인권, 법학	
11	지경래	전남대학교 명예교수(인문대학 일어일문학과)	일어일문학	
12	최영관	전남대학교 명예교수(사회과학대학 정치외교학과)	국제정치학	
13	최준원	전 조선대학교 교수(사회과학대학 행정학과)	행정학	

차례

지경래

최영관

최준원

시민 아카데미

고대 동방의 두 문명
고대 그리스의 사회와 문화
문화로 읽는 '혁명의 시대' 이야기

전남대학교 명예교수
문박사 **김 춘 섭**

고대 동방의 두 문명

강의 목표

인류가 모두 같은 시기에 역사생활과 문화창조를 시작한 것은 아니다. 신석기 문화를 일찍 끝내고 최초로 한 단계 높은 문화단계에 들어선 곳은 '티그리스-유프라테두강과 이집트의 나일(Nile)강 계곡이었다. 이 두 지역의 문명은 후에 서양문명의 기반이 되었다. BC 3000년경의 일이다.

여기가 바로 '고대 동방'(Ancient Orient)이라 불리는 곳이며 오늘날의 터키, 시리아, 이라크, 요르단, 이스라엘, 레바논, 이집트 등에 해당되는 지역이다. 이들 고대 동방에서 꽃피운 두 문명의 실상을 살펴보고 그 후 그리스와 로마 문명에까지 연결되면서 서양문명의 바탕을 이루는 문명사적 배경을 이해하도록 한다.

강의 내용

1. 이집트 문명

(1) 고대 이집트 문명의 환경적 배경

이집트는 상(上)이집트와 하(下)이집트로 나누어져 인종도 다르고 기후 또한 열대와 아열대로 서로 다른 환경이었다. 나일강변을 따라 형성된 양쪽 비옥한 지대를 제외하고는 주위가 황막한 사막으로 둘러싸여 있기 때문에 이집트는 외부 세력의 침입을 받지 않고 독자적인 사회를 유지할 수가 있었다. 따라서 이집트 문명은 나일강과 밀접한 관계를 가지고 전개

되었다. 나일 강은 아프리카 적도에서 시작하여 멀리 지중해로 흘러들어가는 세계 최장의 강으로, 이집트 영역 안으로 들어와서는 폭포가 없이 흐르기 때문에 통상과 교통에 매우 편리한 수단이 되었다. 이집트 문명의 특징은 나일 계곡이 제공해주는 안정감이었다. 해마다 되풀이되는 나일 강의 범람은, 이집트인으로 하여금 자연은 예측 가능한 것이며 자비로운 것이라고 까지 생각하게 해 주었다.

(2) 이집트의 최초 통일국가의 성립과 문자의 발명

기원전 3100년 경에 이집트의 전체 역사에서 가장 위대한 두 가지 업적, 즉 상 하 이집트의 통일과 문자의 발명이 이루어졌다. 전승에 의하면 이집트의 통일은 한 개인에 의해 이루어진 것으로 되어 있으나 대부분의 학자들은 이집트의 통일이 여러 세대에 걸쳐 이루어진 것으로 보고 있다. 이집트 통일의 주역으로 전승되어오는 그 한 개인은 메네스(Menes) 또는 나르메르(Narmer)라는 인물이다. 어쨌든 '제1왕조' 여러 명의 지배자가 통일을 이룩할 무렵, 이집트 최초의 문자가 발명되었다. 이 상형문자는 '신성한 새김'이라는 뜻의 그리스어에서 유래한 '히에로글리픽'(Hieroglyphic)으로 불리어 오고, 이는 다시 'Hieratic'(神官文字)와 'Demotic'(민중문자)으로 나뉘어 사용되었다.

2천년 동안의 이집트 역사는 다음에서 보듯이 6왕국의 총 31왕조로 이어지며 진행되었다.

(3) 이집트 역사의 여러 단계 정치 변화

① 고 왕국(BC 3100~2200)

제1~2왕조(BC 3100~2700): 이집트의 통일

제3~6왕조(BC 2700~2200): 피라미드 건조

② 제1중간기 왕국(BC 2200년~2050): 귀족 계층과 이웃나라의 침공에 의한 집권으로 정치적 혼란기.

제7~10왕조(BC 2200~2050): 지방 분권과 정치적 혼란

③ 중 왕국(BC 2050~1800)

제11~12왕조(BC 2050~1800): 국가적 재건과 정치적 안정

④ 제2중간기 왕국(BC1800~1570): 이민족 침입 통치

제13~17왕조(1800~1570): 힉소스(Hycsos) 민족의 침입과 지배

⑤ 신 왕국(BC 1570~1085): 정신적 예술적 성취를 이룩한 번영의 시기

제18~20왕조(1570~1085): 이집트 제국 건설

⑥ 후기 신 왕국(BC 1085~332): 쇠퇴기 및 이민족 피침

제21~31왕조(BC 1085~332)

이후 순수 이집트인의 왕조는 사라지고 이민족의 침략으로 이루어진 페르시아 왕조와 마케도니아 제국 알렉산드로스의 휘하 장군 '프톨레이마이오스' 왕조로 이어져 BC 31년, 고대 이집트 왕국이 끝날 때까지 진행된다.

- 페르시아의 이집트 정복(BC 525년 경)
- 마케도니아의 알렉산드로스 대왕 이집트 정복 (BC 332년 경)에서 비롯된 '프톨레마이오스'(Ptolemaios)왕조 (BC 320년 경~BC 31년)

(4) 이집트의 종교와 그들의 신 이야기

- 태양신 라(Ra) 또는 르(Re)와 각 지방 신
- 테배(오늘날의 룩소르)의 신 'Amon'과 태양신 'Re': 아몬-르(Amon-Re)
- 사후를 담당하는 신 '오시리스' Osiris): 대지의 신 '게브'(Geb)와 천공의 신 '누트'(Nut) 사이의 아들 오시리스의 아내 '이시스'와 아들 호루스

(5) 이집트의 예술과 문화

- 피라미드(Pyramid)와 스핑크스 (기제(Gizeh)에 있는 고왕국의 왕 쿠프/카프레/멘카우레 3대의 피라미드)
- 산재해 있는 대규모 신전과 조각들.
- 도굴되지 않은 투탕카멘(신왕국)의 무덤으로 본 예술적 부장품들.
- 파피루스(제지 문명의 시초)

2. 메소포타미아 문명

티그리스-유프라테스 계곡에서 시작한 또 하나의 고대 동방 문명은 늦어도 기원전 3500년경에는 출발했다. 과거에는 이 문명을 '바빌로니아' 혹은 '바빌로니아-아시리아' 문명이라고 불렀다. 그러나 근래엔 이 문명이 바빌로니인이나 아시리아인보다 더 이른 시기에 원주민인 '수메르'(Sumer)인에 의해 시작된 것으로 알려져 있다. 따라서 이 문명 전체를 포괄하는 지리적 용어인 '메소포타미아'를 사용하는 것이 더 적절하다고 보는 것이다. 메소포타미아는 '두 강 사이의 땅'이라는 의미의 그리스어에서 유래했다.

(1) 수메르인(Sumerians)과 메소포타미아 문명의 기원

기원전 3500년 경 티그리스-유프라테스 계곡 하류에 정착했던 수메르인의 정확한 발원지는 분명하지 않지만 중앙아시아의 고원 지대였을 것으로 추정된다. 기원전 2800년경부터 2300년경에 이르기까지 수메르인이 건설한 수 많은 독립적인 도시 국가들이 메소포타미아의 하류 지역에서 번성하였으며, 그 중 가장 중요한 도시 국가는 우르(Ur), 라가시(Lagash)였다.

(2) 구 바빌로니아의 흥망

BC 2000년경에 셈족의 한 부족인 아모리인(Amorites)이 수메르인들의 도시를 정복하고는 메소포타미아 지역에 새로운 제국을 건설했다. 아모리인은 수도를 유프라테스 강 하류의 도시 '바빌론'을 제국의 수도로 정했기 때문에 바빌로니아, 훗날 칼데아인이 세운 신 바빌로니아와 구별하기 위해 '구 바빌로니아'라 부른다. 이 구바빌로니아의 흥기는 메소포타미아 문명에서 수메르 문명 이후 두 번째 중요한 단계였다. 바빌로니아는 인류 최초의 법전을 만든 '함무라비' 왕 시대(BC 1792~1750) 때 번영을 누렸다. 그러나 함무라비 이후 구 바빌로니아 제국은 점차 쇠퇴하여 BC 1550년 경에 아시리아에 의해 멸망당했다.

(3) 아시리아(Assyria)의 흥망

메소포타미아 북부 지역에서 티그리스 강 상류를 중심으로 번성한 아시리아의 명칭은 중심 지역인 아수르(Assur) 고원에서 유래했다. 이들 아시리아인들의 패권 장악은 메소포타미아 문명 발달의 세 번째 시작을 알리는 것이었다. 그들 아시리아 제국은 기원전 8~세기, 사르곤 2세 시기에 전성기를 누렸다. 그들은 북부 티그리스 강가에 거대한 신도시 '니느베'(Nineveh)를 건설하고 수도로 정했다. 아시리아 제국은 이제 근동 지방 거의 전부를 장악하게 되었다. 그들은 시리아, 페니키아, 이스라엘 왕국, 이집트 등을 차례로 정복해 나갔다.

(4) 신 바빌로니아의 흥망

메소포타미아의 새로운 문명은 칼데아인들이 건설한 신 바빌로니아에 의해 무너졌다. 아시리아인들의 정부 관리 능력은 그들의 정복 능력을 따라가지 못했다. 그들에게 정복당한 나라들은 자신들에게 가해지는 전제적 압박에 분노했으며, 제국이 내부로부터 분열될 조짐을 보이자 자유르 되찾기로 결심했다. 아시리아아 제국에 치명타를 가한 사람들은 티그리스-유프라테스강 남쪽 계곡에 자리 잡고 있던 셈족 계통의 '칼데아'인들이었다. 속주 총독 자격으로 아시리아 황제를 섬겼던 '나보폴라싸르'의 영도아래 칼데아인들은 조직화했고, 마침내 그들은 기원전 612년에 아시리아의 수도 '니느베'를 함락했다. 이리하여 이들 칼데아인들이 세운 신 바빌로니아를 가장 번성시킨 왕은 '네부카드네자르'(Nebuchadnezar)였는데 그는 남 이스라엘의 예루살렘을 정복하고 유테인 포로들을 수도 바빌론으로 압송해옴으로써 이스라엘 민족의 대이동을 주도한 인물이다. 우리 말 구약성서에는 '느붓갓네살'로 표기되어 있다. BC 559년 페르시아의 키루스에 멸망했다.

(5) 페르시아(Persia) 제국의 등장과 동방세계의 통일

아케메네스 왕조의 페르시아는 당시 또 하나의 강대한 제국이었던 '메디아'(Media)왕국의 속국인 페르세폴리스(Persepolis)에서 발원했다. '페르시아'는 오늘날의 이란 남서부 해안 지역의 사람을 지칭하는 파르스(Fars)인을 라틴어화한 명칭이다. 기원전 50년에 페르세폴리스의 '키루스'(Cyrus)라는 지방군주가 나타나 메디아 왕국의 지배를 뒤엎고 이어서 주변 지역까지 정복에 나섰다. 이제 그는 '키루스 대왕'이라 불리면 서 가장 경이로운 정복자의 한 사람으로 역사에 그 이름을 남겼다. 이후 20년도 안되는 짧은 기간에 그는 과거 어느 제국보다도 큰, 거대한 제국을 건설했던 것이다.

① 키루스(Cyrus)의 정복활동

메디아, 신 바빌로니아, 시리아, 이스라엘, 소아시아의 리디아 왕국 등

② 키루스 이후의 왕들

캄비세스 2세, 크세르크세스, 다리우스 1세와 다리우스 3세 등 10명의 군주

③ 종교: 조로아스터(짜라투스트라)교

④ BC 330년 마케도니아의 알렉산드로스 대왕에게 멸망

⑤ 아케메네스(Achaemenes)조 페르시아(BC 550~330)

사산(Sasan)조 페르시아(AD 226~651)

고대 그리스의 사회와 문화

— 역사와 신화의 인문학적 변용과 '비극'의 탄생

강의 목표

고대 동방문명(메소포타미아 문명)이 페르시아에 의해 정치적으로 원숙기에 도달할 즈음, 에게(Aege)해 연안 반도에서는 새로운 문명이 일취월장하고 있었다. 그것은 BC 1200년 경 선착 '미케네(Mycenae)' 문명이 사라지고 4백여 년의 암흑시대가 지나간 뒤, BC 600년대에 이르러 가장 창의적인 단계로 접어든 그리스 문명이었다. 그리스 사회는 고대 동방의 신정적(神政的)이며 전제 사회와는 다른 구조를 가지고 있었다. 사회 조직은 소단위이며 정치적으로 자유로운 폴리스(Polis)로 구성되었다. 대표적인 도시 국가인 아테네(Athene)에서는 일찍이 왕정이 사라지고 시민이 직접 참여하는 민주정이 실현되었다. 개인의 개성 발휘가 전혀 제약받지 않은 이 사회에서는 창의성이 매우 높은 문화가 형성되어 갔다는 인문적 바탕을 이해하도록 한다.

중세 이후 '서구적'인 모든 것은 이와 같은 고대 그리스의 문화에 그 기원을 두고 있다. 서양문명의 독특한 철학과 역사학과 문학(시와 연극)은 물론 건축과 조각, 그리고 자유로운 정치제도에 이르기까지 모두 그리스 시대에 뿌리를 둔 것이었다.

강의 내용

1. 폴리스의 기원과 발전

BC 1200~1100년 경, 미케네 세계가 파괴되고 사라진 이후 약 4백년간은 그리스 역사에서 '암흑시대'로 불린다. 이 암흑시대가 끝나는 BC 8백년 경부터 그리스어를 사용하는

에게 해 연안 일대의 민족들이 각기 살아갈 터전을 향해 대규모 이주가 이루어졌다. 일찍이 아티카(Attika) 지방에 정착한 이오니아(Ionia)인이 다시 소아시아 연안으로 이주 정착하여 이곳은 '이오니아'라 불리게 되었다. 아카이아(Achaea)인은 남서쪽 '펠레폰네소스' 반도의 미케네를 정복하고 다시 소아시아 북동쪽의 트로이(Troy)까지 이동하였다.

그리스인은 대체로 이 무렵 씨족 공동체와 같은 혈연사회를 형성하고 있었다. 사회적 단위는 씨족(genos)→문족(phratria)→부족(phyle)이었다. 토지의 사회화가 시작되면서 종래의 혈연사회가 지연사회(地緣社會)로 바뀌었고 마침내 BC 9-8세기 경에는 국가 체제의 폴리스(Polis-Poleis)가 성립하였다. 폴리스를 '도시국가'로 번역해 사용하지만 정확한 역어는 아닌 것 같다. 도시국가 안에도 '농촌'이 존재했고, 도시가 국가를 통치한 것도 아니기 때문이다. 폴리스에는 수호신이 있는 신전이나 제단, 그리고 공공 기념물이 있는 '아크로폴리스'가 중앙 언덕 위에 있고 공공 광장이나 정치적인 집회 장소, 또는 시장 역할을 하는 '아고라(Agora)'를 갖추고 있었다. 이러한 폴리스는 그리스 세계의 거의 모든 지역에 산재해 있었다. 즉 그리스 본토(아테네가 있는 '아티카' 지방)에는 아테네, 테배(Thebes), 메가라(Megara)등의 도시국가가 있었고 펠레폰네소스 반도에는 스파르타와 코린토스(Corinthos)가 있었다. 소아시아 해안에는 밀레토스(Miletos)가 있었으며, 에게 해의 섬 지방에도 사모스(Samos)와 레스보스(Lesbos), 로도스(Rodos) 등 여러 폴리스가 존재했다. 이들 많은 폴리스 중 고대 그리스를 대표하는 도시국가는 스파르타(Sparta)와 아테네(Athene)였으며, 특히 아테네야말로 고대 그리스 역사의 실상이었다.

2. 아테네의 정치와 문화, 그 승리와 비극

(1) 아테네인의 이상과 문화

"우리는 아름다움을 사랑하지만 사치하지 않으며, 지혜를 사랑하지만 나약한 의지에는 빠지지 않는다. 우리는 부를 개인적 과시의 수단이 아니라 공공의 봉사를 위한 도구로 생각한다. 우리는 가난을 수치로 생각하지 않으며, 다만 그것을 극복하려고 노력하지 않는 것을 수치로 생각한다. 우리는 사람이 개인적인 일 뿐만 아니라 공적인 일에도 관여해야 한다고 믿거니와, 이는 우리가 정치에 참여하지 않는 사람을 무관심한 자로서만 아니라 쓸모없는 자로 간주하기 때문이다."

위의 글은 아테네를 통치하던 '10인 군사위원회'의 위원장직을 30년간이나 지내면서 아테네 민주주의 정치 환경을 완성시킨 페리클레스(Pericles)장군 연설문 중의 한 부분이다. '아테네인의 이상'에 관한 최고 통치자로서의 견해를 피력한 연설문이었다. BC 3세기경 아테네의 전성기 당시 아테네 시민의 긍지를 가늠해볼 수 있는 대목이다. 고대 세계의 모든 문화들 중에서 서양 사회의 정신을 가장 극명하게 보여 준 것이 아마도 이러한 그리스인의 이상적 성향과 무관하지 않을 것이다.

고대 세계에서 그리스 인 만큼 '자유'를 위해 헌신적이었던, 그리고 인간 업적의 고귀함에 대한 믿음을 그토록 굳건히 지켰던 민족은 없었다. 우주 만물 중에서 가장 중요한 존재로서 인간을 찬양했다. 권력자의 명령에 복종하기를 거부했으며, 심지어 자신들이 믿는 신 앞에 굴복하는 것마저도 거부했다. 그들은 자유로운 탐구의 정신을 찬양하였으며, 지식을 신앙보다 우월하게 생각했다. 이러한 인간관은 앞으로 살펴보게 될 신화와 '비극'의 내면에도 면면히 스며들어 있다.

(2) 왕정에서 귀족 과두정(寡頭政)으로

BC 7세기 중엽까지 아테네는 그리스의 다른 폴리스와 마찬가지로 왕정을 유지하고 있었다. 이후 '귀족회의'가 점차 왕의 권력을 박탈하고 귀족의 '과두체제'로 이행해 갔다. 귀족과두제 시대에는 대규모 해외 식민이 조직적으로 행해지고 무역과 산업은 크게 발전되었다. 그러나 체제의 변화에도 불구하고 대다수 소 농민들은 경제적으로 너무 피폐해져만 갔다. 부가 귀족들에게 편중되어갔기 때문이다.

(3) 혁명의 위협과 '솔론'(Solon)의 개혁

이제 농민들의 절규가 하늘에 사무쳤다. 도시 중간계급은 농민을 지지하면서 정치적 자유를 요구하기에 이르렀다. 마침내 BC 594년에 모든 당파는 귀족 출신인 '솔론'을 집정관으로 임명하는 데에 합의하고 그에게 개혁을 수행할 절대권을 부여했다.

(4) 참주정(僭主政)의 등장

솔론의 개혁은 중대한 의의를 가진 것이었지만 아테네 시민의 불만을 무마하지는 못했다. 귀족들 또한 그들의 특권 중 일부가 상실된 데 대해 불만을 품었다. 이어지는 혼란과 환멸 가운데 기원전 560년에 아테네 최초의 참주인 '페이시스트라토스'(Peisistratos)가 집권하게 되었다. 그는 자애로운 군주로서 문화를 후원하고 귀족의 권한을 축소시켰으며, 시민의 생활을 향상시켰다. 그러나 그를 계승한 아들 '히피아스'의 무자비한 전횡으로 귀족들에 의해 전복되었다.

(5) 클레이스테네스(Kleisthenes)의 등장과 민주정의 정착

참주정이 전복된 후 귀족 출신의 지적인 인물 '클레이스테네스'(Kleisthenes)가 민중의 지지를 얻어 통치를 위임 받아 급격한 개혁 작업을 단행했다. 이리하여 그후 그는 아테네 민주주의의 아버지로 알려지게 되었다.

① 모든 자유민에게 시민권

② 오백인회, 민회의 권한 확대(법안 채택 결정권, 예산 편성권, 전쟁 선포권)

③ 도편(陶片)추방제도 제도(BC 487)

(6) 페리클레스(Pericles)와 아테네 민주주의의 완성

아테네 민주주의는 '페리클레스' 시대에 완성되었다. 이 시기에 '10인 군사위원회'가 최고 통치기구였는데 군사위원회 장군들은 1년 임기로 민회에서 선출되었고, 무제한 제선이 가능했다. 페리클레스는 최고 군사 위원, 또는 군사위원장의 지위를 30년이 이상이나 유지했다.

(7) '페르시아 전쟁'의 승리와 '펠레폰네소스 전쟁'의 패배

아테네는 영토가 최대로 팽창되고 문화 창조력이 절정에 이르렀을 때, 두 차례에 걸친 크고 중요한 전쟁을 치렀다.

① 아테네와 페르시아의 전쟁 (1차: BC 490년/ 2차: BC 480년)

② 아테네와 스파르타의 30년 전쟁(BC 431～404년)

(8) 마케도니아의 정복과 그리스의 쇠퇴

필리포스 2세/ 알렉산드로스 대왕/ 헬레니즘 시대 (BC 336～BC 31)

3. 그리스의 사상과 문화

그리스 문화의 기본 특성은 휴머니즘, 이상주의, 합리주의에 있었다. 먼저 인간성을 높이 평가하는 휴머니즘이 지적될 수 있다. 신화에서 일상생활에 이르기까지 인간중심적 사고가 지배적이었으며 세속성과 인간 존엄성이 강조되었다. 다음으로 철학적 사고에서나 미의 추구에서나 이상적 세계를 탐구하려는 경향이 강하였다. 예컨대 소크라테스의 끊임없는 진리 추구, 플라톤의 관념 세계와 이상국가론, 조각 작품에 나타난 미의 추구는 모두 이싱주의의 표현이었다. 그리고 무엇보다도 그리스 인의 지적 특성은 합리주의였다. 고대 아테네인의 정신세계는 대체로 합리적 사고에 의해 지배되었다. 신화의 문학적 변용이 창조해낸 연극(비극)의 탄생과 더불어 다음과 같은 고대 그리스 철학의 진화는 인문학의 뿌리이자 출발점이었다.

(1) 밀레토스 학파 (BC 600년~BC 500년 경)

자연철학의 기원은 지중해 연안 소아시아의 밀레토스를 중심으로 한 '밀레토스 학파' (이오니아 학파)에 있었다. 이 학파의 창시자 탈레스 Thales(BC 625～545)는 일식(日蝕) 등 모든 천체현상이 일정한 법칙에 의한 것이라고 생각하고, 자연현상에 대한 인간관계를 논하였다. 그는 공기가 희박해지면 불이 되고 응축되면 바람, 증기, 물, 흙이 된다고 주장하였다.

(2) 피타고라스 (Pythagoras)학파 (기원전 6세기 초)

그리스 철학이 전환기를 맞이한 것은 BC 6세기 초, 수학자이자 종교 지도자이며 철학자인 피타고라스 (BC580～500)에 의해서였다. 이 학파는 사물의 본질이 물질적인데 있지 않고 하나의 추상적 원리인 수(數)에 있다고 주장하였다. "모든 것은 숫자이다"라고 말하면서 자연현상을 수학적 비례관계로 보려고 했다. 또 그는 남부 이탈리아로 이주하여 종교단체를 창설하고, 명상생활이 최고선이라고 설파하였다.

(3) 소피스트(Sophist)의 지적 혁명 (BC 500～400년 경)

페르시아 전쟁에서 승리한 그리스 사회는 자신감에 넘쳤고, 인간 중심적 사고가 널리 퍼져 BC 5세기 중반에 지적 혁명이 일러났다. 이들 철학자들은 자연의 본질에 관한 문제보다 인간 자신과 관련된 문제를 탐구하였다. 동시에 이들의 생각은 주관적이며 상대적이었다. 이 철학자들이 '소피스트'였다. 소피스트의 뜻은 원래 '앎을 사랑하는 사람' 또는 '현자(賢者)'였으나 후에는 "언변으로 상대를 누르는 사람"이라는 경멸의 의미로 쓰이게 되었다. 따라서 그들은 특정한 철학 학파라기보다는 일종의 전문직 종사자들이었다. 소피스트의 철학적 기여는 인간과 사회에 관한 문제를 중요시한 데에 있었다. 그러므로 사회사상의 대두는 전적으로 이들 소피스트들의 덕분이었다. 그리고 실용성 있는 지식을 강조하여 청소년에게 전반적 계몽과 교양을 통해 진리 자체보다는 그것을 이용하는 '영리함'만을 가르쳤다. 소피스트의 대표적인 인물은 프로타고라스 Protagoras(BC 485～410)였다. 그는 줄곧 "인간은 만물의 척도다"라고 가르쳤다.

(4) 고전철학의 확립

① 소크라테스(Socrates); BC 469～399

② 플라톤(Platon); BC 427～347

③ 아리스토텔레스(Aristoteles); BC 384～322

4. 고대 그리스 문화의 창의성

그리스 문화의 창의성은 오랜 진화의 결과였다. 미케네 문화는 크레타 섬에서 형성된 미노스(Minos)의 영향을 강하게 받은 것이었으나 이른 바 '암흑기'(기원전 1200년경~800년경)에 소실되었다. 그리스 문학 최초의 형식은 서사시(敍事詩)였다. '호메로스'의 작품으로 알려져 있는 「일리아스」와 「오디세이아」는 문학사상 가장 오래된 서사시의 전범이다. 이와는 달리 서정시(抒情詩)는 격렬한 애정이나 증오심 같은 개인적인 감정을 당시의 악기 리라(lyre)의 음률에 맞추어 표현하는 형식이었다. 에게 해 레스보스(Lesbos)섬 출생의 사포(Sappho)와 테베 출신의 핀다로스(Pindaros)가 대표적인 서정시 시인으로 전해온다.

5. 그리스의 연극과 '비극'의 탄생

그리스 문학은 연극, 특히 '비극'에서 최고의 업적을 냈다. 많은 위대한 작품에서 확인할 수 있듯이 '비극'은, 당초 종교적 행사에 그 기원을 두고 있었다. 비극은 재생의 신이며 포도주의 신인 '디오니소스'(Dionysos) 숭배를 위해 봉헌된 제전(祭典) 의식(儀式)에서 시작되었다.

'사티로스'(Satyros)로 분장하고 등장한 남성 합창단(Colos)은 제단 주위에서 노래하고 춤을 추었으며, 신의 활동과 관련된 주신(酒神) 찬가(또는 합창 서정시)의 여러 대목을 무대 위에서 공연했다. 시간이 경과하면 수석 가수 한 명이 합창단에서 떨어져 나와 그 이야기의 주요 부분을 낭송했다. 진정한 연극은 한 세기가 지난 BC 5세기 초에 '아이스킬로스' 의 연극에서 두 번째 배우를 등장시키고 합창단을 무대 배경으로 물러나게 함으로써 탄생하였다.

이 연극에 붙여지게 된 '비극'이라는 명칭은 앞서 말한 숲의 신 '사티로스'가 염소로 분장했기 때문에 '염소'를 의미하는 그리스어 '트라고스'(tragos)에서 나온 것으로 알려져 있다. 비극을 뜻하는 영어 'tragedy'도 이 염소의 트라고스에 어원을 둔 것으로 보고 있다.

6. 그리스 3대 비극 작가와 작품

(1) 아이스킬로스(Aischylos)

그리스 연극예술의 발달은 BC 5세기에 그 원숙기로 들어섰고, 이 시대의 주역으로서 세계의 가장 위대한 비극작가들이 민주주의 국가 아테네에서 나왔다. 그 최초의 작가는 '아이스킬로스'(BC 525~456)였다. 그는 합창대를 무대 배경에 배치하고 합창단 이외의 배우를 등장시켜 대본(시)를 낭송하게 함으로써 비로소 연극 형식을 갖추게 되었다. 그는 약 80~90여편의 작품을 썼다고 알려져 있으나 현재 완전한 형태로 전해지는 것은 7편뿐이며, 그중 「결박된 프로메테우스」와 3부작 「오래스테이아」(Oresteia)가 대표작이다. '결박된 프로메테우스'는 인간에게 불을 주었다는 죄 때문에 제우스로부터 벌을 받고 온갖 구박과 고문을 견디는 이야기를 통해 고귀하고 명예로운 행위란 가혹한 대가를 지불해야 하며, 또 꺾이지 않는 정신으로 그것을 지킴으로써 진정한 가치가 있다는 주제를 담고 있다. 한편 3부작 '오레스테이아'는 미케네의 왕아가멤논 일가의 친족 살해 운명을 다룬 작품으로서 죄의식과 도덕적 책임 등 삶의 여러 문제를 다루었다. 이 외에 페르시아의 왕 '크세르크세스'의 페르시아 전쟁 패전을 그린 「페르시아인」도 대표작 중 하나다.

(2) 소포클레스(Sophocles)

그리스 비극 작가 중 가장 위대한 인물로 추앙받는 작가는 단연 '소포클레스'다. 그의 문체는 다른 선배 작가들보다 더욱 세련되었고, 철학은 한층 심오했다는 평가를 받았다. 소포클레스(BC 496~406)는 그리스의 다른 어떤 작가들보다 '절제'의 그리스적 이상을 잘 표현한 작가다. 100편 이상의 작품을 썼다고 알려져 있으나 역시 7편만이 전해진다. 그의 작품 경향은 조화와 평화에 대한 사랑, 민주주의에 대한 지성적인 존중, 인가의 연약함에 대한 심원한 동정 등으로 특징지어진다. 그의 대표작은 널리 회자되어 오는 「안티고네」(Antigone)와 「오이디푸스 왕」(Oedipus Tyrannos)이다.

(3) 에우리피데스(Euripides)

위대한 비극 작가들 가운데 마지막 인물인 에우리피데스(BC 480~406)의 작품은 앞서의 작가들과는 다른 정신세계를 담고 있다. 그는 고대의 신화와 '금기'를 즐겨 조롱한 회의주의자이자 개인주의자였다. 에우리피데스의 두드러진 작가적 특징은 거지나 농민 같은 하층 평민에게까지 배역을 준 최초의 작가였다.

그는 또한 노예를 동정하고 여성의 사회적 지적 생활에서의 소외에 대해 강하게 항의한 것으로 도 유명하다, 그의 희곡들은 개인의 성격 발전이나 자아의 갈등이라는 점에서 아이스킬로스나 소포클레스의 작품들 이상의 것을 보여주지 못했다는 평가다. 그럼에도 불구하고 에우리피데스는 현실 생활과 비슷한 상황을 다루었기 때문에 가장 비극적인 작가로 불린다. 「메데아」(Medea)와 「트로이의 여인들」 등이 대표작이다.

그리스 비극 읽기 보조자료

비극: 보통을 뛰어넘는 위대한 인물이 '운명의 힘'에 맞서다가 장중한 최후

→ Katharsis(아리스토텔레스의 비극 이론)

인간의 근본적인 문제 / 그 시대의 기본 질서 / 권력의 문제→<안티고네>

- 그리스 비극의 '비극적 운명'의 무대는 아테네를 제외한 미케네, 아르고스, 테배, 코린토스 등의 도시국가의 왕가.

신화와 비극 (현존 3대 작가 작품 33편 모두 그리스 전래 신화가 모델)

- Hesiodos의 신통기(1022행의 서사시); 300명이 넘는 신들의 복잡한 계보를 정리한 작품. 예로부터 전해오는 신화와 전설을 그리스인의 세계관과 우주관에 비추어 체계화. 메소포타미아 지역 후르르인(Hurrian)들의 '신통기' 참조한 듯.
- 카오스→에레보스(어둠, 암흑의 신), Nyx(밤의 여신)→hemera(낮의 신)

  ↳ 가이아(Gaea)와 에로스(Eros)
- 가이아→우라노스(Uranos/하늘)와 폰토스(Pontos/바다)
- 가이아와 우라노스→크로노스를 포함한 티탄(Titans/거신족) 12신을 낳음.

■ 올림포스 시대 신의 세계; 제우스 천상, 지상, 지하 세계의 새로운 질서 부여.

■ 제우스→'하늘' 포세이돈→'바다' 하데스→'저승'

■ 제우스와 헤라→올림포스 12신 (주신 제우스, 결혼의 신 헤라, 태양신 아폴론, 숲과 달의 신 아르테미스, 지혜와 전쟁의 신 아테나, 미와 사랑의 신 아프로디테, 통신 무역의 신 헤르메스, 지하의 신 하데스, 바다의 신 포세이돈, 불의 신 헤파이토스, 가정 보호의 신 헤스피아, 전쟁의 신 아레스)

■ 그리스 3대 남신; 우라노스, 크로노스, 제우스

■ 거신(Titan)족과 싸워 이긴 제우스가 최후의 지배자가 되어 올림포스 12신들을 통치함.

그리스 신들의 Text

헤시오도시의 '신통기' 이외에도 호메로스를 비롯한 여러 시인들에 의해 새로운 신들이 등장해 옴.

- Hesiodos의 신통기(神統記)
- 호메로스의 일리아드와 오디세이아
- 3대 비극작가
- Herodotos의 '역사'
- Platon의 '대화' 편
- 고대 그리스에 새겨진 도자기의 그림

  (BC 8-9세기부터 AD 3-4세기까지 그리스어를 사용하는 여러 지방에 널리 퍼져있던 온갖 불가사의한 설화와 전설과 고대 이집트와 인도 유럽어족의 신화, 그리고 메소포타미아, 소아시아로 이주한 그리스 선주민의 신화 등)

3대 비극 작가의 주요 작품

■ 아이스킬로스(Aischylos)/ BC 525~456

<아가멤논>, <제주를 바치는 여인들>, <자비로운 여신들>,

<결박된 프로메테우스>

<페르시아인들>, <테베를 공격한 일곱장수>, <탄원하는 여인들>

- 소포클레스(Sophocles)/ BC 496~406

  <오이디푸스 왕>, <안티고네>, <콜로노스의 오이디푸스>, <엘렉트라>

  <아이아스>, <트라키스 여인들>, <필록테테스>

- 에우리피데스(Euripides)/ BC 480~406

  <헬레네>, <오레스테스>, <엘렉트라>, 등 총 19편

비극 공연의 시작 부분

주신(酒神) 디오니소스 숭배 제전에서 사티로스(Satyros) (숲의 신/디오니소스종자)로 분장한 남성합창단의 디오니소스 찬가(디티람보스). 수석 한 사람이 나와 '이야기'의 주요 부분 낭송. (사티로스; 상반신은 사람, 하반신이 염소임)

극장의 3부분(theater←theatron, 관람석)

① skene(소도구 장소)

② proskeneion(배경 장치 / 신들의 등장)

<proskeneion→무대와 orchestra(합창과 춤의 반원형 무대)>

③ theatron(관람석)

- 극장의 3부분; 무대(skene와 proskeneion) / 오케스트라, 관람석

극의 구성

① prologos; 연극의 '주제'와 '상황'

② parodos; 등장가 (코러스)

③ episodion(삽화); 노래와 노래 사이의 대화 장면→근대극의 '막(幕)'

④ stasimon(停立歌); 코러스가 오케스트라에 자리잡고 부르는 노래.
각 '삽화'에 대한 성찰, 막간의 곡으로 변화.

⑤ exodos(떠남); 배우와 코러스간의 대화, 코러스가 무대에서 떠남.

문화로 읽는 '혁명의 시대' 이야기

— 아메리카 혁명에서 '프랑스 대혁명'까지

강의 목표

흔히 18세기 말에서 19세기 말에 이르는 한 세기를 '혁명의 시대'라 일컫는다. 이 혁명의 시대의 주역은 단연 '프랑스 대혁명'(1789)이었다. 앞서 한 세기를 풍미한 이른바 계몽주의의 보편적 이념인 자유에 대한 이상과 영국 식민지인을 중심으로 획득한 아메리카의 독립혁명(1776) 등이 이 혁명의 시대를 이끈 주요 배경이 되었다는 역사가들의 진단은 전적으로 옳은 것이었다.

한 통계에 의하면, 프랑스 혁명이 발발한 1789년에는 유럽인 5명 가운데 1명은 프랑스에 거주했었다. 그리고 프랑스인이건 아니건 간에 대부분의 유럽인들은 자신의 이해관계를 넘어서 프랑스를 유럽의 중심부로 인식하고 있었다. 따라서 프랑스에서 발생한 혁명은 즉각 유럽의 모든 시선을 집중시켰을 뿐만 아니라 한국가의 차원을 넘어서는 중대사건이 될 수밖에 없었다. 아울러 그것이 프랑스에서 일어난 혁명이라는 사실 이외의 또 다른 이유로 유럽인들을 매료시키고 또 혼란에 빠뜨렸다.

프랑스 혁명에 나타난 철학 사상과 정치 현실은 수십 년 동안 유럽인들의 마음을 사로잡았던 태도와 관심사, 그리고 갈등을 반영하고 있었다. 혁명가들이 자유 옹호를 선언했을 때, 이들은 계몽 사상가들의 목소리를 대신할 것일 뿐만 아니라 1776년 미국 독립 혁명가들의 목소리 역시 대변한 것이었다. 유럽 전체에 걸쳐 군주와 귀족, 그리고 중간계급은 서로 적대감을 느끼며 대치하고 있었는데, 이러한 적대감은 공통된 불신과 불확실성을 반영하는 것이었는데 여기에서는 프랑스 대혁명의 시대적 배경과 함께 그 진행 과정, 그리고 그 이후 '혁명의 시대'를 관류하는 역사적 실체를 이해하도록 한다.

강의 내용

1. '혁명의 시대' 배경과 아메리카의 독립 혁명

1763년에 끝난 영국과 프랑스의 '7년 전쟁' 이후부터 1848년, 이른바 '2월 혁명'으로 불리는 프랑스의 마지막 정치 변혁이 이루어지기까지 약 한 세기 기간을 흔히 '혁명의 시대'라 일컫는다. 아메리카 혁명(1770～1774)에 이어 폭발한 '프랑스 대혁명'은 혁명 시대의 정점이었다. 자국 프랑스는 물론, 전 유럽에 걸쳐 결정적인 영향을 미쳤을 뿐만 아니라 궁극적으로는 세계사적인 대변혁의 출발점을 이룬 사건이었기 때문이다.

멀리 거슬러 소급해보면, 혁명의 시대는 17세기의 '지적 혁명'으로부터 왔다고 할 수 있다. 갈릴레오의 우주과학 관련 이론서('우주의 2대 체계에 관한 대화')의 출간(1632년)을 시작으로 천문 관련 이론의 결정판인 뉴턴의 「자연철학의 수학적 원리」(1687년 출간)에 이르는 획기적인 과학 혁명과 프랑스의 볼테르(Voltaire), 몽테스키외(Montesquieu), 루소(Rousseau) 등 대표적 계몽 사상가들이 이룩한 인문분야의 혁명이 그것이다.

그러나 이러한 간접적 배경에 비해 실질적으로 '혁명의 시대'를 이끈 것은 아메리카 혁명이었다. 1763년, 영국이 프랑스와의 7년 전쟁을 승리로 마감하면서 영국 본국과 아메리카 대륙의 13개 주에 거주하는 식민지인과의 충돌은 끝내 아메리카 대륙의 독립혁명 사건으로 비화되었고 1776년 7월 4일에 '독립선언서'를 채택하기에 이르렀다. 훗날 제3대 미국 대통령(1801～1809년)에 선출된 변호사 '제퍼슨(Jefferson)'이 기초한 이 문서에서 13주 대표는 왕권신수설에 입각한 군주권을 반박하고 영국 정부와 식민지인 사이의 불화 원인을 확인했다. 아메리카 대륙의 이와 같은 독립 혁명은 영국의 왕권을 거부하는데 성공했을 뿐만 아니라 대의제를 확보하고 민권을 보장하는 계기를 만들었다. 이 아메리카 혁명의 의의는 그 이전의 어떤 혁명보다도 주권재민설과 민족자결 원칙을 분명히 천명하여 역사상 최초의 민주주의적 공화제를 실현시켰다는 점에 있다. 10여년 후에 발발한 프랑스 대혁명은 이러한 근대적 정치의식의 연장선상에 놓인다고 볼 수 있다.

2. 프랑스 대혁명의 시작과 경과

서양사에서 중요한 의미를 지닌 가장 상징적인 해는 '프랑스 혁명'이 일어난 1789년이다. 그 해 이후에 비로소 자유와 평등이 정치적으로 실현되었을 뿐만 아니라 이제 이러한 혁명이 봉건 계층의 압제에 대한 효과적인 해결 방법이라는 것이 널리 증명되었기 때문이다.

프랑스 대혁명은 13년 전(1776년)에 일어난 아메리카 독립혁명과 같이 당시 유행했던 계몽사상 시대의 정치사상에서 영감을 얻었으나 아메리카의 그것보다 훨씬 과격하게 전개되었다. 아메리카의 독립혁명은 영국의 법과 사회 문화적 유산을 그대로 유지하면서, 다만 영국의 통치에서 벗어나 '자주 독립' 하는 것이 목표였지만 프랑스 혁명의 지도층은 '기존사회 제도'(Ancien regime)를 청산하고 근본적으로 새로운 정치·문화적 구조로 대체하려고 했던 것이다. 프랑스 대혁명은 프랑스는 물론이거니와 이웃 유럽 여러 나라들의 역사적 변화를 일으키게 된 원인을 제공하는 커다란 사건이었다. 굳이 '대혁명'으로 부르는 것도 이러한 이유 때문이다.

그 결과 나폴레옹 이후의 프랑스 자국은 물론, 유럽의 여러 지역에서 각각 작은 '혁명'이 연쇄적으로 일어나 19세기 중반을 넘어서기까지 이러한 혁명적 분위기는 계속 이어져 나갔다. 프랑스 대혁명이 내세운 '자유, 평등, 박애'의 표어는 오늘날에도 여전히 사회 정치철학으로 생명력을 잃지 않고 민주주의 체제의 기본으로 되어 있는 것은 모두 경험하고 있는 바다. 프랑스 대혁명은 서양 근대사의 출발점이며, 따라서 이에 대한 이해는 19세기뿐만 아니라 그 이후의 역사를 이해하는 필수의 전제가 되는 것이라고 말해도 지나친 말은 아니다.

> "인간은 태어나면서, 그리고 생존하면서 자유로우며 평등할 권리를 갖는다. 따라서 사회적 차별은 공공복리를 위해서만 이루어질 수 있다. <중략>
> 국민은 모든 주권의 본질적인 원천이다. 국민으로부터 명백히 유래되지 않은 경우에는 어떤 개인도, 어떤 단체도 권력을 행사할 수 없다."

인용한 위의 글귀는 1789년 5월에 시작된 프랑스 혁명 과정에서 제헌의회 대표들이 승리를 확신하고 선포한 '인간과 시민의 권리 선언'의 전문(前文)에 적힌 글귀다. 프랑스 혁명의 요체를 극명하게 드러내는 두 문장이다. 혁명이 일어난 1789년 당시, 유럽인 5명 가운데 한 사람은 프랑스에서 살았다고 한다. 그리고 대부분 유럽 사람들은 프랑스를 유럽 문명의 중심부로 인식하고 있었다는 것이다. 따라서 프랑스에서 발생한 '혁명'은 즉각 유럽의 모든 시선을 집중시켰을 뿐만 아니라 프랑스 자국의 한 나라를 넘어서는 중대 사건이 될 수밖에 없었다.

프랑스 대혁명에 나타난 철학 사상과 정치 현실은 수십 년 동안 유럽인들의 마음을 사로잡았던 태도와 관심사, 그리고 갈등을 반영하고 있었다. 혁명가들이 자유 옹호를 선언했을 때, 이들은 시민의식을 고양시킨 당시 계몽 사상가들의 목소리를 대신한 것에 지나지 않았던 셈이다. 세상을 떠난 지 1~20년 정도밖에 안된 볼테르, 몽테스키외, 루소 같은 계몽 사상가들이 그들이다. 혁명으로까지 번진 시민의식은 계몽주의 시대가 축적해 놓은 인문학적 사유의 실천적 교훈이 도도한 역사의 물결과 함께 성장한 것으로 보여지는 대목이다.

프랑스 혁명 발생의 가장 직접적인 배경은 선왕 루이15세 때 영국과 치룬 두 7년 전쟁의 패전으로 인한 경제적 압박과 귀족, 성직자, 평민 간의 신분 갈등이 첨예화된 데에서 찾을 수 있다. 경제적 난국을 해결하기 위해서는 귀족에게도 세금 부과가, 평민계층에게는 증세 통보가 불가피했고 또 이 제도를 알리고 이해시키기 위해서는 제1신분인 성직자와 제2신분인 귀족, 그리고 제3신분인 평민 등 세 계층의 대표자 회의(삼부회)를 개최해야 했다. 그러나 이즈음의 시민의식은 이미 국왕의 일방적 통보를 거부할 만큼 성장해 있었다, 대도시 중심의 대표자만의 회의를 거부하고 전국 대회로 확대할 것을 요구, 이 제의가 받아들여져 이제 일사불란한 회의는 기대하기 어렵게 되었다. 제3신분인 평민 대표자들은 차별적 회의 운영에 항의하여 옆의 테니스 코트에 따로 모여 독자적으로 '국민회의'를 구성했다. 혁명이 시작된 것이다.

(1) 혁명의 시작

프랑스 혁명의 직접적인 발단은 앞서 밝힌 것처럼 국가 예산의 파탄에 있었다. 그러나 프랑스 왕이나 정부에는 당시 이와 같은 경제적 위기를 타개할 능력이 없었다. 1787년, 국왕 루이 16세는 절망적인 가운데 145명의 귀족과 성직자들의 '명사회(名士會)'를 소집하였으나 아무런 해결책을 찾지 못했다.

이제 프랑스 정부는 국가 재정을 타개하기 위해서는 1614년에 폐지된 이래 거의 1세기 반 이상 소집한 일이 없는 신분회(身分會)를 소집하는 것뿐이었다. 대표자 회의 규모를 전국으로 확대하고 제3신분의 대표수가 제1,2신분 대표 수의 두 배가 되어야 한다는 제3신분 대표자들의 주장에 국왕도 굴복할 수밖에 없었다. 드디어 1789년 5월 베르사이유 궁정에서 전국 신분회가 개최되자 제3신분의 대표들은 궁정 안의 신분회의장을 벗어나 옆의 다른 장소에 모여 독자적으로 '국민의회'의 성립을 선언하는 혁명적 조치를 취했다. 제3신분이 곧 국민이며 국민으로서의 제3신분은 주권자임을 주장했다.

(2) 혁명의 경과

① 혁명의 1단계/ '국민의회'

1단계는 1789년 6월부터 1792년 8월까지의 기간에 해당한다. 이 기간 내내 프랑스의 운명은 '국민의회'의 손 안에 있었다. 대체로 이 단계는 온건했으며 자유주의적 성향의 제3신분 대표들이 주도적인 역할을 했다. 정권을 장악한 국민회의는 봉건제의 폐지와 인권선언을 발표하였으며, 1791년에는 새 헌법을 제정하고 해산, 새로 '입법회의'를 출범시켰다. 그러나 입법회의는, 안으로는 내분에 시달리고 밖으로는 유럽 여러 나라들과 혁명전쟁을 벌이는 등 난국에 처해 있었다. 이런 어려움 가운데서도 1789년 혁명 첫해 여름과 가을에 벌어진 다음의 세 사건은 혁명이 이미 프랑스 사회의 심장부로 침투해가고 있음을 국민 대다수가 느끼고 있었다. 그리고 혁명적 성과의 하나하나는 혁명 1단계의 '승자들'이 온건한 중간계급(부르주아)임을 선언하는 것이었다.

※ 바스티유 함락/ 대공포/ 10월사건

※ 1단계 성과; (a) 봉건적 특권의 폐지(십일조, 강제노역, 농노제, 귀족 사냥 권 등)
(b) 인간과 시민의 권리 선언
(c) 교회의 세속화(교회의 국가권위 지배)
(d) 1791년의 새로운 헌법 제정, 국민의회→입법의회

② 혁명의 2단계(지롱드파와 자코뱅파의 등장과 대립)

1792년 여름, 혁명은 2단계로 진입했다. 이 2단계에서는 온건한 중간계급 지도자들이 몰락하고 평민들의 입장을 대변하는 '급진 공화파'들이 그 자리를 대신했다. 이와 같이 돌발적이고 급격한 사태 변화로 반전한 것은 다음의 주요 요인들이 작용했기 때문이었다.

(a) 평민들의 실망
(b) 지도력의 부족('바렌' 사건과 온건파 미라보의 사망)
(c) 주변국들의 적극적인 반혁명 정서 (프랑스 요인들의 망명)
(d) 오스트리아와 프로이센의 '필니츠(Phillnitz) 선언' (혁명 전쟁의 한 요인)

이 당시 프랑스 혁명정부의 지도자들은 온건한 '지롱드파(Girondins)'들이었다. 이들 지롱드파는 필리츠 선언을 국가안보에 대한 위협으로 선언했다. 지롱드파들은 전쟁에 대한 열정이 프랑스를 단결시킬 것이며 동시에 그들의 계속적인 집권을 가능 하게 할 것으로 기대했던 것이다. 그리하여 1792년 4월, 입법의회는 오스트리아와 프로이센에 대해 선전포고하기에 이르렀다. 프랑스의 거의 모든 정파들은 전쟁을 환영했다. 지롱드파는 호전적 정책이 정부에 대한 국민들의 충성심을 확고히 할 것으로 기대했다. 그러나 급진파들은 온건 지롱드파와 군주정의 권위가 실추되고, 그럼으로써 급진 공화파가 프랑스를 지배하며 인민의 군대와 혁명 이념이 전 유럽에서 승리를 거두는 날이 앞당겨지리라 기대했다.

급진파의 기대처럼 프랑스 군대는 크게 패배했다. 1792년 8월경에는 오스트리아와 프로이센 연합군이 국경을 넘어 파리 함락을 눈앞에 두고 있었다. 파리는 분노와 절망의 도가니로 변했다. 그리고 국왕과 그의 보수적 지지자들이 적과 함께 꾸민 음모 때문에

참패했다는 믿음이 널리 유포되었다. 급진적 지도자들의 지휘를 받아 봉기한 파리 시민들은 왕궁을 공격하고 왕의 수비대를 살육했으며, 왕은 의회의 은밀한 회합 장소로 피신했다. 동시에 급진파는 파리의 자치 정부를 장악하고 이를 자신들이 지배하는 혁명적 '코뮌(Commune)'으로 대체했다. 코뮌은 의회로 하여금 왕의 권한을 정지시키고 가족들을 투옥시키도록 요구했으며 결국 성공을 거두었다.

이 시점부터 평등주의적 성향이지만 아직은 덜 급진적인 '중간적' 중간계급이 지배력을 장악하게 되었다. 이들 새로운 지도자들은 스스로를 '자코뱅파(Jacobins)'라 불렀는데 이 당파 역시 회원들의 세력이 커지면서 다수의 수공업자들이 모여들기 시작했다. 지방에 기반을 둔 지롱드파는 파리 시민을 불신하는 경향이 있었으며 파리의 급진적 시민 공동체 코뮌의 극단주의에 두려움을 나타냈다. 이와는 대조적으로 자코뱅파는 코뮌을 대표했다.

자코뱅파가 최초로 취한 조처는 그간의 국민의회 또는 입법의회를 '국민공회'로 바꾸고 공화정 헌법을 입안하고 제정한 일이었다. 그리고 국민공회는 이후 3년 동안 국가의 효과적인 통치기구로서 역할을 했다. 이어 정치범들이 탈옥 음모를 꾸미고 있다는 소문을 듣고 파리 코뮌들로 하여금 이들을 약식 재판에 회부하여 순식간에 처형하게 한, 이른바 '9월학살' 사건이 발생하여 1,000여명 이상의 사람들이 혁명의 적이라는 혐의로 목숨을 잃었다. 또한 새로 선출한 '국민공회'의 지도자들은 군주정을 폐지하고 이를 위해 루이 16세를 처형하려는 결심을 굳히고 있었다. 아울러 국민공회는 프랑스가 이제 공화국임을 선포했다. 1792년 12월에는 루이 16세를 재판에 회부했으며 다음 해 1월에 근소한 표차로 사형이 선고되었다. 프랑스 절대주의의 위대한 상속자인 루이 16세는 이렇게 단두대에서 처형되었다. 같은 해 10월에는 왕비 마리 앙투아네트도 단두대 위에 섰다.

국민공회는 새로운 민주주의 헌법을 제정했으나 발효를 보류하고 '구국위원회'로 명명된 12명의 지도자에게 그 지휘권을 위임했다. 이 시점에 와서 지롱드파는 국민공회 내에서 영향력을 거의 상실한 상태가 되었다. 그리하여 권력은 자코뱅파로 완전히 넘어갔는데, 이 무렵 구국위원회 위원과 국민공회 의장을 지낸 '로베스피에르'(Robespierre)는 자코뱅파의 최고 지도자로 부상해 있었다.

1년여의 공포정치 기간에 프랑스 전역에 걸쳐 처형된 인원은 대략 2만여명으로 추산된다. 공화국을 위협하는 것처럼 보이는 사람은 누구나 탄압을 받았다. 귀족 계층보다 더 많은 수의 농민과 노동자들이 희생을 당했다. 구국위원회의 무자비한 공포정치에 의해 그토록 많은 사람이 희생되어야 할 정도로 '구국(救國)'이 그 만큼의 가치를 갖고 있었는지에 대해서는 여전히 역사적 미결 상태로 남아 있다.

③ 혁명의 3단계 ('熱의 달'의 반동-로베스피에르의 처형과 '총통부' 등장)

구국위원회는 프랑스를 구할 수는 있었지만 결과적으로 자신들은 구하지 못했다. 구국위원회와 자코뱅파의 공포정치는 평민들의 지지를 잃었고, 이 틈을 타서 평민들의 불만을 등에 업고 '국민공회'가 다시 권력을 장악했다. 아울러 그들로 하여금 계속되는 희생을 요구하면서 공포정치의 필연성을 강조해 온 구국위원회가 더 이상 정당화 될 수 없다는 생각을 갖게 만들었다. 1794년 7월경에는 구국위원회의 지지자들 대부분이 사라졌다. 1794년 7월 27일(혁명력 '열의 달' 27일) 국민공회의 연단에서 발언하려는 로베스피에르가 정적들에 의해 발언권을 박탈당하는 사태가 발생했다. 절망에 빠진 그는 충성스러운 자코뱅파들을 규합하여 자신을 옹호하도록 하면서 국민공회에 저항하고자 모의했다. 이러한 음모가 국민공회를 지지하는 군대에 의해 발각되자 로베스피에르는 자결하려 했으나 그마저 실패하고 다음 날 21명의 공모자들과 함께 국적(國賊)의 혐의를 받고 단두대의 이슬로 사라졌다.

(3) 혁명의 종말

이제 국민공회에 남아 있는 지도자들은 온건파로서 시간이 지나면서 점차 보수화로 기우는 사람들뿐이었다. 그리하여 혁명은 다시 상층 중간계급의 이해를 반영하는 방향으로 되돌아갔다. 급진파들이 취했던 극단적인 정책들이 무효화된 것이다. 그리고 왕정복고는 물론, 옛 귀족들에게 권력을 장악당하지 않기 위하여 입법부에서 선출된 5명으로 '총통부'를 구성, 행정 전권을 부여했다. 그러나 총통부의 권력지배는 대부분 역사가들에 의해 부정적으로 평가되어 온 것처럼 통치 능력이 없었다. 총통부는 전쟁의 와중에 축재하여 출세한 모리배와 졸부들의 집합체에 불과했다는 것이다. 극심한 인플레이션과 물가앙등 등 산적한 문제를 치유할 수 없었던 총통부는 절망 상태에 빠졌다. 그러자 이들 총통들은 젊고 유능한 장군 나폴레옹 보나파르트(1769~1821)에게 지원을 요청하기에 이르렀다. 이때(1798) 나폴레옹은 이집트 알렉산드리아 근처의 지중해의 해전에서 영국의 넬슨 제독에게 패배함으로써 영국이 쳐놓은 함정에 빠져 있었다. 바로 이 시점에 총통부로부터 연락을 받은 것이다.

이집트를 몰래 빠져나와 파리에 도착한 나폴레옹은 이미 유력한 총통이자 한때는 제3신분의 혁명적 지도자였던 성직자 '시에예스(Sieyes)'와 함께 쿠데타를 일으키기로 합의해 놓은 상태였다. 1799년 11월 9일(혁명력으로 '안개의 달'-Brumaire)에 시에예스, 그리고 또 한 명의 총통과 함께 나폴레옹은 스스로 '임시 집정관'임을 선언했다. 이로써 나폴레옹은 총통부의 간절한 염원을 대변하는 존재가 되었다. 한때 제3신분 계층을 부추겨 혁명을 선동했던 시에예스는 이제 사실상의 독재 체제 이름으로 다음과 같이 '반혁명'을 선언했다.

> "아래로부터의 신망, 위로부터의 권위"

이 말과 함께 새로운 지도자의 등장을 알리며 사실상 혁명기의 종말을 공표했다.

프랑스 혁명 이후의 정치 메모

- 나폴레옹의 개혁(1799~1804)
  - (a) 중앙 집권화 정책
  - (b) 교육과 법체계
  - (c) 국가와 교회의 화해
- 황제가 된 나폴레옹(1805)
- 나폴레옹의 퇴출(1814년-엘바 섬 유배)과 복귀(1815년), '워털루 전쟁'에서의 패전

- 나폴레옹의 재 퇴출(1815년-세인트 헬레나 섬)
- 루이 18세 즉위(1815~1824)와 샤를 10세 즉위(1824~1830)
- 루이 필립 즉위(1830~1848) — 7월 혁명
- 2월 혁명(1848년-제2차 공화정) — 황제로 즉위(나폴레옹 3세-1852~1871)
- 제3차 공화정(1871년)
- 독일과의 통일전쟁 패전(1871년) — 통일 '도이치란트' 제국 탄생

시민 아카데미

100세 시대, 사회적기업과 함께하는 건강하고 행복한 생활

전남대학교 명예교수

공학박사 **김 태 성**

100세 시대, 사회적기업과 함께하는 건강하고 행복한 생활

1. 서론

동양철학에서는 만물을 생성하는 근원의 힘을 氣라고 하였다. 기는 만물을 구성하는 물질이요, 自己運動을 하는 원리이다. 기의 본체는 太虛요, 기의 속성은 集散運動을 한다. 기의 운동과 변화에서 천지만물이 태어났다. 생명의 본질은 기요, 기는 생활하고 활동하는 힘이다. 그래서 氣力이라 한다.

우리사회에서 존경 받은 인간상은 어떤 사람이냐? 100세 장수시대를 살아갈 사람은 五氣人이 주위 사람으로부터 부러움을 받을 표준형인간이라고 생각한다.

몸에는 元氣가 충만하고, 눈에는 精氣가 빛나고, 얼굴에는 和氣가 감돌고, 머리에는 聰氣가 넘치고, 마음에는 德氣가 풍기는 사람, 이런 사람이 이상적 인간상이고, 福 있는 삶을 살 수 있으리라고 여겨진다.

心身强健　　五氣充滿

福生有基　　福善禍淫

결국 복 있는 사람은 심신이 건강하고, 五氣가 충만하면서 선하고 착한 사람일 것이다.

요즘 웰빙(Wellbeing)에 대한 관심이 점점 높아져 가고 있는 추세에 맞추어 전반적인 생활환경이 급속도로 개선되어 가고 있다. 또한 고령화 사회로 진입하면서 필연적으로 건강한 몸으로 오래 오래 행복하게 살고자 하는 욕망이 강해져 가고 있다.

따라서 본 강좌에서는 어떻게 하면 건강히 자립하면서 오래, 행복하게 그리고 만족스러운 삶을 살 수 있을까 하는데 주안점은 두고 건강, 자립, 행복 등의 세 가지 주제를 주로 논하면서, 동시에 100세 장수시대에 적합한 노인 자립과 사회적 기업의 역할을 고찰하고자 한다.

2. 건강

1) 신체건강

건강하고 오래, 행복하게 살 수 있는 방법이 있을까? 지금까지 밝혀진 바로는 좋은 유전자, 습관, 삶에 대한 태도 및 운동 등은 모두 수명에 영향을 미친다.

긍정적이고 능동적으로 그리고 감사하며 봉사와 운동을 꾸준히 지속하는 생활 습관을 가진 사람은 건강하고 행복하게 오래 살 수 있다.

어떻게 하면 지금처럼 혹은 지금보다 더 건강하게 살 수 있을지, 그러기 위해서 해야 할 일이 무엇인지 진지하게 생각해서 각 개인의 형편에 가장 알맞은 방법을 찾아 최선의 노력을 지속하는 삶을 살아야 한다.

건강은 인생의 기초자본이요, 주춧돌이다. 견고한 건물을 건축하려면 먼저 기초가 튼튼해야 한다. 연약한 기초 위에 견고한 건물을 지을 수 없다.

건강이라는 견고한 기초 위에 성공의 집을 지을 수 있고, 행복한 삶을 살 수 있으며, 승리의 인생을 엮어 갈 수 있다.

건강을 잃어버리는 것은 인생의 전부 (little of life, much of life, everything of life)를 잃어버리는 것이다.

건강에 관한 명언들을 소개한다.

① 건강은 인생의 첫째가는 재산이다. (Emerson)

② 神聖한 것이 있다고 하면 인간의 신체야말로 신성하다. (Whitman)

③ 신체가 허약하고 불 건강한 사람은 국가의 죄인이다. (Roosevelt)

④ 건강을 유지하는 것은 자기에 대한 의무인 동시에 사회에 대한 의무이다. (Franklin)

⑤ 당장 바닥에서 엉덩이를 떼고 움직여라. (Robert)

건강 하려면 운동을 하여야 한다. 운동은 우리 몸의 거의 모든 장기에 마법과 같은 놀라운 역할을 한다. 운동의 효과는 주로 신체에 나타나지만, 정신에도 놀라운 효과를 보인다.

운동의 정도에 관계없이 일주일에 몇 시간 정도 운동을 하는 사람은 스트레스도 덜 받고 분노나 근심, 우울증에 빠지는 일도 적은데, 이런 성향은 모두 심장병이나 요절과 관계된다.

평소에 운동을 열심히 해서 정신적 즐거움을 맛보면 운동을 더 열심히 하게 된다. 소파에 푹 파 묻혀있는 엉덩이를 빼내서 운동을 하면 할수록 점점 더 쉬워진다는 사실을 알게 될 것이다.

"땀 흘려 운동하여 내 건강은 내 스스로 지킨다." 이것이 인생의 제일 중요한 첫째 원칙임을 명심하자.

2) 정신건강

미국의 큰 보험회사에서 건강에 관한 세 가지의 중요한 지혜를 제시하였다.

① 일생 동안 술, 담배를 아니한 사람

② 적당한 운동을 계속한 사람

③ 신앙, 신념, 평안, 감사 기쁘게 산사람

이 사람들은 그렇지 아니한 사람 보다 약 7년 더 살 수 있다는 결론을 얻었다. 사람은 마음 가짐과 생화태도에 따라 남 보다 20년 이상 더 살 수 있다는 결론이다.

이상의 세 항목 중에서 3항인 신앙, 신념, 평안, 감사, 기쁨 등이 제일 중요하다. 감사와 기쁨을 누리기 위해서는 뇌가 움직여야 하고 마음이 느끼고 감동해야 한다.

사람을 움직이는 건 뇌다. 그런데 뇌를 담고 있는 머리는 타고나는 것이 아니라 가꾸는 것이다. 그러면 어떻게 가꿀까. 몸에 유익한 섭생으로 가꾸고, 적절한 운동으로 가꾸고, 진실된 신앙과 신념으로 가꾸므로 인해 매사가 감사하게 느껴지게 되고, 기쁘고 행복한 생활습관이 길러지게 된다. 또한 전두엽의 의욕과 측두엽의 경험은 뇌를 가꾸는데 중요한 요소이다. 특히 전두엽에서 빼놓을 수 없는 중요한 기능이 무엇을 하고자 하는"의욕"이다. 세상을 살아가는데 의욕처럼 중요한 것이 없다. 의욕 중추는 전두엽의 측좌핵에 있는데 여기가 활발해야 생기발랄하고, 도전적이며, 미래지향적이고, 어떠한 역경에도 일어 설 수 있는 저력이 생긴다.

창조적 일을 시작할 때 나도 모르게 몰입하게 만드는 "작업흥분", 일을 효율적으로 하게 도와주는 "작업기억"도 전두엽의 역할이다. 창조는 전두엽의 의욕-측두엽의 경험으로 이루어진다. 창조를 위해서는 이 둘 사이의 회로를 강화해야 한다. 자주 쓸 수 록 이 회로가 단련되어 굵어 진다. 이것이 창조의 기틀이고, 작은 창조가 큰 창조로 이어져나간다.

운동을 해야겠다는 의욕과, 운동을 하고 나면 건강해지고, 몸도 가벼워지고, 기분도 상쾌해 진다는 경험, 이 두 가지 경험이 만나면 서로 상승효과가 있게 되는데, 이와 같은 과정이 뇌 가꿈의 과정이다.

한편 뇌를 건전한 방향으로 이끌고 가면서 여러 가지 감정을 조절하는 물질로서 세로토닌 이라는 호르몬이 있다. 전두전야의 조절능력을 키우는데 중요한 뇌 속의 신경전달 물질이 세로토닌이다. 전두엽을 제어하는 능력이 통제불능상태에 빠지면 이성이 완전히 마비되어 끔직한 일이 벌어진다. 이러할 때 세로토닌은 평상심을 되찾고 이성적 판단을 할 수 있는 일을 한다. 충동이나 공격성을 불러일으키는 노르아드레날린과, 강한 쾌감을 동반하지만 중독 위험이 있는 도파민 및 엔드로핀의 폭주를 막아주는 물질이 세로토닌이다.

사람은 감정에 따라 움직이고, 감정은 뇌에 따라 움직인다. 이러한 과정에서 뇌를 통제하고 가꾸어 나가는 물질이 세로토닌이다.

따라서 건강관리의 근본은 정신관리이다. 무병장수 하려면 항상 평화로운 마음, 기쁜 마음, 감사하는 마음을 가지고 살아야 한다. 마음은 나를 다스리는 왕(心王), 몸의 기둥(心柱), 내 존재의 가장 중요한 기둥(支柱)이다.

일찍이 공자는 이렇게 말하였다.

夫哀 莫大於心死 마음이 죽으면(心死) 모든 것이 다 죽는다.

그림 1. 名醫의 遺言

名醫유언: 돈도 안 드는데 꾸준히 치료받고 복용하라

감정은 고급감정과 저급감정 두 종류가 있다. 고급감정은 희망, 기쁨, 평화, 감사, 존경, 신념, 겸손 등으로서 나와 남을 행복하게 만드는 플러스의 밝은 감정이다. 저급감정은 시기, 분노, 증오, 질투, 의심, 열등감, 절망, 불안 등으로서 나와 남을 불행하게 만드는 마이너스의 어두운 감정이다.

우리는 心身이 강건한 사람, 고급감정이 충만한 사람이 되어야한다. 그래야만 인생의 대업을 성취하고, 건강, 행복, 성공 그리고 승리하는 인생을 살 수 있다.

3) 짜증과 분노를 잠재우는 감정조절의 원리

세상을 살다 보면 우리는 다른 사람에게 영향을 주기도하고, 반대로 영향을 받기도 한다. 다른 사람의 삶이 긍정적으로 보인다면, 그의 행동을 지켜보고, 연구하고, 모방하는 편이 현명하다. 하지만 그 반대로 다른 사람의 부당한 태도나 행동을 순순히 받아들일 필요가 없다.

우리는 다음과 같이 생각해 봄이 어떨까.

"나는 더 위대한 운명을 가지고 이 세상에 태어났다. 나의 운명은 이 세상을 더욱 행복하고 성공적이며 예의 바른 곳으로 만드는 일이라고 믿는다. 그러기 위해서는 먼저 나 스스로부터 되돌아보아야 한다."

우리는 남의 감정공격이 내 삶에 영향을 미치게 만드는 일도, 내가 남에게 강정공격을 하는 일도 하지 말아야 한다. 그 뿐만이 아니라 나 자신은 분노, 우울, 짜증 등의 쓰레기 감정을 용납하지 말아야 한다고 다짐해야 한다. 또 감정공격을 퍼붓는 사람을 보더라도 기분 나쁘게 받아들이지 않고, 그저 미소로 대하면서 다른 주제로 분위기를 돌려서, 나쁜 감정이 뇌 속에 입력되어 정착되는 것을 막아야 한다.

감정을 지켜 나가기 위한 실천사항이 있어 여기에 소개한다.

감정 지키기 5대 실천사항

- 부정적인 감정을 쏟아내는 감정폭군들을 무조건 무시하라.
- 내 안의 부정적인 감정들을 지워버려라.
- 나 자신은 남에게 감정 폭군이 되지 말자.
- 감정조절이 안 되는 타인이 있으면 가능한 도와라.
- 감사의 순환 속에서 살아가라.

3. 행복

1) 행복의 창조

인간은 언제나 더 나은 삶을 추구하고 있고, 행복을 향해 나아가고 있다. 따라서 삶의 목표는 행복에 있다. 그러나 그 행복은 우리에게 쉽게 다가오지 않는다. 행복을 발견하는 것은 가능하지만 행복은 그렇게 단순한 것이 아니다.

종교계에서는 행복하고 만족스런 삶을 결정하는 네 가지 요소를 다음과 같이 설명하고 있다. 즉 행복결정 4요소는 부, 만족, 영적 성장 그리고 깨달음 등 4가지를 들고 있다.

세속적인 관점에서는 건강, 물질, 친구, 욕구, 만족 그리고 마음상태 등이다. 이 중에서 마음상태가 행복해지는 핵심적인 열쇠이다. 하지만 마음의 자세와 자기내면에 관심을 갖지 않는 다면 진정한 행복이라고 볼 수 없다. 마음이 고요하고 평화로울수록 행복하고 즐거운 삶을 누릴 수 있다.

서양신화에서 행복의 여신은 짓궂은 신이어서 쫓아가면 도망치고, 멀리하면 유혹하고, 단념하면 배후에서 조롱한다. 반면에 봉사하고, 사랑하고, 감사하고, 만족하고, 보람된 삶을 살고 있으면 행복의 여신은 어느새 아름다운 미소를 지으며 우리 곁을 찾아온다. 보람, 이것이 바로 중요한 행복의 열쇠다.

성전을 짓고 있는 3명의 석공에게 물었다.

"당신은 무엇 때문에 이 일을 하고 있소?"

석공1: "죽지 못해하오"

석공2: "돈을 벌려고 하오"

석공3: "신의 영광을 나타내기 위해 조각을 하오"

석공3은 자기가 하는 일에 보람을 느끼는 행복한 사람이다.

사람은 저마다의 안경을 쓰고 인생을 바라본다. 무슨 안경을 쓰고 인생을 바라보느냐에 따라 감사, 기쁨, 행복, 불만 불행의 세상이 자기 앞에 펼쳐질 것이다.

행복의 조건을 갖추었다고 모두 행복한 건 아니다. 행복에서 제일 중요한 것은 행복하다고 스스로 느끼는 것이다.

행복은 마음의 문제다. 내 분수를 알고 그 분수를 지키며 지나친 욕심을 내지 않아야 행복하다. 知足은 행복에 이르는 지름길이다. 행복은 감사의 문으로 들어오고 불평의 문으로 나간다.

행복을 원하거든 감사 할 줄 아는 마음을 창조하고 배워야 한다.

2) 행복해지는 과학적 방법

행복해지는 방법이 있을까. 최근 미국 펜실베이니아 대학의 마틴 셀리그먼 교수팀이 실시했던 과학적 연구를 통해 얻어지는 결론은 과학적으로 검증된 행복방법론이 있을 수 있다고 다음과 같이 발표하였다.

의식적으로 긍정적인 사고를 하면 행복감이 올라가고, 행복은 목표달성에 있는 것이 아니라 추구하는 과정에 있는 것으로 결론 내려지고 있다. 또 다른 실험에서는 매일 밤 그날 일어난 일 중에서 좋은 일 세가지지를 생각하면서, 왜 그 일이 일어났는지를 분석해가면, 잘못된 일, 미진한 일 등이 점차, 점차 교정되어 최종적으로는 만족감을 얻게 되고 결국 행복감이 증진되는 효과를 느끼게 된다는 것이다.

예를 들면 매일 밤 그날의 좋은 일 3가지 생각하기 항목들은 다음과 같다.

① 자신의 장점 5가지를 찾아 매일 새롭게 적용하기

② 일상의 즐거운 일을 적극적으로 즐기기

③ 남에게 기억되고 싶은 자신의 모습 적어보기

④ 한 가지 일을 반복하지 않고 다양한 일을 하기

⑤ 인생에서 가장 즐거웠던 일을 생각하기

⑥ 10년 뒤 가장 잘 되었던 자신의 모습 떠 올리기

⑦ 오늘 나는 남에게 친절을 베풀고 행복했는지

⑧ 선한 일, 봉사생활 했는지

⑨ 감사한 생활을 했는지

⑩ 긍정적인 삶을 살았는지

이상의 여러 항목 중에서 매일 밤 그날 일어난 좋은 일 세 가지를 생각하며 왜 그 일이 일어났는지를 분석해서 내일은 더 좋은 삶을 맞이해야 하겠다는 다짐을 해가면 행복감이 증진해가고 우울감이 감소하는 것을 계량적으로 측정할 수 있었다는 것이다.

3) 80/20의 법칙

이 80/20의 법칙은 이탈리아의 경제학자 파래토가 제창하였다.

우리생활 속의 여러 분야에 적용되는 아주 흥미로운 법칙이다.

우리가 섭취한 음식의 20%가 80%의 지방을 만든다.

우리 이웃의 20%가 80%의 소음을 만든다.

사무실 동료 중 20%가 80%의 업무를 처리한다.

국민의 20%가 80%의 富를 소유하고 있다.

콩 꼬투리 중 20%가 80%의 콩을 생산한다.

표 1. 행복한 사람과 불행한 사람 대비표

	행복한 사람	불행한 사람
1	남을 위해 기도한 사람	자기만을 위해 기도하는 사람
2	남 이야기 들어주는 사람	소리 또 하고, 또 하고…
3	남 칭찬한 사람	자기 자랑만한 사람
4	일을 보람으로 아는 사람	일을 의무로 아는 사람
5	웃으며 말하는 사람	투덜대며 말하는 사람
6	고마운 일 마음에 두는 사람	섭섭했던 일 마음에 두는 사람
7	남 잘 되는 것 축복하는 사람	남 잘되면 배 아픈 사람
8	행동으로 보여주는 사람	말로 보여주는 사람
9	자신에 엄격, 남에 부드러움	자기 에후, 남에게 가혹 사람
10	감사의 마음으로 먹는 사람	불평하며 먹는 사람
11	마음까지 화장한 사람	얼굴만 화장한 사람
12	잘못을 곧 바로 인정 사람	잘못했단 말하지 않는 사람
13	가슴 펴고 당당히 걷는 사람	고개 숙이고 움츠리며…
14	누구에게나 배우려는 사람	자신이 만물박사라 생각하는 사람
15	잘된 이유 찾는 사람	안될 이유만 찾는 사람
16	공사가 분명한사람	공사 구분 못한 사람
17	아는 것 적어도 행동 옮김	아는 것 많아도 실천 못함
18	해야 할 일 많음을 긍지 여김	일을 불만으로 여긴 사람
19	겸손 양보가 몸에 밴 사람	교만, 거만이 몸에 밴 사람
20	목소리 힘차고 생기 있음	목소리 기어 들어가는
21	남 잘못 잘 용납하는 사람	자기 잘못 당연 타고 여김
22	좋아하는 사람이 많은 사람	미워하는 사람 많은 사람
23	자신의 잘못 뉘우치는 사람	자기 잘못을 모르는 사람
24	차 탈수 있는데 걷는 사람	걸을 수 있는데 차타는 사람
25	덕, 사랑, 인, 봉사 많은 사람	덕, 사랑, 인, 봉사 부족 사람
26	죽음은 삶 연장, 태연한 사람	죽음은 끝, 초조 불안 사람

사업가는 20%의 고객이 80%의 이윤을 가져다주므로, 이 20%를 잘 모신다.

당신이 갖고 있는 책 중 20%가 80%의 지식을 담고 있으므로, 이 20%를 먼저 精讀하라.

오늘 할일 10가지 중 2가지는 나머지 8가지 보다 중요하다.

중요한 것은 노력의 양이 아니라 노력을 어디에 맞추느냐이다. 20%에 맞추어 노력을 집중하라.

당신의 행복 중 20%는 느끼고, 나머지 80%는 못 느끼고 그냥 흘러 보내고 만다.

우리 곁을 그냥 흘러가고 있는 행복을 붙들고 만족해하라!!

행복한 사람과 불행한 사람을 상호 대비하여 보자.

4. 사회적 기업

1) 사회적 기업 일반

社會的 企業(이하 社的企, Social Enterprise)이란 사회 취약 계층에서 사회 공공 서비스, 일자리 창출, 주민의 삶질 향상을 위한 사회적 목적을 추구하면서 동시에 생산, 판매, 서비스 등의 영리활동을 하는 기업조직이다.

그림 2는 사적기의 3발이 이다. 사적기의 골격은 사회-기업-혁신 삼위일체 기업이다. 사적기를 안정적으로 떠받히기 위해서는 사회의 필요성에 부응하는 제1받침대, 기업의 이념과 체계를 충실히 이행하는 제2받침대, 기업운영과 상품개발에 끊임없는 창조과정을 지속해 가는 제3받침대, 이 세 받침대가 건실히 안정적으로 삼위일체가 될 때 성공하는 사적기이 될 수 있다고 믿는다.

사적기의 삼발이! 이 삼발이가 외치는 소리를 사적기에 참여하는 모든 사람들은 엄숙히 귀 기울려 들으면서, 그 삼발이가 시사하는 상징성을 기억하고, 무언의 의미를 깊이 깊이 되새기자고 감히 힘주어 주장하고 싶다.

社會	**企業**	**革新**
실현	이윤	창조
문화	공익	나눔
實現	**追究**	**研究**

그림 2. 社會的 삼발이

이 사적기의 삼발이가 안정적으로 정착이 되면 그 사적기는 본래의 목적인 다음과 같은 세 가지 사항이 실현될 수 있을 것이다.

① 많은 일자리가 창출되고 모든 계층의 삶의 질이 높아진다.

② 사적기의 자생력이 실현되고 건실한 사회 안정이 실현된다.

③ 영혼이 있는 사적기이 다수 탄생하여 100세 장수시대가 열린다.

2) 노인자립과 사회적기업

현재 많은 노인은 질병, 고독, 빈곤, 역할상실 등의 4苦에서 고통 받고 있다. 그로 인해 삶의 질은 날로 떨어지고, 할 일은 없고, 몸이 불편하고, 살 날이 얼마 남지 않아 초라하고, 불행한 모습을 많이 볼 수 있다.

그러나 최근 뜻있는 노인 단체와 사회적 기업의 선도적인 영향으로 노인 세계가 새롭게 태어나고 있다. 노인의 삶의 질 향상과 의학기술의 발전으로 과거에 비해 노인성 질환으로부터 덜 고통 받고, 경제적 안정을 확보하며, 활기차게 살아가는 노인들을 많이 볼 수 있다.

여기서 노인에 대한 중요한 사항은 다음과 같다.

① 노년기는 많은 사회참여로 자신의 재능을 사회에 환원해야 한다.

② 인생의 경륜과 지혜를 꽃피워 열매를 맺는 결실의 시기다.

③ 노인의 삶은 의존적 삶이 아니라 자립적 삶이다.

④ 이제 노인은 동반자와 함께 100세 인생 고개를 넘어가야 한다는 자신감을 가져야 한다.

노인의 자립과 사회참여와 자신감, 이 세말이 가장 중요하다. 노인은 지나온 자기과거를 긍정적으로 평가해야 한다. 자기 자신의 지난 역정에 찬사의 박수를 보내야 한다. 그래야 밝은 미래가 전개될 것이고 앞으로 전개될 삶에 자신감이 생긴다. 자신감이 자립심을 길러주고, 사회참여의 의욕을 일으키며, 100세 장수건강을 가져다준다.

한편 노인복지도 단순한 의식주 해결과 질병의 극복이 아닌 고령자 스스로 정신적, 육체적, 사회적으로 건강한 삶을 영위하기 위한 실천적 방안의 하나로 노인 스스로 자립을 모색 하고 있다.

노인자립을 위한 여러 실천적 방안 중에서 가장 많이 시도되고 있는 것은 건강과 IT관리이다. 몇 가지 예를 들면 다음과 같다.

① 고혈압, 당뇨 등의 만성질환을 조절하고 치료하기 위한 원격의료체계인 각종 센서와 모니터링 시스템 설치

② 제 시간에 약을 복용하도록 돕는 투약시간 알리미

③ 신기술로 보완된 초소형 첨단 보청기

④ 보행보조로봇, 지능형 전동 휠체어 등의 재활 보조공학 제품의 활용

⑤ IT 커뮤니케이션 기기와 시스템의 활용: 주로 집 안에서 생활하는 고령자들이 바깥세상과 끊임없이 연결되고 소통하는 시설을 활용하기 위한 교육 실시

⑥ 인터넷, 스마트폰의 활용으로 활동영역 확대: 현재 한국노인의 컴퓨터, 인터넷사용 가능 비율은 13% 수준

⑦ 복지관, 노인당에 모여서 죽세품, 바구니 등의 지역특산품 만들기

⑧ 마을청소, 봉사활동 실시

⑨ 교통정리 등 공공질서 활동

⑩ 건강증진을 위해 함께 운동하기

팔 다리가 없이 태어난 닉부이치치(33, 호주인), 그의 부모는 그를 품에 안고 키우지 않았다. 스스로 앉는 법과 먹는 법을 가르치고, 수영과 컴퓨터를 배울 수 있게 해 주셨다. 연필을 쥘 수 있는 특별한 플라스틱 틀을 만들어 스스로 공부할 수 있게 자립심을 길러 주셨다. 지금 그는 서핑보드, 스케이트보드, 축구, 드럼 요트, 스카이다이빙을 즐기고, 결혼해 아들을 낳아 기르고 있는 행복한 삶을 살고 있다.

3) 사회적기업의 성공 10계명

영혼이 있는 기업의 특징은 무엇일까.

그 특징은 여러 가지가 있겠지만 투자자들을 만족 시키려고만 수익을 극대화 하지 않고, 수익에 가치체계를 더 함으로서 일을 재창조하는 기업철학이 있는 기업일 것이다.

기업이 이윤추구를 하는 것은 당연하다. 그러나 기업 윤리를 중요시하는 기업은 그 이윤을 사회적 요구에 값있게 사용 할 줄 아는 기업이다. 그 사회가 건실하고, 정의가 살아 있으려면 기업 윤리에 충실한 사회적기업이 많아야 한다.

여기에 성공 사회적기업 10계명을 나열한다.

성공 사회적기업 10계명

- 1계명: 일자리를 창출하라.
- 2계명: 사회요구에 부응하여 수익을 환원하라.
- 3계명: 지속성 있는 기업으로 육성하라.
- 4계명: 이익창출에 힘쓰라.
- 5계명: 창조하는 기업으로 발전하라.
- 6계명: 조합원이 주인이 되는 기업이 되라.
- 7계명: 사랑을 실천하는 기업이 되라.
- 8계명: 자율성 기업이 되라.
- 9계명: 모든 회원이 책임지는 기업이 되라.
- 10계명: 협동하는 기업이 되라.

위의 10계명을 略語로 압축시키면 다음과 같다.

1사지: 일자리 창출, 사회환원, 지속성기업

2창조: 이익창출, 창조, 조합원 기업

3자모 협동: 사랑실천, 자율성기업, 모두책임, 협동기업

4) 봉사, 인생 9미, 사회적 기업

사회적 기업이 설립목적을 충족시키면서 성공하기 위해서는 첫째로 기업이념을 달성해야하고, 동시에 참여자의 봉사가 필수적이다.

봉(奉) = 무성할 봉(丰) + 손 수(手)

즉, 봉 자는 받을 봉, 도울 봉, 힘쓸 봉 등의 뜻을 나타내는 글자이다.

사(仕) = 사람 인(人) + 선비 사(士)

즉, 사 자는 벼슬 사, 살필 사, 섬길 사, 일로 삼을 사 등의 의미를 함축하고 있는 글자로서, 서민(人)과 선비(士)가 높낮음을 가리지 않고 함께 힘을 합쳐서 사회적 기업을 두 손으로 받들고 협동한다는 뜻이다.

봉사는 다음과 같은 10대 특성이 있고, 인생 9미 중 제 1의 미는 봉사미이다.

人生九味

① 飮食味 : 맛을 느끼기 위해 먹는 음식의 맛
② 職業味 : 삶의 의미를 찾기 위해 일하는 직업의 맛
③ 風流味 : 진정으로 즐기며 노는 맛
④ 關係味 : 만남의 기쁨을 얻기 위해 만나는 관계의 맛
⑤ 學習味 : 배움으로서 자신이 성장해 가는 배움의 맛
⑥ 健康味 : 정신과 육체의 건강의 맛
⑦ 人間味 : 자신의 존재를 깨우치고 완성해 나가는 맛
⑧ 奉仕味 : 봉사함으로서 행복을 느끼는 봉사의 맛
⑨ 곰봉미 : 곰봉회원 한신구, 남의 일을 내일처럼의 맛

봉사미는 행복감이다. 만족감이다. 감사함이다.
성취감이다. 眞味感이다. 즐거움이다.
사랑이다.

人生九味 중 제일의 미는 奉仕味 이니라!

奉仕 10大 特性

① 自 發 性 : Free will
스스로 판단, 실천

② 福 祉 性 : 특정 개인단체의 이익이 아닌 공익을 목적

③ 無 給 性 : 무급 원칙
실비 자원봉사 알바이티어

④ 特 績 性 : 소요비용 감가상각 기간
1회/1주, 4시간/1회 : 6월

⑤ 利 他 性 : 자신의 명예, 이익을 생각하지 않음
수혜자 우선, 위주 봉사

⑥ 自我實現 : 봉사활동 중에 새로운 경험
성취감, 만족감, 능력발휘 가장 큰 만족감 얻음

⑦ 學 習 性 : 봉사준비, 사전교육 봉사+학습, 지식터득

⑧ 獻 身 性 : 시간, 비용, 몸과 마음 투입
難環境 변화, 극복가능

⑨ 協 同 性 : 봉사자, 대상자 교육자 협동
봉사기관간의 연계성

⑩ 專 門 性 : 전문지식 최대로 활용
능률의 극대화가능

5. 결론

1) 나를 창조한다

이 세상에서 가장 아름다운 작업이 창조이다. 창조는 없던 것을 새롭게 만드는 일이다. 문학가, 예술가, 과학자, 기술자들이 지금까지 세상에 없던 것을 새롭게 만들어 내는 것에 일생을 바치는 일이 창조이다. 창조의 기쁨과 보람은 이루 말 할 수 없다.

그러나 새로운 결과물을 도출하기까지의 창조과정은 피를 말리는 노력이 필요하다. 어떤 창조자는 훌륭한 결과물을 내 놓기 위해 몸과 마음을 다 바치면서 피 땀 흘리다가 병들고, 끝내는 죽음을 맞이하는 경우도 있다.

이 세상에서 가장 귀한 것은 사람이다. 단 한 사람의 목숨이 이 세상 전체 보다 더 소중하다. 그렇다면 그렇게 소중한 사람 중에서 누가 가장 귀한 사람일까. 이 세상에서 가장 귀한 사람은 바로 나 자신이다. 내가 없으면 이 세상 모든 것이 없는 것이다. 그 많은 사람 중에 가장 귀한 사람인 나를 새롭게 창조 하는 일이야말로 내가 수행해야 하는 가장 귀하고 의미 있는 일이다. 가장 아름답고, 가장 귀하고, 가장 필요한 일은 결국 나을 새롭게 만들어 가는 창조이다.

나를 창조하는 작업은 나의 뇌를 가꾸어 가는 것이다. 창조는 뇌 속의 전두엽의 의욕-측두엽의 경험 이 둘 사이의 회로를 강화해야 한다. 자주 쓸수록 이 회로가 단련되며, 예민해지고, 긍정적인 새로운 생각이 도출된다.

뇌 속에 낙관회로를 가진 사람은 일이 닥칠 때 긍정적으로 반응 한다. 이런 사람은"어렵지만 할 수 있다"는 의욕이 솟아나고 성공을 이룬다. 성공은 나에게는 기쁨이고, 뇌는 그 성공의 쾌감을 오래 기억해 두었다가 다음에 또 도전할 일이 생기면 전두전야 에선 밝고 긍정적인 분위기가 넘쳐나서, 그 난제를 쉽게 성공 시킨다. 이것이 바로 나를 창조해 가는 과정이다.

2) 100세 장수시대에 대비한다

현재 한국은 고령화시대, 고령시대를 지나 초고령시대에 접어들었다. 머지않아 100세 장수시대를 맞이하게 될 것이다.

2013년 1월 현재 세계 최고령자는 日本의 木村옹, 113세로 영국의 기네스북에 올랐다. 木村옹의 특징은 부지런히 운동하고, 소식(小, 素, 所, 笑 食)하며, 성격은 낙천적이고 긍정적이며, 反스트레스적이고, 우월한 유전자를 갖고 태어났으며, 술 담배를 일절 사양하는 우수한 생활 습관을 갖고 살아가고 있다고 미국의 유명 장수연구소에서 발표하였다.

인생의 목표에서 가장 중요한 것은 건강, 행복, 삶의 습관, 항상 나를 새롭게 창조하는 것 등 일 것이다. 이러한 좋은 장점을 많이 갖고 있는 사람이 장수한다.

건강장수는 상태이며, 지속이지 완성은 아니다. 꾸준히 건강장수의 목표를 향해 지속적으로 나를 창조해 갈 때 건강 장수는 나를 찾아온다.

건강장수 우연이 아니다!

3) 노인의 자립과 사회적기업의 완수

우리나라 사회적기업은 1980년대 빈민지역을 중심으로 한 생산 공동체 운동을 기점으로 싹트기 시작하였다. 1997년 외환위기 발생과 정부주도의 공공근로가 시작되었다.

사회적기업 육성법은 2007년 1월13일 공표되었고, 이 육성법은 2007년 7월1일 시행되었다.

사회적기업의 개념은 전통적 비영리기관, 수익창출을 하는 영리기관, 사회적 책임기업임과 동시에 전통적 기업이다.

사회적기업의 목적은 취약계층에 일 자리제공, 취약계층과 지역주민 사회에 공익서비스제공 등을 목적으로 하고 있다.

사회적기업의 특징은 사회적 요구에 우선적으로 부응하면서 영업활동을 수행하는데 있다. 일반기업은 수익창출을 최우선적으로 추구한 기업 이란 점이 특징이다. 그러므로 일반 기업은 소득양극화의 심화, 고용 없는 성장, 실업증가, 빈곤계층의 증가, 경제민주화 답보, 갑을 논쟁 격화, 사회서비스의 취약점 등이 개선해 가야 할 점이다.

따라서 사회서비스, 일자리창출, 회원협동, 취약계층의 우대 등의 면에서 사회적기업의 기업이념이 훌륭하기 때문에 사회적기업의 필요성이 날이 갈수록 증가 추세에 있다.

한편 100세 시대, 60세에 은퇴 후 100세 까지 40년 동안 무엇하고 살까? 이 문제를 누구나 생각하고 고민해 보았을 것이다

일을 해야 한다. 일을 하자면 우선 건강해야 한다. 의존적인 노인이 아니고 자립하는 노인이 되어야 한다.

건강-자립-재능기부, 이 세 마디는 은퇴한 노인에게 가장 필요하고도 중요한 화두일 것이다. 건강자립 해서 60년 동안 피 땀 흘려 쌓은 지혜, 지능, 재능, 경험, 기술 등을 영혼 있는 기업에 쏟아 부어 건실한 사회발전에 일조하는 일자리를 찾는다면 이것처럼 의미 있고, 즐겁고, 감사하고, 행복한 일이 이 세상에 또 어디 있을까!

인간을 움직이는 것은 뇌다. 뇌의 전두엽이 의욕을 불 살리고, 측두엽이 경험을 쌓고, 이 둘이 합해지면 자립은 샘 솟듯이 생겨난다. 경험과 성취감이 자립할 수 있는 힘을 가져다준다.

"노동하지 않으면 삶은 부패한다. 그러나 영혼 없는 노동은 삶을 질식시킨다."는 까뮈의 말처럼, 영혼이 담긴 일을 찾는 것은 100세 시대를 맞는 우리 노인들에게 가장 큰 소망이 되어야 한다. 우리 노인들은 자신의 재능과 능력을 어떻게 하면 이 시대의 사회, 정치, 환경, 산업 및 기업분야의 난관을 해결하는데 활용할 수 있을지 고민해야 한다. 어쩌면 이 시대 우리 노인들에게 가장 큰 공포는 영혼이 없는 노동, 가치 없는 일에 몰두하여 인생을 낭비하는 것이다.

이와 같은 실존적 고민을 해소하고 삶을 가치 있는 일에 충만하게 만들어 갈 일은 "사회적기업"에 나의 재능을 기부하는 일이리라!

시민 아카데미

고조선의 역사적 사실을 현대과학으로 입증

전남대학교 명예교수

이학박사 김 화 택

고조선의 역사적 사실을 현대과학으로 입증

강의 목표

모든 학문의 기반시설이며, 형이하학적 존재인 과학에 대하여 개관하고, 인간이 두뇌 개발을 통하여 얻어진 산물인 과학을 이용하여 인간의 유토피아를 지향하면서, 만물의 영장이 되었음을 입증한다. 또한, 단국세기나 단기고사에 기록된 천문현상을 과학적 방법으로 분석 검토하여, 실재상황임을 입증하고, 역사로써 고조선을 증명한 박창범 교수(서울대)의 연구를 소개한다.

강의 내용

1. 과학은 무엇을 알고, 무엇을 보려고 하는가?
2. 과학의 분류
3. 왜 지금 고조선의 과학인가?
4. 고조선의 역사적 고찰
5. 단군조선의 논란의 쟁점
6. 고조선의 천문관측기록의 과학적 입증.
   - 우주를 가장 먼저 관측하였고 기록했던, 우리민족은 하늘의 자손이며, 단군의 자손이다. 21세기의 우주개발과 우주평화는 우리민족에 의해서 이루어져야 한다.

현대과학은 인간의 두뇌개발이 이룩한 결과물이다.

- **인간의 창조** – 진화론이든, 창조론이든, 외계도래설이든 간에 지구상에 인간은 생존해왔다.
  (중국신화나 유대신화에 따르면 최초의 인간은 흙으로 창조되었으니 황인종으로 추정됨.)

- **제1차 낙원에서 추방** – 최초의 인간이 어리석었는지, 아니면 신의 잘못된 선택이었는지 모르지만, 인간은 낙원으로부터 추방되어서 동물들과 함께 육제적인 힘이 지배하는 생존경쟁사회에서 살아야만 했다. 동물에 비하여 열등한 육체를 소유한 인간이 받은 고통을 생각해 볼 필요가 있다.(입, 얼굴, 손톱과 발톱 등등 ; 원숭이는 6개월이면 지능발달이 끝나고 자립할 수 있지만, 인간은 20년간의 지능개발과 30년간의 보호가 있어야 될 형편이다.)

- 인간은 두뇌개발로 육체적 약점을 극복하고, "동물의 왕자라는 지위를" 쟁취 했으며, 계속적으로 두뇌개발을 활용하는 빛나는 현대과학의 성과를 이룩하였다.

- **제 2차 낙원으로부터 추방위기** – 현대과학의 발전은 인간에게 물질적인 부를 주었지만, 도이에 부산물로 각종 첨단과학기술공해, IT산업의 발전과 함께 나타난 문화적 지체현상, 대량생산되는 정보공해, 등등과 사회 각 분야에서 나타나는 빈익빈 부익부 현상의 심화 등등 부정적 요소를 가져왔다. 이러한 부산물은 꼭 살아남아야 할 존재와 가치들은 죽었거나 죽어가고 있고, 없어져야 할 독버섯과 같은 존재와 가치들은 활개치고 다니고 있는 비정상적 사회를 만들어 가고 있다. 존재가치를 수호하지 못한 인간들은 도퇴되고 있어, 신이 한 실수를 되풀이 하며, 스스로 신의 노예가 되는 비참한 현실 속에 있다.

▌과학의 분류

자연과학이란 자연을 대상으로 하여, 객관적으로 관찰된 사실을, 정확이 기록한 것을 말한다. 또한 이러한 사실로부터 얻은 경험은 실험에 의해서 확인되어야 한다.

자연과학

- **물리학** - 우주는 왜? 어떻게 창조되었으며, 어떻게 운행되는가를 규명하고, 자연을 다스리고 자연을 보살피어서, 인류의 유토피아 행을 인도하는 학문이며, 과학사상이라 함은 물리학적 사상을 말한다.
- **화학** - 자연계로부터, 인간생활에 직접 필요한 것들을 만들어 내어서, 인류의 복지 증진을 이룩하는, 실욕적인 학문이다.
- **생물학** - 살아있는 생명체를 대상으로 하여, 생명현상을 규명하고, 생명체간의 상호 협력을 통하여, 인류복지 증진에 기여하는 학문이다.
- 물리학, 화학, 생물학 등의 구분은 뚜렷하지 않으며, 오늘날에는 경계가 사라지고 서로 협력하여, 보다 나은 인류의 행복을 위하여 노력하고 있다.

왜 지금 고조선의 과학인가?

- 21세기는 디지털화, 융합화, 글로벌화가 소용돌이 치고 있다. 이러한 복잡한 세상에서 살아남기 위해서는 나 자신과 나의 뿌리와 나의 환경을 정확히 알아야 한다.

- 미국사람들은 잘 산다. 일본이나 유럽 사람들도 잘 산다. 한국 사람들도 잘 산다. 그러나 한국은 이러한 나라들에 비하여 뒤떨어져 있다. 그 이유는 무엇일까 생각해보면, 현대과학기술을 발전시키지 못했기 때문이다.

- 서구지역은 땅이 거칠고 물이 나빠서 사람이 살기에 어려운 지역이다. 일본도 습기가 많아서 쾌적한 환경이 아니니다. 이러한 나라는 살아가기 위해서 비인간적인 약탈등과 같은 농사이외의 방법을 개척했기 때문에, 현대과학의 발전이 일찍이 이루어졌다.

- 우리나라는 농사가 잘 되고, 기후가 좋아서, 평화롭게 살 수 있는 지역이다. 홍익인간의 이념 속에서 자유롭게 살던 한국인에게는 과학의 필요성이 절실하지 않았다. 배부른 자는 과학을 진흥시키지 않는다 (원시인 - 물자풍부, 남양제국 주민은 게으르다)

- 그러나 각 민족의 특성이 점점 사라지고, 국경도 민족도 존재하기 어려운 세계화 시대에 서 있는 한국인은, 한국민족만이 최고라는 폐쇄적 민족주의에서 탈피하여, 세계인이 공통으로 향유할 수 있는 가치와 문화를 갖고 세계인으로써 미래를 보는 눈을 가져야한다.

고조선의 역사적 고찰

- **단기고사** - 발해 건국의 시조인 대조영의 동생 대야발이 흩어져 있는 사서와 옛비문, 현장답사 등등 13년 동안 조사한 결과를 중심으로 한 단군 조선의 역사서.

  ☼ 1300년 전의 고조선의 역사를

  전 단군조선 1세 단군 왕검 - 25세 단군 솔라 (1222년)

  후 단군조선 1세 솔라 - 23세 고열가 (875년)

  기자조선 1세 시여 - 42세 마한 (1093년)

  총 3190년의 고조선 역사를 기록한 책임.

- **단군세기** - 고려시대 행촌 이암이 저술한 단군조선의 역사사로 단기고사와 내용이 일치한다.

- **단기고사와 단군세기의 출처** - 출처에 문제가 있다고 하여 학계에서는 위서라고 주장하고 있어서 여기에 그 출처를 알아본다 (한단고기에 들어있음)
  - 한단고기 - 1911년 전해 내려온 사서를 계연수가 종합하여 편찬.
  - 이 한단고기는 1979년 계연수의 제자 이유립이 영인본 수십본을 간행하였으나

국내에서는 위서라고 무시당함. 1982년 일본인 가지마노부루가 일본어본과 영인본을 일본에서 발표.

- 문제점 – 출처가 명확하지 않고, 본문을 적음에 있어서 산업문화 등, 그 시대에 없었든 단어를 사용하여 후세에 위작이라고 정통 사학계에서는 주장.
- 그러나 과학적 근거 확립을 위한 노력이 서서히 나타나고 있다.

단군 조선의 논란의 쟁점

단군조선은 신화인가? 역사인가? 많은 논란을 거쳐서 최근에는 역사로 보는 것이 타당하다는 설득력을 얻고 있다.

중국 고서에 고조선의 존재를 기록하고 있고, 단군이라는 명칭은 중국의 천자나 한국의 왕처럼 정치적 통치자를 말한다. 즉 현재 우리나라의 대통령과 같은 통치적 의미이다.

삼국지 한전(중국의 사서)

중국의 전국시대 연나라 장수 진개를 파견하여 고조선을 침략하고, 그 서부 2000리를 빼앗었다~라고 기록하고 있다.

사마천의 사기(중국사서)

한나라가 육군 5만명, 수군 7000명을 동원하여 고조선을 공격했으나, 이에 맞서 고조선은 1년동안 싸웠다~라고 기록하고 있다.

- 특히 비파형 동검, 청동갑옷 등등의 유물은 고조선의 독자적인 청동기 문화를 바탕으로 탄탄한 군사력을 갖추고 있었음을 말해준다.

조선의 천문관측기록에 과학적 입증.

- 서울대 박창범 교수가 슈퍼컴퓨터를 사용하여 단기고사 및 단군세기에 나오는 10

군데의 일식현상, 오행성 집결현상, 큰썰물현상 등을 재현시킴. (시사저널; 1993.9.30./10.7호)

적용원리

천체 현상은 물리법칙에 따라서 질서정연하게 전개되는 속성을 갖고 있기 때문에, 특정시점의 행성의 위치를 알면 슈퍼컴퓨터의 도움을 받아서 이 행성들의 과거와 미래의 위치를 알 수 있다.

▪ BC 2183년 2세 단군 부루 58년	일식	단군세기, 단기고사
▪ BC 1733년 13세 단군 흘단 50년	五星聚婁	단군세기, 단기고사
▪ BC 1533년 17세 단군 여을 20년 여름	일식	단기고사
▪ BC 935년 29세 단군 마휴 9년	南海潮水退三偶	단군세기, 단기고사
▪ BC 918년 6세 기자 2년 7월	7월 일식	단기고사, 단군세기
▪ BC 837년 32세 단군 추밀 13년 3월	3월 일식	단군세기, 단기고사
▪ BC 765년 35세 단군 사벌 8년 4월	4월 일식	단기고사
▪ BC 579년 19세 기자 1년 봄	일식	단군세기, 단기고사
▪ BC 423년 44세 단군 구몰 3년 2월	2월 일식	단기고사
▪ BC 248년 47세 단군 고열가 48년 10월	朔月日蝕	단군세기
▪ BC 214년 36세 기자 인한 35년	일식	단군세기, 단기고사

BC 1733년 오성취루현상 기록은 슈퍼컴퓨터로 계산한 결과 BC 1734년으로 계산결과와 겨록의 차이는 1년으로 0.007%의 오차가 난다. BC 935년에 남해조수퇴삼척 남해의 바닷물이 삼척이나 뒤로 물러났다는 기록은 BC 931년 11월 22일로 0.04%의 오차범위 내에서 잘 일치하고 있다.

단기고사, 단군세기라는 책이 전혀 근거도 없이 후세에 만들어 진 조작된 僞書라면, 이렇게 정확하게 과학적 사실과 일치한단 말인가? 참으로 놀라운 일이 아닐 수 없다. 이러한 문제의 해답은 오직 하나, 위서가 아니고 진실 된 역사를 기록한 역사서임을 슈퍼컴퓨터가 증명해준 것이 아닐까? (책이 전해진 과정이 약간의 의문점이 있지만)

- 우리나라 최초 일식기록은, 제2세 단군 부루 58년 (BC 2183년)으로 기록하고 있어서 중국사서에 기록된 최초일식 기록인 BC 776년 보다 1407년 앞선 기록으로, 세계최초의 일식을 기록한 역사적 사실이다. 세계에서 가장 우수한 최상의 천문관측과학이 고조선에서 실행되고 있었음을 증명해주는, 반박할 수 없는 결정적 증거가 아니고 무엇이란 말인가?

- 삼국사기, 삼국유사, 고려사, 조선왕조실록, 증보문헌비고, 승정원일기 등에 일식, 행성의 이상현상, 혜성의 출현, 유성이나 운성의 떨어짐 등의 천문 현상이 기록되어 있고, 오늘날 과학적으로 검증해 보아도 정확하다.

- 우주를 가장 관측하였고 기록했던, 우리민족은 하늘에 자손이며, 단군에 자손이다. 21세기의 우주개발과 우주평화는 우리민족에 의해서 이루어져야 한다.

시민 아카데미

[영재교육] – 우리가 모르는 영재아 교육

– 영재아 육성, 이렇게 하자

효과적인 학습법

전남대학교 명예교수

교육학박사 **노 희 관**

[영재교육] - 우리가 모르는 영재아 교육
- 영재아 육성, 이렇게 하자

1. 어린이는 누구나 영재아가 될 수 있다

1) 영재아로 규정하는 준거

① 좁은 의미: 지능검사로 규정한다.

- IQ(Intelligent Quotient)
- 적성검사류
- 저능아 ↔ 영재

② 넓은 의미

- 사회·문화적 준거
- 산업·경제적 준거
- 창조적 활동

Ⅰ. 영재아 개념의 오해

1. 인간의 기억체계

기억에는 뇌의 여러 곳이 관계하고 있다.

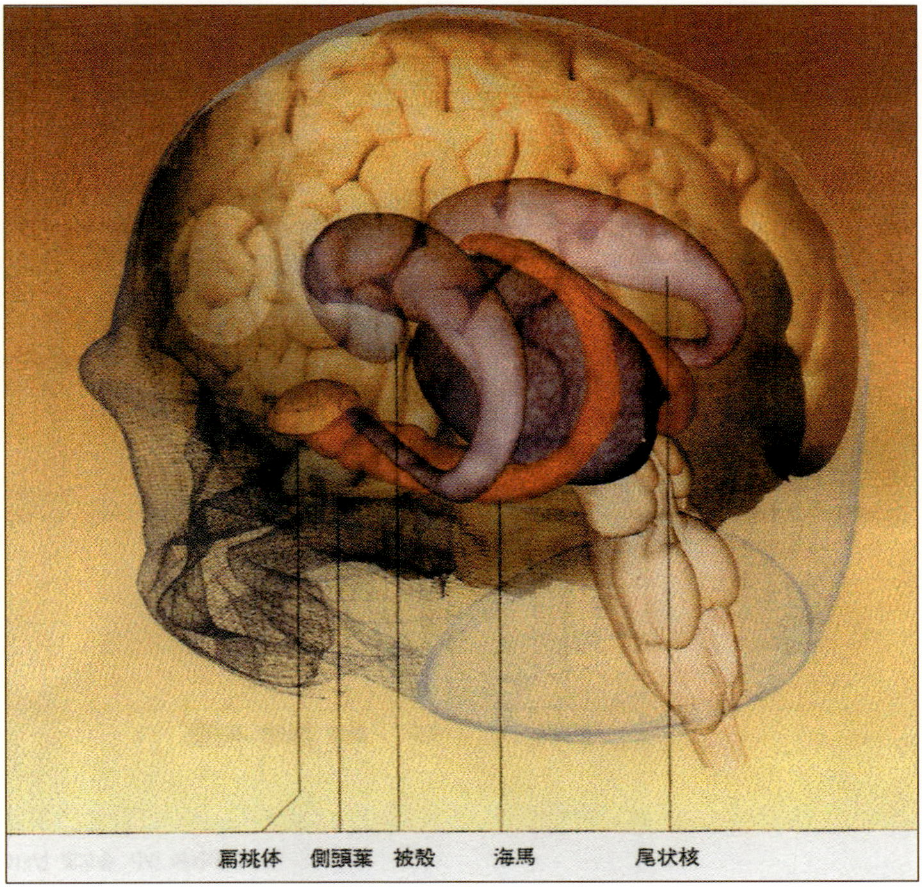

인간의 기억 체계

기억에는 뇌의 여러 곳이 관계하고 있다.

- 측두엽(側頭葉): 피질(皮質)에는 장기(長期)기억이 보전되어있다.
- 피각(被殼): 자전거타기 같은 절차적 기억이 여기에 보존된다.
- 해마(海馬): 특히 개인적인 기억이나 순차적인 기억을 정착시켰다가 끌어낸다.
- 편도체(扁桃体): 무의식에 깊숙이 상처를 준 기억이 여기에 축적된다.
- 미상핵(尾狀核): 유전에 의해서 기호(記號)화된 기억인 본능은 여기에서 일어나고 있다.

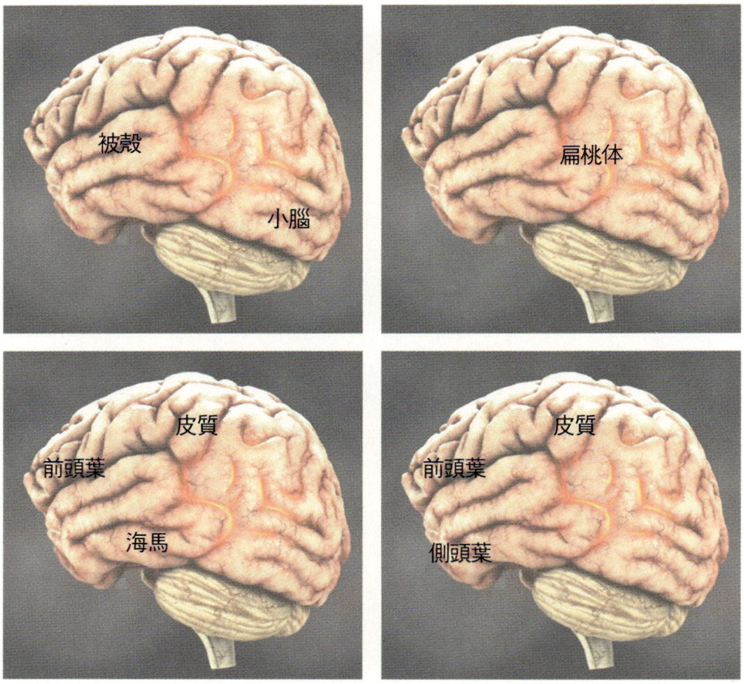

전두엽(前頭葉)의 피질(皮質)에서 꿈을 경험한다.

자고 있는 사이에 뇌가 최근에 일어난 것을 재생(replay)해서 기억에 깊이 각인한다.

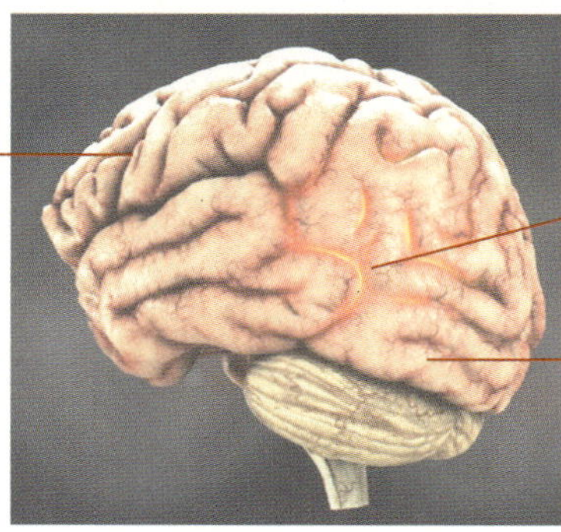

해마(海馬)가 일상적으로 일어난 일을 재현한다.

시각역(視覺域)이 평상시 바라본 풍경을 재현한다.

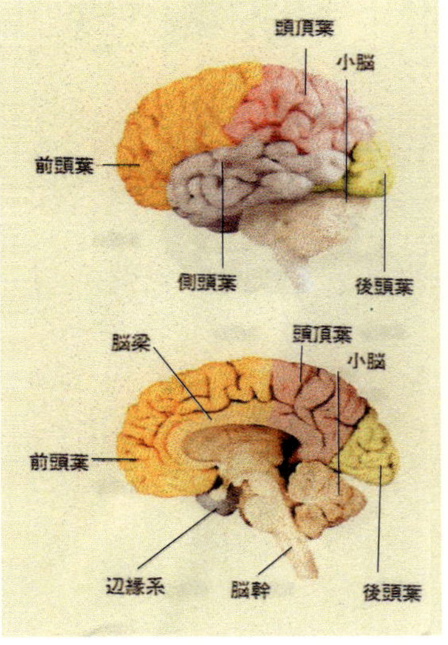

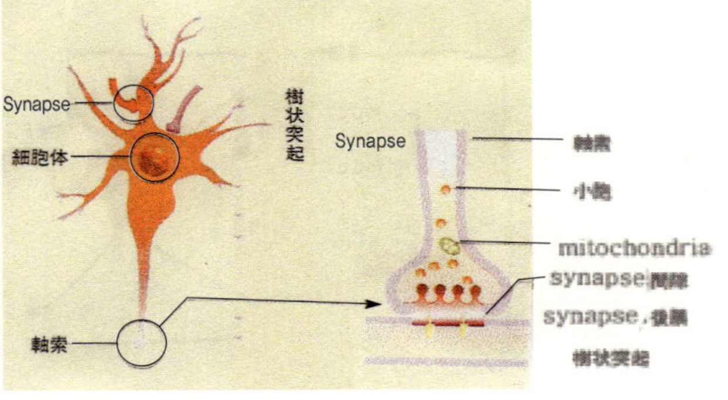

어떤 장기기억으로 운명 지어진 경험은, 먼저 해마(海馬)에 보내지고 거기에서 2~3년간 보관된다. 그 사이에 해마(海馬)는 몇 번이고 경험을 재현시킨다. 그 리허설을 반복할 때마다 피질(皮質)에 깊게 경험이 새겨(각인)진다. 피질(皮質)에 확실히 뿌리를 내리고 나면 더 이상 해마(海馬)의 힘을 빌리지 않고도 상기시킬 수 있게 된다.

해마(海馬)에 의한 재현(replay)되는 대부분은 수면 중에 일어난다고 생각된다. 그러므로 꿈의 일부분은 해마(海馬)가 낮 동안에 일어났던 것을 재현하고 나서 피질(皮質)에 맡겨둔다.

1) 절차(수순)기억

자전거 타기처럼 방법에 관한 기억은 소뇌(小腦)와 피각(被殼)에 저장된다. 신체에 스며든 습관은 미상핵(尾狀核)에 보존되고 있다.

2) 공포기억

공포증이나 등, 편도체(扁桃体)에 보존되어 있다.

3) 에피소오드 기억

과거의 개인적인 경험을 이야기하는 '영화와 같은'기억으로, 해마(海馬)가 기호화해서 피질(皮質)에 축적시킨다. 최종적으로는 피질(皮質)의 여러장소에 산재되고 의미기억과 같이 전두엽(前頭葉)의 피질(皮質)의 작용으로 재생된다.

4) 의미기억

피질(皮質)이 기록한 사실로 측두엽(側頭葉)의 피질(皮質)로 기호화된다. 기억을 끌어내는 일은 전두엽(前頭葉)이 하는 일이다.

- 기억의 작용

  기억의 작용에는 ㉠ 지적기억과 ㉡ 생활기억으로 나눌 수 있다.

  ㉠ 지적기억 : 출생 후 학습에 의해 습득된 기억

  ㉡ 생활기억 : 일상생활을 통해 자동적으로 얻어진 기억

- 기억하는 유형(imagery types)

  사람이 감각을 통해 기억하는 방식에는 개인의 타고난 장기에 따라 ㉠ 시각형 ㉡ 청각형 ㉢ 운동형으로 나눌 수 있다.

  ㉠ 시각형 : 시각을 통해서 얻어지는 기억

  ㉡ 청각형 : 청각을 통해서 얻어지는 기억

  ㉢ 운동형 : 손으로 기록하는 운동을 통해 얻어지는 기억

  ※ 이 기억형은 단일한 감각으로 얻어지는 것 보다는 복합적인 경우가 많다.

2. 지능에 대한 이해

1) 지능검사

- 지능검사의 시작: A. Binet에 의해 열등아의 지능검사 제작(Binet-Simon Test(1904)
- 지능검사의 개작: Terman이 'IQ'의 개념을 도입하여 Binet-Simon Test를 개작

(1916)

2) 지능지수(IQ: Intelligent Quotient)

- 역 연령(CA)
- 정신 연령(MA): 지능검사

3) 지역문화, 인종, 성별에 의한 지능의 차이

- 인종을 우열의 발상으로 보게된 데에는 사회적 지성과 기술적 지성이 융합된 인지 유동성이 높아지면서 인종을 차별하게 되었으나 지구상의 각 인종이나 국가별 지능의 차이는 지능 측정의 준거를 만들 수 없기 때문에 지능수준을 비교할 수 없는 것으로 생각된다.
- 남녀 성별의 지능의 차이는 종합적으로는 차이가 없는 것으로 알려져 있으나 부분적인 기능에는 차이가 있는 것으로 알려져 있다. 남자의 경우는 공간지각이 보다 우수하고 여성의 경우는 언어, 추리, 기억능력 등에서 남성보다 우수한 것으로 알려져 있다.

3. Gardner, H.의 복합지능의 개념(MI: Multiple Intelligence)

1) Gardner의 IQ 점수의 한계를 초원해서 인간이 가지고 있는 잠재능력의 범위를 확대시키려고 시도하였다. 즉 자연적 학습환경에서는 전혀 경험해보지 못한 인위적 과제를 해보도록 하여 개인의 지능을 판단하는 전통적인 방법의 타당성에 대해 날카로운 의문을 제기하였다.

다시 말하면 현실 그대로의 자연적인 상황에서 ①문제를 해결하고 ②산물을 창조해내는 지능을 더 정확하게 확인할 수 있다고 주장한다. 여기에서 그는 일곱 가지 지능을 열거하고 있다.

① 언어적 기능(linguistic intelligence): 말이나 글을 효과적으로 구사하는 능력

② 논리-수학적 지능(logical-mathematical intelligence): 숫자를 효과적으로 사용하고 추론하는 능력

③ 공간적 지능(spatial intelligence): 시각적·공간적 세계를 정확하게 지각하는 능력과 이를 통해 형태를 바꾸는 능력

④ 신체운동 감각적 지능(bodily-kinesthetic intelligence): 몸을 이용해서 생각이나 감정을 표현하고, 손을 이용해서 사물을 만들거나 변형시키는 능력

⑤ 음악적 지능(mosical intelligence): 음악적 표현형식을 지각하고, 변별하고, 변형하고, 표현하는 능력

⑥ 대인 지능(interpersinal intelligence): 타인의 기분, 의도, 동기, 감정을 지각하고 구분할 수 있는 능력

⑦ 개체 내 지능(intrapersonal intelligence): 자기 자신에 대한 객관적 이해 및 지식과 그에 기초하여 잘 행동할 수 있는 능력

2) MI이론의 핵심 주장

① 모든 사람은 일곱가지 지능을 다 가지고 있다.

② 대다수의 사람들은 각 지능들을 적절한 수준까지 발달시킬 수 있다.

③ 대개 지능들은 복잡한 방식으로 함께 작용한다.

④ 각 지능 범주 내에서 지적인 사람이 도는 방법에는 여러 가지가 있다.

3) 다른 지능의 존재 가능성

① 영감(spirituality)

② 도덕적 감수성(moral sensibility)

③ 성적 특성(sexsuality)

④ 유머

⑤ 직관력

⑥ 창의력

⑦ 요리능력

⑧ 후각적(냄새) 감각

⑨ 다른 지능들을 종합하는 능력

4. 지능 이론의 준거

1) 뇌 손상에 의한 잠재능력의 고립

① Broca's area(좌뇌의 전두엽)에 손상이 있는 사람은 언어적 지능에 손상을 입게 되어, 읽고, 쓰고, 말하는 데에 상당한 어려움을 겪게 된다.

② 우뇌의 측두엽에 손상이 있는 사람은 음악적 지능이 선택적으로 손상된다.

③ 전두엽의 손상은 기본적으로 인간 관계 지능에 영향을 줌

2) 백치 천재(idiot savants), 신동, 기타 특수 인간의 존재

① 7가지 지능 각각의 영역에서 존재한다.

3) 독특한 발달사와 '최고 수준'의 전문가로 규정할 수 있는 일련의 수행들

4) 진화사와 진화 가소성

5) 심리측정 자료의 근거

6) 실험심리학적 근거

7) 확인 가능한 핵심 조작과 조작들

8) 특정 상징체계를 선호하고 사용할 수 있는 능력

5. 높은 성취를 장애자의 예

	장애					
	학습장애 (LD)	의사소통장애 (CD)	정서장애(ED)/ 행동장애(BD)	신체장애 (PH)	청각장애 (HI)	시각장애 (SI)
언어지능	아가사 크리스티	디모스 테니스	에드가 알란포우	알렉산더 포프	사무엘 존슨	루드야드 키플링
논리-수학지능	알버트 아인슈타인	마이클 패러대이	찰수 다윈	스티븐 호킹	토마스 에디슨	쟈니 케플러
공간지능	레오나르도 다빈치	마끄 샤갈	빈센트 반 고흐	앙리드뚜 르제 랑뜨레	그랜빌 레드먼드	오또 리젤
신체-운동 감각지능	오거스트 로뎅	피에르 제독	바스라브 니진스키	짐 에보뜨	마를리 메틀린	탐 셀리번
음악지능	세르지 로치매니노프	모리스 라벨	로버트 슈만	이작 펄만	르드위 빈 베토벤	쟈크 로드리로
대인간지능	넬슨 록펠리	윈스턴 처칠	핸리 스택 설리번	플랭클린 루즈벨트	킹 조단	핸리 트루만
개인내지능	조지 패튼 장군	아리스토 텔리스	프리드리히 니체	모하메드	헬렌 켈러	알도스 헉슬리

LD=learning disability(학습장애)
CD=communicative disorder(의사소통장애)
ED/BD=emotionally disturbed/behavioral disorder(정서장애/행동장애)
PH=physical handicap(신체장애)
HI=hearing impaired(청각장애)
SI=sight impaired(시각장애)

효과적인 학습법

학습의 성립

1. 조건화(conditioning): 강화설
2. 인지구조의 변화: 인지설
   - 인생관

     ① 운명론형　② 찰라주의형(현실론형)　③ 기대형　④ 희망형

학습과 문제해결

1. 모방
   - 문제해결 과정

     ① 문제장면　② 시행착오　③ 실마리의 선택　④ 통찰의 성립
   - 통찰

     ① 우회　② 도구사용
2. 창조

   ① 재생적 사고　② 생산적 사고

   ■ 집중적(수렴적)사고와 확산적 사고
3. Brainstorming

학습과 연습

1. 연습 곡선

2. 기억 학습

① 기계적 기억　② 도식적 기억　③ 논리적 기억

3. 연습의 분배

같은 일을 반복하면 포화(satiation)가 일어나고 장시간 반복하면 피로(fatigue)가 일어난다.

① 전습법과 분습법

기억의 분류

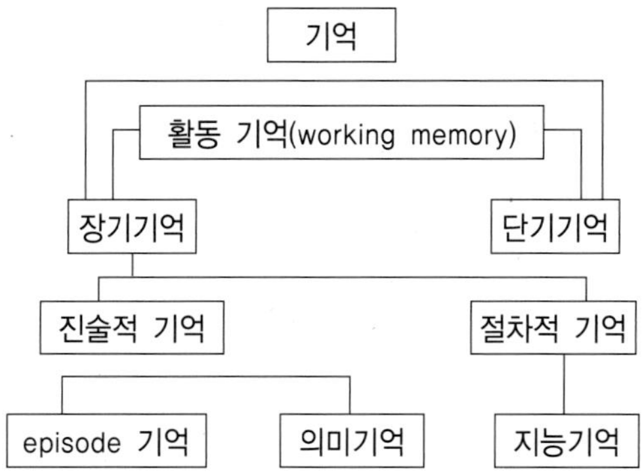

기억의 부호화

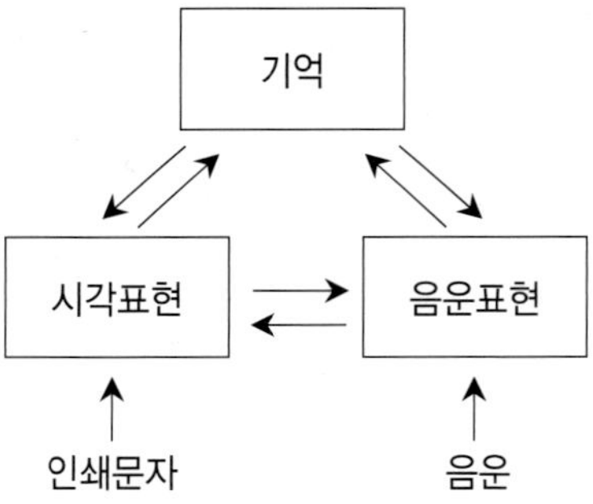

[도 1] 성인을 위한 MI 평가도구

다음 진술문을 읽어 보고 자신에게 해당된다고 생각되는 각 지능의 범주에 V 를 표기하라. 각 지능 평가 항목 밑의 공란(空欄)에는 평가항목에 구체적으로 언급되지 않은 내용을 추가하라.

언어적 지능

____책은 나에게 대단히 중요하다.

____나는 읽고 말하고, 쓰기 전에 이미 머릿속에는 어떤 낱말들이 들린다.

____나는 TV나 영화보다는 라디오나 카세트를 통해서 많은 정보를 얻는다.

____나는 스크래블(Scrabble), 아나그램(Anagrams), 패스워드(Password)와 같은 단어 게임을 즐긴다.

____나는 혼자서나 아니면 다른 사람과 함께 발음하기 어려운 어구(tongue twister), 무의미한 각운(nonsense rhymes), 혹은 동음이의어(同音異議語) 등 언어게임을 즐긴다.

____다른 사람들은 종종 내가 날하고 글을 쓸 때 사용하는 단어의 뜻을 설명해 달라고 요청한다.

____학창시절 나에게 영어, 사회, 역사과목은 수학이나 과학과목보다 더 쉬웠다.

____나는 고속도로를 달릴 때 경치보다는 게시판 위에 쓰여져 있는 말에 더 관심이 간다.

____나의 대화는 주로 내가 읽거나 혹은 들었던 것들이 주가 된다.

____나는 최근에 다른 사람들로부터 인정을 받거나 혹은 내가 자랑으로 여기고 있는 것들을 글로 써왔다.

기타 언어적 장점:

논리·수학적 지능

____나는 쉽게 암산할 수 있다.

____수학과 과학은 학교 다닐 때 내가 좋아하던 과목 중의 하나였다.

____나는 논리적 사고를 필요로 하는 게임과 수수께끼를 좋아한다.

____나는 과학이 새로운 진보에 관심이 있다.

____나는 "만약 무엇을 한다면 어떻게 될까?"와 같은 실험을 해보기를 좋아한다.(예: 만약 내가 매주 장미나무에 주는 물의 양을 지금보다 두 배 더 준다면 어떻게

될까?)

____나는 사물 속에서 질서, 논리적 계열 및 유형(pattern)을 찾고자 한다.

____나는 거의 모든 것들을 합리적으로 설명할 수 있다고 믿는다.

____나는 때때로 아주 추상적이고, 말이나 어떤 영상으로 표현할 수 없는 개념을 생각한다.

____나는 집이나 직장에서 사람들이 말하고 행동하는 것들 중에서 논리적 오류를 발견하는 것을 좋아한다.

____나는 무엇이든지 어떠한 방식으로 측정되고, 범주화되고, 양적으로 분석될 때 만족감을 느낀다.

기타 논리·수학적 장점:

공간 지능

____나는 눈을 감았을 때 종종 생생한 시각적 영상을 본다.

____나는 색깔에 민감하다.

____나는 종종 내 주위에서 본 것을 기록하기 위해 카메라와 캠코더를 사용한다.

____나는 지그소(jigsaw)퍼즐, 미로나 기타 시각적 퍼들게임을 즐긴다.

____나는 밤에 생동감 있는 꿈을 꾼다.

____나는 일반적으로 낯선 장소에서도 길을 잘 찾는 편이다.

____나는 그림을 그리거나 낙서하는 것을 좋아한다.

____학교 다닐 때 지리는 대수학보다 더 쉬웠다.

____어떤 사물을 위에서 직접 조감하면 그것이 어떤 형태가 될 것인지 쉽게 상상할 수 있다.

____나는 삽화가 많이 들어 있는 읽을거리를 더 좋아한다.

기타 공간적 장점:

신체운동감각적 지능

____나는 정기적으로 한가지의 스포츠나 혹은 신체적 활동에 참여한다.

____나는 오랫동안 한자리에 조용히 앉아 있지 못한다.

____나는 바느질, 뜨개질, 조각, 목공일, 모형빌딩 만들기와 같은 손으로 하는 구체적인 활동을 좋아한다.

____나는 오래 걷거나, 조깅을 하든지 혹은 다른 종류의 신체적 활동을 할 때 가장 좋은 생각이 떠오르곤 한다.

____나는 종종 자유시간을 바깥에서 보내기를 좋아한다.

____나는 누군가와 대화를 나눌 때 손동작이나 다른 형태의 신체언어를 사용한다.

____나는 어떤 것을 좀 더 이해하기 위하여 직접 만져본다.

____나는 저돌적인 말타기나 그와 유사한 박진감 넘치는 신체적 체험을 좋아한다.

____나는 나의 몸을 잘 조절할 수 있다고 생각한다.

____나는 새로운 기술이 적힌 책이나 비디오를 보는 것보다 그것을 직접 실행한다.

기타 신체운동감각적 장점:

음악적 지능

____나는 즐겁게 노래할 수 있는 좋은 목소리를 가지고 있다.

____나는 음조가 맞지 않을 때 그것을 쉽게 알 수 있다.

____나는 종종 라디오, 레코더, 카세트, 시디(CD)로 음악을 듣는다.

____나는 어떤 악기를 연주할 수 있다.

____음악이 없다면 나의 인생은 불행할 것이다.

____나는 때때로 텔레비전 광고에서 나오는 음악이나 혹은 내 마음속에서 흘러나오는 어떤 곡조를 흥얼거리면서 거리를 걷고 있는 나 자신을 발견하게 된다.

____나는 간단한 타악기로 쉽게 악보의 박자를 맞출 수 있다.

____나는 다양한 노래를 듣거나 악보를 보면 그 음조를 알 수 있다.

____나는 음악을 한두 번 들으면 그것을 거의 정확하게 따라 부를 수 있다.

____나는 종종 일하거나, 공부할 때, 혹은 새로운 것을 학습하는 동안 장단을 맞추거나 멜로디에 맞추어 노래를 부른다.

기타 음악적 장점:

대인간 지능

____직장이나 이웃 동네에서 나에게 상담을 요청하고 조언을 구하러 오는 사람이 있다.

____나는 수영이나 조깅과 같이 혼자서 하는 운동보다는 배드민턴, 배구 혹은 소프트볼 같은 집단 스포츠를 좋아한다.

____문제가 생겼을 때, 나는 혼자서 그 문제를 해결하기 보다는 다른 사람에게 도움을 청하는 편이다.

____나에게는 적어도 세 명의 절친한 친구가 있다.

____나는 비디오게임처럼 혼자 하는 놀이보다 카드와 같이 여럿이서 하는 오락을 더 좋아한다.

____나는 내게 아는 것을 다른 사람(들)에게 가르치기를 좋아한다.

____나는 내 자신을 리더(지도자)자고 생각한다.(혹은 종종 다른 사람들이 나를 그렇게 부른다.)

____나는 군중 속에 있으면 편안하다.

____나는 밤에 집에서 혼자 지내기보다는 생동감이 넘치는 파티에서 시간보내기를 좋아한다.

기타 대인간 장점:

개인 내 지능

____나는 주기적으로 혼자서 중요한 인생의 문제에 관해 사색하고, 반성하는 시간을 갖는다.

____나는 나 자신을 좀 더 알기 위해서 자아성장 프로그램이나 상담에 참여하곤

한다.

____나는 좌절하지 않고 실패에 대처할 수 있다.

____나는 나에게 알맞은 특별한 취미와 관심이 있다.

____나는 항상 잊지 않고 다짐하는 중요한 인생목표를 가지고 있다.

____나는 나의 장점과 단점을 잘 알고 있다.

____나는 주말에 사람들이 많이 모이는 휴양지보다 숲속의 오두막집에서 보내기를 좋아한다.

____나는 나 자신을 의지가 강학, 독립적으로 생활할 수 있는 사람이라고 생각한다.

____나는 나 자신의 내적인 삶을 기록하기 위하여 일기나 일지 등을 쓴다.

____나는 자유업이나 개인사업을 시작해 볼까하고 심각하게 고려해본 적이 있다.

기타 개인 내 장점:

시민 아카데미

▪ 湖南圈 詩文學의 傳統과 연계성
▪ 悠久한 선비정신은 호남인문학 뿌리다
▪ 짧은 시론

전남대학교 명예교수
문학박사 **손광은**

湖南圈 詩文學의 傳統과 연계성

문학사적 가치와 작품적 가치면에서 호남권현대시의 흐름과 전망을 개괄한 통시적 연구의 재조명은 호남권시문학이 한국 현대시의 산실음을 확인케 될 것이다.

시대별, 사조별, 연구적 측면에서 특히 우리시대의 시인연구는 남도의 시적 전통과 한국시의 정체성을 탐구하는 시인론 일뿐 아니라 각 시인론에 대표 시를 예시 예증해 해석적 이해를 해줌으로써 독자가 시인의 시와 삶을 총체적으로 체험하는데 도움이 될 것이다.

왜냐하면 시문학의 통시적 전통의 연계성은 비록 일관성 있는 가치를 가졌다 할지라도 현대에까지 영향되어 있는가 하는 물음에 대해 실증으로 전개해야 하기 때문이다.

호남권 시문학을 전통의 통시적 흐름으로 파악할 때 그분들이 이룩해 놓은 혼과 시 정신을 밝혀 어떻게 그러한 시가 쓰여졌고, 왜 그러한 시 정신이 전개되었는가를 정신사적 측면에서 작품분석 및 비평하는 과정에서 한국 현대시의 양상과 특성을 확인케 될 것이다.

1. 전통의 연계성

광주·전남권 시문학에 있어서 전통의 현대적 연계성을 논한다는 것은 쉬운 물음에 비해 간단치 않는 대답이 될 것이다. 비록 일관성 있는 가치를 가졌다 할지라도, 고전문학의 특질들이 어떻게 이어져 내려와서 오늘의 문학에까지 영향되어 있는가하는 법칙성과 함께 전통의 연계성을 파악하기도 어려운 일이지만, 지역문학의 활성화 방안에 어떠한 방법적인 힘으로 작용되는가 하는 물음은 더욱 해결하기 어려운 문제이다.

다만 필자는 이러한 문제 제기를 논의를 위한 가설로 전제하면서, 모든 시민이 문화예술을 향유하고 시민의 긍지와 자존의 정신을 드높여 가자는 정신적 가치의 차원으로 본 주제를 설정하였다.

뿌리 없는 나무가 있을 수 없듯이 전통과 근원이 없는 지역 문학은 존재할 수가 없는 것이다. 특히 전통이야말로 오늘의 우리들에게 정신적인 지주가 되고 있다는 의미를 부여할 때, 옛 것을 찾아보고 또 새로운 것을 추구해 나가는 것이야말로 우리가 전통을 새롭게 인식하는 자세라는 점에서 본 논의의 당위성을 찾게 된다.

최근, 문화유산들이 발굴 보존되면서 옛 얼과 슬기를 되돌아보게 하는 관심이 강조되고 있다. 모든 문학 작품의 근원은 사회학적으로 조건 지어지지만, 문학작품 속에 들어있는 모든 것이 다 사회학적으로 정의될 수는 없는 것이다. 무엇보다도 사회학 역시 모든 지적 훈련에 공통한 어떤 한계를 벗어날 수 없기 때문인데, 사회학적 예술관이 자신만을 합법적인 관점이라고 주장하거나 작품의 사회학적 중요성과 미학적 가치를 혼동할 경우에만 사회학적 예술관은 거부되어야 할 것이다. 따라서 현대시의 현주소를 재인식하고 현재의 위상을 확인키 위해서는 전통에 대한 새로운 반성과 자각이 요청된다.

전통에 대한 논의가 연구자에 따라서 개념에 대한 시각이 다르고, 자의적 해석이 난무했던 것은 참다운 전통의 본질적 개념과 전통적 요소 및 전통의 현대적 계승관계를 혼동하거나 잘못된 이해에서 기인한 오류라고 보여진다.

전통 논의는 현대 문화 예술의 각 분야에서 현실의 문제를 놓고 급변하는 와중의 현실 인식 문제와 발언의 문제, 표현의 문제 등으로 집약된다. 따라서 전통이 어떻게 수용되고 전통의 영향 관계가 어떻게 반성되고 어떻게 자각되어야 하는가를 다시 생각하게 하는 계기로 삼아 그 한 측면에서 논하려 한다.

흔히 전통을 고정된 것으로 인식하거나 전통은 계승된다고 믿는다. 그러나 오히려 전통의 계승은 전통적 요소의 창조적 계승이다. 창조된 전통의 짜임 속에 다시 살아 숨 쉬는 정신의 비밀이 가치로 살아서 부단히 창조되고 발전하는 것이다. 그러므로 전통은 시대에 따라 변용되면서 계승된다고 하겠다. 즉 과거의 가치 표준이 현재에도 가치의 표준이 되어 변용된 그 시대의 정신내용으로 굳어진다.

문화가 그 시대의 정신 내용이 밖으로 들어나면서 형성되듯, 그 뿌리는 정신의 지속적인 흐름 속에서 가치가 어어져 온 역사의식과 같다. 그 정신의 뿌리는 굵고 튼튼한 끈이며, 전통의 맥락위에서 문화 예술이 움트고 꽃피는 정신을 의미한다고 볼 때, 전통은 살아있는 정신이며 극히 가변적인 가치를 의미한다 하겠다.

논자에 따라서는 전통을 버려야 할 유산으로서 인습과 동의어로 인식하는 경우가 있으나, 전통은 새로운 생명의 원천으로 살려서 이어 받아야 할 혼과 넋, 방법과 눈으로, 끊임없이 이어 온 가치의 숨소리를 보고, 들어봐야 할 새로운 모티브인 것이다. 이러한 전통의 씨알이 뿌려지지 않은 토양에서는 문화예술의 열매가 영글 수 없는 나무를 만날 수밖에 없다.

현대는 전통의 단절시대, 곧 전통이 없는 시대에 처해 있다느니, 죽음의 문화에 젖은 현실이라 하여 황폐화된 현장성에 입각한 각 계층의 주장은 얼핏 현실을 직시한 논리같이 보이지만, 어디까지나 전통이 역사적 문화적 개념인 동시에 한 시대의 창조적이고 개성적인 시대의식임을 깨닫지 못한 경우이다.

전통은 표면상으로는 단절된 듯 보이지만 단절될 수 없는 역사와 생명의 살아있는 의식과 같다.

역사의 흐름에 다라 문화 생활 양상이나 정신 가치 세계가 변하겠지만, 그 가운데 한 줄기로 이어온 민족적인 것, 혹은 보편적인 것, 희귀한 가치있는 것에 근원을 두고 민족 속에 세계 속에 그 개성적인 생명의 뿌리를 박고 있는 정신이 전통을 이룬다.

전통은 역사적으로 형성된 것이기 때문에 역사의 경과에 있어서 인습과는 피와 살의 관계다. 마치 남도 문화의 특성이 호남인에 의해 불려지고 수용 전파된 감칠맛을 지닌 예술성과 서민성, 낙천성에 있으며 포괄적인 한의 뉘앙스를 예술로 승화시킨 애조가락, 무가와 민요, 농악 등의 멋들어진 가락과 춤사위 진법 등에서 피와 살이 있는 예술성을 만날 수 있는 경우와 같다.

이것은 문화적 개념으로 수용 창조된 가장 지역적이고 가장 한국적인 특성을 띤 것이면서, 나아가 세계성을 내표한 예술성의 실현이라고 생각된다. 이렇게 전통의 새로운 창조는 이질적인 시대의식과 상호 충돌되면서, 또한 시대의식이 전통과 접맥되면서 결국

문화 발전의 패턴과 동일 궤도의 전통적 요소를 계승해 가는 것이다. 창조를 통해서만이 전통이 계승된다고 볼 때, 이러한 전통의 계승은 지속적 전통의 논리에서 해답을 찾아야 할 것 같다.

이상의 전통개념 규정의 척도로 볼 때, 우리 광주·전남권 문학의 전통의 연계성에 대한 연구나 문학사 기술 등 전통의 맥락 문제에 있어서 언급된 연구가 미진했던 것은 아직까지 이 지방의 고전문학과 현대문학에 대한 연구가 연계성 없이 분리 기술로 일관되었기 때문이다. 이러한 개별연구는 고대와 현대의 개념구분과 문학사의 시대구분 개념에 대한 가치개념의 이론적 뒷받침 없이 시도된 혼란을 지적될 수 있다. 특히 가치개념인 전통의 연계성을 바탕으로 종합 검토하지 않는 까닭에서 온 미정리라고 생각된다.

그러므로 호남시문학의 광활한 가단 형성 배경의 실상과 그 문인들의 시정신 맥락을 조감을 통해서 나타난 바와 같이 그 작품의 특징들이 이 지역 문학의 정신사이며, 미래에 이어갈 깊이 연계된 전통성을 실증할 수 있으리라 보여진다.

2. 地域文學 活性化 方案

현재 우리나라의 지방문학은 그 질적 양적인 면에서 침체일로에 있다. 그것은 문학활동의 제반 여건이 중앙 문단에 극히 편중되어 있음에 기인한다. 그러나 한국문학은 지방문학의 결정체인 것이며, 위대한 세계문학 작품은 모두가 가장 향토적이고 민족적인 데서 출발하였다는 점으로 미루어 이는 재고되어야 할 것이다. 한편 정부시책에 의한 지방화 시대의 촉진은 사회, 경제적 측면에서 뿐만 아니라 문화적 측면에서도 병행되어야 한다. 이는 사회의 급속한 변화로 인한 정신적 불균형과 가치관의 혼란을 방지하는데에 그 이유가 있으며, 따라서 지방문학의 활성화는 시급하고도 필연적인 과제인 것이다. 이러한 점에서 예로부터 시문학의 산실인 광주·전남 지역에 대한 문학 사회학적 접근을 시도할 필요가 있으며 지방문학의 특질을 분석하고 그 문제점을 다각적인 측면에서 파악해야 한다.

그리하여 광주·전남지역 뿐만 아니라 타지역에도 적용될 수 있는 지방문학의 활성화 방안을 제시하여 국가 문화시책에 일조코자 하는데 본 발표의 목적을 둔다.

본 연구는 문학작품이 정치, 경제, 사회, 문화 등의 제반요소들과 상호 유기적인 관계에 있음을 전제함으로써 그 의의를 갖는다. 따라서 문헌 및 현장조사 결과 본 연구 수행에 문학사회학 이론이 효과적으로 적용될 수 있는가를 확인하는 작업이 필요하다. 그 준거 작업의 실례로 광주 · 전남지방의 문학작품을 조사 연구하고 그 구조적인 특질을 분석하는 과정에서, 특히 문학적 전통성과 제반 사회요소들과의 관련 양상이 검토 재창조되고 있는가? 문학작품을 산출하고 수용하고자 하는 의식구조와 사회요소들이 균형성을 확보해 주었는가? 등 문제점의 철저한 평가에 의해서 지방문학의 활성화 방안은 모색되어야 할 것이다.

연구 목적의 효율적 수행을 위한 다방면의 문헌조사, 설문조사, 현장조사, 탐방조사 등을 병행, 지방문학의 대사회적 구조와 기능을 다양하게 선별할 필요가 있다. 즉 지역사회의 문화 성향, 문학인의 지역사회적 역할, 모든 구조적 불균현의 사회적 요인, 지방문학의 사회순화 기능, 지방문학의 교육적 기능, 지방문학의 기능과 국가정책 등을 고려해야 한다. 아울러 활성화를 위한 대 전제 요건을 1) 국가정책적 측면 2) 지역사회적 측면 3) 교육적 측면 4) 문단적 측면에서 방안을 모색해야 할 것이다.

특히 활성화의 방안으로서 1) 지방문학의 의의를 확보하고 2) 전통의 재발견 3) 국가문화정책의 보완 4) 작가의 사회적 지위 향상 5) 학교 문학교육의 개선 6) 사회단체의 연계 7) 작품활동 영역 확대 등을 구체적으로 들 수 있다.

이렇게 될 때 각 지역의 문인 및 문학활동의 상호교류가 확장되고, 정부의 문화시책을 보완하는 자료로서 공통의 관심사에 대해 지역 문인들끼리 허심탄회한 토론과 그로 인한 공감대의 계기가 마련될 것이다.

지역간 격차 해결은 모든 면에서 추상적으로 아전인수격으로 집착하는 우를 범하지 않아야 하며 자체적인 의견 조정 과정을 통해서 합리적으로 수행되어야 한다. 따라서 지역 문학의 활성화 역시 그 비젼에 대한 명백한 파악에서부터 출발해야 한다. 흔히 광주 · 전남 개발을 논의할 대 부산이나 대구를 염두에 두는 경향을 본다. 그러나 광주나 전남은 예술적 지향이 강하고 문화예술에 대한 동질성을 보유하고 있기 때문에 지방의 독자성을 살려야 할 필요가 있다. 이를 위한 하나의 구체적인 시도로 예술 창작단지 조성 사업을 특성에 맞게 추진할 필요가 있다. 이는 지역 문학 활성화의 견인차 역할을 담당할 수 있으리라 보여지기 때문에 그 당위성과 지역민의 염원에 대해 중앙의 집중적이고 과감한 지원이 함께 요청되고 있다. 열리는 지방화 시대, 광주의 모든 어려운 문제는 예술문화로 승화되어야 하며, 주민의 사기 진작, 재정 자립 및 의식개혁의 자율성 신장, 민간자본 극대화의 자질도 공업화를 주축으로 하는 지역발전 못지않게 시급하고 중요한 것이다. 그러므로 문화예술을 꽃 피우게 하는 토양 위에서 지역민의 긍지를 갖도록 예술 활성화에 집중투자를 필요로 한다.

민족문화의 바탕이 지방문화이다. 지방문화는 다양성을 나타내며 민족문화는 그 정신사가 통시적으로 연구되어야 할 것이며, 이 방면으로 연구된 바 없는 문화 풍토을 극복하고 원근법적 시야를 가지고 문화발전의 미래를 전망해가는 연구에 대한 각별한 관심은 지역 문학 활성화의 기폭제 구실을 다할 수 있는 계기가 되리라 믿는다.

悠久한 선비정신은 호남인문학 뿌리다

악취 펄펄 나는 절망의 현실속에서 선비의 의미는 그 멋과 그 소리를 듣기만 해도 성스럽다. 오늘같이 어려운 시대에서 선비정신 엿듣기만 해도 좋다.

쉽게 말하여 선비는 知性人이다. 항상 자신을 반성하고 행위를 자제하며 인격을 도야하고 志節은 숭상하며 고고한 인생관을 가지고 있어야 한다. 깊고 넓은 학문을 닦아 자연의 이치와 人生의 도리를 터득하고 古今의 변화에 소통하여 理致의 가치를 事의 是非를 가질 수 있는 眞理觀을 가지고 있어야 하는 인격의 소유자다.

인류문화에 대한 창조적 충동을 느껴 높은 포부와 경륜을 품고 실지로 天下事를 맡았을 때 이를 능히 감당해 낼 수 있는 經世觀을 가지고 있어야 했다. 인격만 갖추고 학문과 경륜이 없으면 고루하고, 학문은 있으나 인격과 경륜이 없으면 유약하며 경륜은 있으나 인격과 학문이 없으면 황량하다.

인격, 학문, 경륜이 있어야 선비 반열에 들 수 있다. 선비도 사회의 구성원이다. 지성을 갖춘 계층이다. 학문을 닦는 道를 권하며 현실정치를 비판한 국외자다. 백성의 횃불이 되고 떳떳하게 사는 선비의 길, 양심의 소리는 살아있어야 한다. 선비의 志節과 道德의 실천은 인생의 꽃, 민족의 원기다.

옛 선비들은 자연에서 무엇을 깨달았을까? 역사와 전통을 어떻게 이해했을까? 나무 접붙이기 접목으로 좋은 종자가 되고 채소밭 가꾸기 자연과 세상의 순리를 맛보고 매란국죽, 대나무의 미덕 벗삼아 사는가 하면 노래하고 시를 썼는가? 그리운 산하 기행하며 인간과 영원한 속삭임을 엿들었는가 탄복하고 섭렵할 때가 왔다.

오늘날 저속한 문화가 만신창이다. 왕따문화가 10대 학교 폭력으로 잔인성이 노출되고 더욱 국가를 지켜야 할 군대가 군대 폭력으로 생명을 앗아간 슬픈 현실 속에서 억장이 무너지고 분노에 찬다. 세월호참사 여학생까지 친구 살해의 잔인성까지 불가사의한 뉴스를 볼 때마다 인간 존엄성이 파괴된 황폐한 현실에서 참 살기 어렵다.

절실하게 요구된 정신은 사람됨을 가르치는 풍토가 회복되고 돈보다 사람이 어울려 사는 사회를 꿈꾸며 자기를 갈고 닦는 사회가 그립니다.

물처럼 부드럽게 막힘이 없이 소통으로 흐른 사회가 그립다. 물은 다투지 않고 막힘이 있는 장애물을 돌아서 피해가는 지혜가 좋지 않는가. 낮은 곳으로 아래로 겸손하게 흐르는 물의 철학 그 관찰력을 깨닫고 일깨워가는 사회가 그립니다.

옛날 선비들은 文史哲 인문학을 이성을 닦는 학문으로 중요시했고 시서화 삼절은 감성 중심의 자기 수양을 닦는 고양의 완성으로 삼고 살았다.

우리 사회가 혼란스럽고 무질서한 무능에 대하여 대처 능력을 갖출 수 있는 힘은 인문학에서 찾아야겠다.

옛 선비들이 시대의 질곡을 벗어난 묘책은 선비였다. 도탄에 빠진 백성을 구하려는 文史哲 인문학은 민족 최대의 학자 사상사 시인이었다. 선비의 일생과 학문은 인문학의 정수였다. 해남에서 18년의 유배생활 고통은 집필로 저술활동에 전념하면서 끊임없이 삶의 어려움을 이겨낸 다산선생은 인문학의 위상을 높인 분이다. 정신적으로 살아있는 다산선생은 당쟁의 치열한 때에 태어나 어머니 윤씨는 윤선도의 후손 공제 윤두서의 손녀였다. 고산의 증손 공제는 남인계학자였다. 고산의 명저 「목민심서」는 오늘의 공직사회에 던져준 실천 중심 사상이다. 修己治人 知行一致의 추구 인문사상은 우리나라 지금 현실에서 깨우쳐야 할 덕목이다. 꼿꼿한 지조와 목에 칼이 들어와도 강인한 기개 높은 인물을 보고 싶다. 사약과 귀양도 불사하던 선비정신은 한없이 아쉽다.

악취나는 시대에 지쳐 질식할 것 같은 사회에서 다산 정약용 선생을 그립다.

다산은 달 때문에 밀물과 썰물이 생기는 원인이 달의 인력에 의해서다. 조선 후기에 이런 지식을 알고 있다는데 놀랬다. 달이 뜨면 밀물이 생기고 달이 지면 썰물이 생긴다. 달이 중천에 떠 있을 때는 아무런 현상이 없다는 데서는 그 지식의 시대적 한계를 엿볼 수 있다.

달과 물의 속성의 同一性은 음양의 측면에서 해명코저 했다. 우리 유학자들은 자연 현상을 유학적 입장인 이기론에 의해 설명하고 있다. 달은 물의 근본이 된 精氣이다. 정기의 빛이 물을 비추면 물이 감동되어 위로 솟구쳐 일어나게 된다. 이제부터 다산정신 익히기, 엿듣기 산책에 나설 때다.

호남시문학은 전통의 연계성 측면에서 순수향토성뿐만 아니라 사회성을 지닌 저항과 풍자 문학작품이 많았다.

옳다고 믿는 일에 목숨 걸고 굽히지 않았다. 양산보(소쇄옹)는 기묘사화 때 조광조가 죽자 세상과 등지고 소쇄원에 은둔해 살았고, 황현은 치욕의 나라 빼앗긴 것에 절명시 남기고 자살했으며, 18년 유배생활 茶山은 사회 정화 위해서 목민심서와 자식에게 주는 詩 등 뿌리 내린 사회시(참여시)를 많이 남겼다. 오랫동안 곰삭은 원초적 삶의 가치를 구현코자 했다.

실학파의 실사구시 이념에서 經世治國과 利用厚生의 정치 이념을 민중적 삶의 논리를 부합 진보적 개혁운동인 현실 인식, 실사구시 이념 애국계몽 문학은 현실의 반영이다. 사회 구조의 모순은 해부하고 사회적 기능을 떠맞는 일이다.

저항과 반항 투쟁과 도전이다. 크게는 민족자아 인식이며 현실 인식의 태도다. 다산은 아들에게 준 편지 한 통에서 준엄한 깨달음을 확인시켰다.

「나라를 걱정하고 님은 사랑하지 않는 것 시가 아니다. 어지러운 시국을 개탄하지 않고 세상 불의에 격분하지 않는 것도 시가 아니다. 참된 것, 칭찬하고 거짓 풍자하며 선을 전하며 악을 징계하는 마음이 없는 것은 시가 아니다.」

다산 시의 문학적 대응은 비판주의와 사실주의적 시국상의 주제에 접근, 당시 굶주림에 대한 참상을 고발 흉년은 슬퍼했다. 항소운동, 민족 주체 정신을 위해서 항쟁 저항시를 썼다. 황현은 부패한 관료들과의 결별을 선언 절명시 남겨 민족주체정신 확립 위한 노력의 실천시였다.

요사이 선언문을 쓴 지식인들 양심은 부조리와 모순 독선에 대한 비판의식 담겨 있다. 민중의 사회적 공감 형성이란 측면에서 저항의식의 논리로 풍자와 해학이다.

임백호, 김삿갓 두 분과 노사 기정진과 부해 안병택의 문단 교류사를 보면 저항의식의 논리는 풍자와 해학이다. 여기까지 호남문학의 뿌리를 내리게 한 통시적 起源은 어딘가.

김삿갓은 이 地方 사람이 아니다. 방랑중 오래 머문 곳이 화순이다. 57세에 동복 구암리에서 영면했다. 가난하고 억울한 사람들 탐관오리에게 수탈과 천대받은 평민들의 인생 이야기 대변이었고 강경하고 직설적인 신랄한 성토와 비판을 겸한 풍자다. 해학에서 웃음이 나온다.

해학은 人間의 따뜻한 동정 애정이 스며있고 대상에 대한 긍정적 태도다. 풍자도 웃음도 함축하지만 악덕, 위선, 사기 등에 데해서 비평하는 측면이다. 김삿갓의 풍자는 양반, 서당 훈장, 아낙네 등에 대해서 비평이 많지만 인간은 극한 상황내에 있으면서 그 상황은 초월하여 노력하는 존재다. 부조리한 세상이나 위선적인 존재에 대해 날카롭게 비평을 가한다.

임백호 시도 自由분방한 자유인 기질을 천성으로 지니고 마음의 자유로운 언어의 여행을 만끽한 풍류시인다.

「청초 우거진 골에 자는다 누웠는다
홍안은 어디 두고 백골만 묻혔는가
잔 잡고 권할 이 없으니 그를 슬퍼하노라」

정치 권력 풍자한 원생몽원록(元生夢遠錄) 등 한문 소설과 700여 편의 詩(白湖集)이 있다. 평안도 도사로 임명 돼 벼슬길 가는 길에 명기 황진이 무덤을 지나면서 지은 시조다. 읊고 술을 부어 제를 지낸 일로 임기 2년을 마칠 때 선비가 기생 무덤을 들렸다는 것이 말썽돼 파직 당했다. 호탕한 백호의 개방성 있는 낭만은 부러울만큼 감명을 준 해학이다.

시는 人生의 비평이라 말한다. 메스아놀드의 대 사회적 인간 관계를 투명스럽게 꿰뚫어 찾아내 준 것은 오늘날 사회적 기능을 떠맞는 비평 저항 풍자가 밑에 깔린 참여시의 원형이다.

오늘날 지리멸렬한 진술시, 함축이 없는 시와는 차별화된다. 임재 시의 주제의식적 시 정신은 옛 것을 익혀 현재의 시작 방향을 깊이 천척해야 할 것이다. 변하지 않는 정신적 전통은 공명따위야 맨손으로 얻을 수 있다고 마냥 되뇌이고 해학을 일삼는 분방호일한 기운을 토해냈다.

바라만 보고 포기하는 버림의 미학보다 적극적 능동적 풍류의 모습이다. 역사 상황을 개탄하는 사회성 시는 기개 넘친 풍자시가 많다. 표현이 풍류의 과감성과 호쾌하고 담대한 성격이나 낭만적 애환을 가지고 직설적으로 표현한 시들이 양반시조의 세련미와 평민 시조의 내용적 특징을 동시에 갖춘 백호시 주제들이 현대 시인들에게 풍요로운 자영분이 될 것이다.

石川 林億齡의 동생 임백령은 석천의 친동생이다. 명종의 외숙 윤원형 일파가 인종의 외척 大尹 尹任 일파를 무자비하게 숙청한 을사사화 때 호조판서인 임백령은 임억영 형에게 동참을 원했지만 참여치 않고 동생에게 준 시다.

「잘 있거라 한강수야 / 잔잔히 흘러 풍파 일지 않기를」 하는 내용이었다. 사람됨이 소탈 호방하고 속박 받기 싫어하는 성품이었으며 영욕을 좋아하지 않았다. 친동생과도 같이 일을 도모하지 않고 선선히 멀리 떠나 병을 핑계로 반대편에 서게 된다. 대옥사가 일단락되고 백령은 좌찬성(정1품)에 올랐고 형 억령은 詩酒나 축내는 낙타서생 신세가 되었다.

누정선비 유학자 송재 나세찬, 하서 김인후, 금호 임형수, 인제 김성원, 송천 양응정, 사암 박순, 고봉, 기대승, 옥봉, 백광훈과 함께 누정문학을 꽃피웠다.

스승 박상의 문집도 간행했다. 修己治人 知行一致 실천중심 다산 사상 살리기 평생 열정을 바치고 있는 석학 박석무선생과 다함께 우리 文人도 선비정신 다독이며 현실 인식하면서 다산으로 돌아가자.

당시 누정문학 현장은 지금도 남아 있다.

· 독수정(남면 연천리) · 소쇄원(남면 지곡리) · 면앙정(봉산 제월리)
· 관수정(고서면 분향리) · 환벽당(충효동) · 서하당(남면 곡리)
· 식영정(남면 곡리) · 송강정(고서원 강리) · 풍암정(금곡동)
· 관수정(대전면 대치리) · 취가정(충효동) · 자미정(지곡리)
· 세심정(지곡)

누정은 시문의 산실이며 강학의 전당이었다. 원림의 중심, 유생 휴식처 향약의 시행처로 도덕이 살아있고 인간성 향기가 펄펄 휘날리고 있다.

짧은 시론

내 시가 걸어온 길

내 시가 걸어온 길은 내 삶의 길이었다. 극히 순간적인 감정이면서 내 전체의 삶을 담아 보이면서도 내 영혼의 영원한 무엇을 찾는 작업이었다. 그러면서 내 삶의 흐름 속에서 시대적 삶의 정수를 찾기도 하고, 인간 영혼의 보편적 감정을 드러내기도 했을 것이다.

실상 시론을 강의하고 많은 논의를 통해서 살펴본 원론적 탐구나 현대적 시론을 섭렵해 온 필자로서 막상 내 시가 걸어온 길을 말하라 하니 나 또한 내 개인적 시관에 함몰될 수밖에 다른 도리가 없다.

어차피 내 시가 내 삶(체험)의 정신 내용을 담는 그릇이었기에 내 시의 흐름에 대한 견해가 내 정신의 단편적 제시가 아닐까 한다.

내 시는 내 삶과 시대와 함께 끊임없이 변모하고 확대되어 왔다고 나는 생각하지만 그 불가피한 삶의 현상, 그 지속성을 얼마나 보편적 호소력으로 드러냈을까는 단언키 어렵다.

때로는 감춤과 드러냄을 언어의 긴장으로 이끌기 위한 땀을 많이 흘리고 쓰여진 시도 많았다.

> 어느날 밤 파도는 내 방에 들어와
> 나를 깨웠다. 다른 사물들은 일제히
> 다른 이름들을 하나씩 더 갖고
> 눈 뜨기 시작했다.

모양도 없고 그림자도 없는
거대한 것이
엄청난 사람 같은 것이
내 목을 누르고
내게 말했다.

그냥 이대로만 있기냐
그냥 있기냐
다시 태어난 다음에야 볼 수 있는
벌판의 외침 소리 하나
나를 죽이고
끝끝내 들려 왔다.

'波濤의 말' 〈전문〉

에서 보듯 내 시의 흐름은 파도의 시각적 인식이라기보다 역동적인 물결의 흐름을 타고 들려온 파도의 말을 듣고 있으면 다른 사물들에까지 새롭게 인식되어 햇살 비춰 드러낸 소리를 볼 수 있다. 오동도 등대 곁 어느 허름한 점방집에서 하룻밤을 보낸 적이 있다.

모양도 없고 그림자도 없는 엄청난 것이 사람같이 내 의식 내부에까지 찾아들어와 나를 짓누르고, 있는 것은 무엇인가 이렇게 순간적인 파도의 체험이 상상되었고 실체 추체험으로 만나게 되었다.

일어서고 포효하는 것들 더 진솔한 목소리로 일깨워 오는 준엄한 힐문(詰問)은 무엇인가? 푸른 물면 궁글어 가는 벌판의 외침 소리 하나는 무엇일까?

그 소리 나를 죽이고 끝끝내 들려왔다.

이렇게 내 마음 속에 치열한 삶의 체험은 요동치고 밑으로 밑으로 살아 출렁이는 역동적 표현 속에 잠긴 때가 많았다.

60년대 내가 문단 데뷔 이후 10년간은 사회 일각에서 삼분사건 등 부정축재자를 색출하는 분위기였지만, 의혹을 속시원하게 풀지 못한 채, 의혹의 실체보다는 송사리떼만 잡고 핵심적인 몸체를 잡지 못한 것을 보고, 한복판을 때리지 못한 아쉬움을 보고 사회적 기능을 가진 '보리타작(打作)'을 시로 썼다. 언어의 內包性을 음미해 보면 내 시 '보리타작'은 읽을거리가 될 것이다.

풀잎같이 의식을 일으켜
비밀의 구조를 갖고 누렇게 살아 있는
보리를 술잔에 비쳐보곤 히죽이 웃으며

여 때리라
저 때리라

곁에 가던 먼지가
불타듯 연기되어 깔리면서
대낮이 무너진다
모든 것이 지나가며 무너진다
풀잎이 출렁거리듯
새로운 혁명이 부르는 흔들림
새로운 파멸의 부정처럼
물살지는 가슴을
실한 머슴은 들여다보면서

여, 여, 저, 저,

들고 치고 살짝 놓고 치고
소리를 만들면서
먼지가 소리를 만들면서
마음을 울리던

도리깨질을 하면서

여 안 때리고
어데 때리노
복판 때리라
가에 때리라

도리깨질을 하면서
머슴은 머슴인 아버지를
머슴으로 길들였다.

위 시는 도리깨질을 하듯 후려쳤으면 시원할 국민감정이 넘치고 있을 때였다. 시가 사회적 기능도 담당해야 하는 목소리를 도리깨질을 하는 서민의 소리로써 강한 분노와 저항과 함께 뜨거운 정의감, 후끈한 내 감정을 비교적 길게 펴간 언어의 긴장을 갖춘 시이다. 강렬한 호흡을 던진 나머지 언어의 예술적 옷을 입혔다. 노동의 가치를 깨닫고 안다는 것은 곧 삶의 가치를 깨닫고 알았다는 것과 하등 다를 바 없을 것이다. 생명의 미는 사랑할 때보다 땀 흘릴 때 가장 잘 나타날 것이다.

그때 또 공교롭게도 지역차별을 갖고 있는 '보리수매'가 행해진 것을 보고 '全羅道 보리'를 '전남긴급동의'로 시를 썼다. 소는 당시 박정희 대통령의 공화당 상징이었다.

보리가 웃는다 전라도 보리가 웃는다
쌀보다도 못하고
보리보다도 못하고
경상도 겉보리보다 더 못한
전라도 쌀보리가 웃는다
더벅머리 선머슴
코웃음처럼 ……

배길 수 없는 말 하곡 매입……
이거지로 삼키면서
삽소리가 웃는다
흙 속에서 웃는다(略)

'전라도 보리' 등은 당시 경상도 겉보리보다 더 못한 전라도 쌀보기 수매가격, 어처구니 없는 하곡 매입 때문에 면장 모가지 잘려 나가고… 시니컬하게 웃을 수밖에 없는 현실을 긴급동의했다. 미래를 투시할 수 있는 역사의식에 기반을 두고자 한 경향들이었다. 시니컬한 시대 희화적 표현은 위안을 받는다.

그외 내 작품의 경향은 김현승, 김현, 전정구, 문병란, 홍문표, 김동근, 이송희 교수와 이성부 시인이 쓴 글과 김병욱 교수의 글로 대신하고자 하지만, 초기 시집 등에서 보면 움직이는 것을 통한 생명의 자기 정립에 대한 강렬한 추구였다.

이런 현상은 '보리타작'의 도리깨질이라든지 '직녀도'에 있어서 '물의 이미지'들이 역동적이고 생동하는 힘을 내었다고 생각한다. 또 고향의 아름다운 삶을 살고자 하는 정신의 솟구침 혹은 예술적 드러냄을 구체화한 것이 제2시집 「고향 앞에 서서」이다. 기타 시집 「그림자의 빛깔」이나 민속의 숨결 「신명을 풀어라」 등 민속시집과 「땅끝탑」 등 많은 금석문 헌시는 살아남은 분들에게 바치는 영원한 시간의 언어 여행길 흔적이다.

시민 아카데미

■ 여성과 사회
■ 생활과 여성정책
■ 여성범죄 어떻게 대응할 것인가?

前 조선대학교 교수

법학박사 **송 희 성**

여성과 사회

강의 목표

한국 사회에서의 가족제도의 발달 과정을 개관하고, 다양한 생활과 현대 한국 가족의 특성을 설명하고, 가족제도 속에서와 사회제도 속에서 여성의 역할과 영역이 어떻게 발전되었으며 우리나라 정치에서 여성의 역할을 논의한다.

강의 내용

1. 한국 가족의 전망과 실천적 과제

1) 가족의 의미

家族은 대부분의 사람들이 태어나서 성장하고 교육받고, 생계를 유지하며 노후를 보내는 과정에서 이상적으로 의존하고 있는 삶의 터전이다. 가족은 이전 세대의 결혼을 통해서 형성되고 또 이후 세대의 결혼을 도와준다. 여성, 남성, 어린이, 어른이 의존성, 연약함, 나약함 등 이 모든 것이 자연스럽고 정당한 것으로 보이게 하는 곳이다. 사랑의 공동체이며 가족 성원간의 기쁨과 즐거움을 공유하는 공간으로 인식된다. 그러나 또한 많은 갈등과 억압과 긴장이 잠재해 있다. 가족은 권력이 행사되는 곳이기도 하다.

2) 가족의 정의

family의 어원은 라틴어 familia로 원래는 노예나 하인을 뜻하는 'famulus'에서 유래한 것인데 남자에 속한, 재산, 가옥, 노예 등의 생산도구를 의미 하는 것이었다. 고대 희랍은 가족을 oikos 경제 economy라는 희랍어원으로 이 역시 가족이 처음부터 경제적 조직체로 출발했음을 말해주는 것이었다.

가족에 대한 정의는 가족의 구조, 역동, 기능들을 폭넓게 포함하고 사회문화적인 변화도 내포하고 있어야하기 때문에 한마디로 정의하기는 어렵다. 가족은 역사가 가장 오래된 사회집단이다 그러나 시대적 문화적 배경에 따라 가족은 다양한 형태로 존재하면서 변화해왔으며 가족에 대한 접근 방법도 차이가 있기 때문에 개념화가 쉽지 않다.

- Olson & Defrain은 가족을 "서로에게 친밀감을 느끼며 자원을 공유하며 의사결정을 함께하고 서로에게 책임을 지고 서로의 가치를 존중해 주기로 약속한 두 명 이상의 사람들,,이라고 정의하면서 두 명 이상의 사람은 동성일 수도 있고 이성일 수도 있다는 전제가 있다고 함.
- 프로스트는 가족을 "가정이라는 곳은 당신이 언제나 찾아가면 당신에게 문을 열어 주는 곳,,이라고 한 것이 가족의 모습을 단적으로 잘 표현한 것일 수도 있다.
- Cox(1999)는 가족에게 보편적으로 적용되는 가족에 대한 9개의 가정들을 소개한다.
  ① 가족은 인간조직의 가장 기본적인 단위이다.
  ② 가족은 한 가지 형태가 아니라, 여러 가지 형태로 존재한다.
  ③ 가족생활은 고정된 현상이 아니라 변화와 연속성을 동시에 포함
  ④ 문화에 따라 각각의 가족은 독특할 뿐만 아니라 다른 가족들과 공유되는 보편적인 특성
  ⑤ 사회의 안정성이 약화되고 사회에서 개인이 고립되고, 인간관계가 소원해 짐에 따라 가족은 가족구성원들에게 점차 중요성이 증가.
  ⑥ 환경이 가족에 미치는 영향은 직접적인 것이 아니라 환경에 대한 가족성원의 태도와 반응에 의해 가족성원의 사회화에 영향 미침.
  ⑦ 같은 문화권에서도 하위 문화권에 따라 그들 나름대로의 독특성이 있다.
  ⑧ 현대사회에서 가족은 기본적인 경제단위이다. 가족의 경제활동을 통한 소득으

로 가계 운영, 또한 소비자로서 각 국가의 경제에 기여하며 동시에 국가 경제에 기반이 된다.

⑨ 각 문화는 다양한 사람으로 구성되어 있으며 그 결과 다양한 가족 형이 됨.

한편 가족의 개념과 관련하여 정상가족에 대한 논란이 제기되고 있다. 이혼과 재혼의 증가, 한 부모 가족의 증가, 비혼, 만혼, 동거증가 계약결혼과 같은 가족변화를 어떻게 보느냐에 따라 정상가족과 비정상 가족의 개념을 다르게 보고 있다.

미래학자 토인비는 21세기의 가족형태가 다양할 것이라 했다. 가족 쇠퇴론자들은 이혼, 출산, 한 부모 가족 증가 등으로 인한 가족의 변화를 가족쇠퇴로 보고 부부와 자녀로 구성된 핵가족을 '정상가족'으로 보고 있다. 반면 가족 진보론자들은 이혼가족, 재혼가족, 한 부모 가족 등의 증가를 가족의 다양화 또는 가족의 재구조화로 보고 정상가족과 비정상가족의 구분은 잘못된 것으로 보고 있다.

- 가족 진보론자인 Coontz(1997)는 가족을 "서로 사랑하고 배려하는 사람들의 집단이라고 정의하여 혈연이나 입장을 통한 가족의 개념을 넘어서서 정서적 지지기능을 하는 집단이 가족이라고 정의하고 있다.

3) 다양한 가족형태의 출현과 변화

가족의 시작은 법률혼으로 시작되어 부부가 가정을 이루어 자녀를 낳으면 父의 성을 따르게 되고, 호적에 기재되며 족보에도 기재된다. 법적으로 호주제도였고 통념은 가부장제도로 통솔이 이루어졌다. 3대, 4대의 대가족으로 여성은 자녀출산과 가사에 종속되고 노동력과 출산의 재산도구로 이어오다가 해방이후 정부수립과 1948년 7월 17일 헌법이 제정 공포되어 헌법에 남녀 평등사상이 공포되고, 교육, 문화, 사회변화와 경제 성장을 위해 인구이동으로 핵가족화로 변화되었다.

- 1960년대의 산업화와 도시화과정에서 급격한 변화를 겪었다. 직장, 교육 여건 등

다양한 요인들에 따른 사회이동이 증가하면서 한국 가족에도 많은 변화가 있었다. 부부와 미혼자녀로 이루어진 핵가족, 부모+부부+자녀로 이루어진 3세대의 가족의 감소, 단독가구 및 1세대가족, 맞벌이부부가족, 주말부부가족, 한 부모 가족, 소년 소녀가장가족, 공동체가족, 다문화가족, 조손 가족 등 다양한 것이 특징.

- 출산율의 감소로 가족의 크기가 점차 소규모 소자녀 가족화 되고 있음.
- 이혼율의 증가와 함께 한 부모 가족의 증가.
- 여성의 경제활동 참여증가로 기혼여성의 취업이 증가하면서 맞벌이 부부 가족이 증가하면서 주말부부 증가.

4) 전망과 실천적 과제

(1) 가족 내 여성의 문제 중 하나가 가사노동에 대한 가치와 문제해결이다. 가사노동은 가정에서의 직접적인 소비를 위한 용역과 재화를 생산하는 활동으로서 의, 식, 주를 위한 노동 및 가족관리를 포괄한다.

- 가사 노동은 무보수 노동이다.
- 작업조건, 작업시간, 직업안정성, 보험 등의 명확한 규정이 없다.
- 가사노동은 사적인 관계에 의존하는 일
- 사회적 노동과는 달리 개별 가족단위로 집안에서 고립된 체 행해지며 주로 주부가 전담한다.
- 다른 사람에 대한 서비스와 봉사를 중시하는 협동적이고 비경쟁적인 가치를 추구한다.
- 1980년대 이후 가사노동의 분담이 논의되기 시작
- 가사노동의 사회하는 남성들이 자신의 일이라는 인식으로 바꾸어 질 때
- 육아노동도 남성들의 일이라고 인식전환의 필요성

(2) 가정폭력문제

가정폭력은 범죄행위이다. 1998년 7월 1일부터 가정폭력 범죄방지에 관한 특례법시행, 가정폭력이 사회적인 문제로 받아들여져 사회적 대처가 가능해짐으로써 가정의 평화

와 안정을 유지할 수 있는 획기적인 전기가 마련됨.

※ 남녀모두가 같이 일하고, 같이 부모역할을 하고, 같이 여가를 즐길 수 있게 해야 한다. 이러한 가족에서 개인의 존엄과 양성평등이 실현되고 민주적 시민이 성장·배출될 수 있으며 나아가서 권위주의적이고 경쟁적인 사회를 민주적이고 더불어 사는 사회로 만들어 가는 주체성을 발휘할 수 있을 것이다.

(3) 호주제 폐지

2005년 2월 헌법재판소는 호주 제도를 위헌이라 했다. 2005년 3월 국회에서 호주제 폐지를 골자로 하는 민법개정이 이루어졌다. 2007년 호주제 폐지에 따른 호적법 대체법으로 호적이 사라지고 개인이 태어나면서 각자 하나의 신분 등록부를 갖는 새로운 신분등록제가 도입됐다. 2007년 5월 17일 법률 제8435호로 공포되어 2008년 1월 1일 시행되어 호적부대신 '가족관계부'가 탄생되었으나 이로 인해 또한 많은 문제 제기가 되고 있다.

2. 성 역할의 사회화

1) 여성의 정치 참여

자유 민주주의와 자본주의 시장 경제 질서를 특징으로 하는 오늘날의 시민사회는 참여 민주주의를 시민사회의 정신의 하나로 규정하고 있다. 이러한 정신에 따라 시민사회의 구성원은 남녀 공히 개인의 합리적 능력과 선택을 중요시하며 시민권의 본질을 설명하는데 있어서도 사회구성원간의 평등한 권리 존중을 그 핵심으로 하고 있다.

시민사회의 성장에 따라 다양한 집단들의 정치참여가 활성화 되었으며 이제껏 가정 혹은 사적영영에 머물러 있던 여성들의 지위문제가 정치문제화 되기에 이르렀고 동시에 여성의 적극적인 정치참여는 여성해방 운동가들에 있어서 관심의 초점이 되고 있다.

한국에서도 1987년 대통령직선제 실시, 1991년 지방의회 부활, 1993년 30여년 만에 민간정부 탄생, 여성의 정치참여와 사회참여를 활성화시키고 생활정치로 변화함에 따라 충분한 조건이 형성되었다.

2) 의회진출

1대 1명, 2대 2명, 3대 1명, 4대 3명, 5대 1명, 6대 2명, 7대 3명, 8대 5명, 9대 12명, 10대 8명, 11대 9명, 12대 9명, 13대 7명, 14대 8명, 15대 12명, 16대 22명, 17대 41명, 18대 44명, 19대 49명(지역구당선과 비례당선을 합하여)이다.

3) 정당진출

인구의 절반인 여성이 평당원의 여성참여율은 계속 높아지고 있으나 정당정책의 결정과 집행에 직접적인 영향을 미칠 수 있는 당직자의 경우 고위직으로 올라갈수록 여성비율이 낮아지고 있다.

4) 정치참여 저해요인

① 사회·문화·경제적요인

② 제도적 요인

5) 정치참여 확대방안으로

(1) 정치 관련법의 제정 및 개정

- 여성의 대표성을 보장 받을 수 있도록 정당법에 각종 공직선거에 있어서 여성의원의 선출비율을 일정비율로 할 것을 포함하는 조항이 삽입되어야 할 것이다.

(2) 국고보조금이 지원되도록 방안모색

(3) 여성단체들도 선거운동이 가능하도록 관련법의 정비가 시급

(4) 여성할당제의 효율성 제고

비례대표 30% 할당제와 공천제 30%와, 당직자 선출시 30% 할당제 실시.

(5) 임명제 도입

■ 비례대표제에 의한 임명제를 도입. 지역구당 1명씩의 지역구의원을 뽑고 나서 인구비례에 따라 3~5개의 지역구를 하나로 통합한 후 각 당에서 각기 여성 피선거권자를 공천하여 여성의원을 선출하는 것.

■ 직선에 의한 여성의 정치 참여율보다는 임명에 의한 정치참여가 더 바람직 할 수도 있다.

(6) 정당의 역할 제고

■ 정당의 여성에 대한 정치교육실시하여 여성후보 육성, 지원

■ 여성단체와 정당간의 연대활동 강화

(7) 정부차원의 지원 확대

여성부에서 여성정치 참여를 적극 지원해야 할 것이다.

(8) 여성단체의 정치력 강화

여성단체가 공식적으로 제사하고 있는 목적으로는 회원 간의 친목도모 및 지위향상이 가장 많아 대부분의 여성단체가 여성의 교양이나 인간적 자질을 높이며 국가 사회를 위해서 봉사하고 여가를 신용하는 활동을 하지만 집단의 에너지를 극대화하기 위한 작업의 일환으로 여성단체의 정치력을 강화하는 작업이 강도 높게 추진되어야 하겠다. 조직의 모든 자원과 역량을 정치력화하는 노력을 기울여야 할 것이다. 또한 의정감시 활동을 동시에 수행해야할 것이다.

6) 결론

정치의 목적 중 하나가 합리적인 권력배분과 자원배분을 통한 사회집단의 안정과 번영에 있다고 볼 때 정치영역에서의 여성배제는 결국 정치라는 것이 평등사회를 지향하는 것이 아니라 특정집단을 위한 지배도구로 이용되고 있다고 할 수 있다.

3. 성평등 사회를 향하여

오늘날 많은 여성들은 자신이 여자라는 이유로 차별받지는 않는다고 말한다. 자신을 피해자로 인식하는 것은 곧 열등성을 인정하는 것이라고 생각하기 때문이다. 물론 피해의식은 삶에 대한 진정한 주체의식을 방해한다. 그러나 구조적 차원에서 이루어지고 있는 차별을 인식하지 못한다면 사회적 연대를 통해 개선되어야 할 부분들이 그만큼 존속될 뿐이다. 결국 주체적이기 위한 노력과 동시에 구조적인 차원에 대한 인식이 필요하다 하겠다.

생활과 여성정책

강의 목표

성 평등 사회와 행복한 사회를 구현하기 위해서는 여성이 행복해야 가정과 사회, 국가가 행복하다는 복지국가의 이념을 설명하고 요람에서 무덤까지 복지 보장의 기본을 세우는 여성정책의 중요성을 논의한다.

강의 내용

1. 변화하는 여성

산업사회에서 정보사회로의 진전 속에서 인위적 기술은 하이테크로 변화하고 국가의 경제정책은 자국의 보호정책에서 세계경제 체제로 전환하고 일방적 의사전달 방식은 쌍방적 의사소통 및 정보교환으로, 양자택일적 선택은 다중선택이 가능한 시대로 즉 의사소통의 중심축이 바뀌고 있다.

지금의 시대를 흔히 3F시대라 한다. 여성성(Feminine), 감성(Feeling), 가상(Fiction)의 시대라 한다. 여기서 암시하는 것은 여성이 가지고 있는 특성, 감성이 사회발전에 미치는 영향이 더욱 중요하다는 것이다. 탄력적인 조직, 유연성 있는 구조가 강조된 것이다.

교육기회의 확대와 전문분야와 진출분야에 있어서의 남녀편차의 감소를 가져왔고 여성들이 다양한 영역에서 경제활동을 수행할 능력을 구비하였고 사회보장과 사회복지 서비스의 발달로 여성의 사회참여율도 높아졌다. 고령화시대와 반대로 출산율감소하면서 여성을 가정영역에서 사회라는 사적영역으로 진출하면서 남성의 가사분담과 여성취업에 대한 편견의 벽도 사라졌다.

2. 여성정책에 대한 접근

여성정책의 목표는 경제, 사회, 문화 및 정치적 결정에 여성의 완전하고 평등한 참여를 통하여 삶의 모든 영역에 여성의 능동적인 참여를 저해하는 장애요인을 제거하는데 중점을 둔다. 여성의 보다 적극적이며 인간다운 삶을 위한 여성정책분야를 크게 여성의 정치 및 사회참여정책, 여성의 노동정책, 사적영역인 가정과 가제도의 불평등과 피해에 대한 가족정책, 여성의 복지정책, 급변하는 국제환경과 남북관계에서 여성의 역할과 기능을 제시하는 국제·통일 정책으로 나눌 수 있다.

3. 한국의 여성정책 (여성정책의 성장)

	준 비 기 (1975~1987) 제3~5공화국	통 합 기 (1988~1992) 제6공화국	정 착 기 (1993~1997) 김영삼 정부	확 산 기 (1998~2002) 김대중 정부	성 장 기 (2003~2007) 노무현 정부
국가 제도 개선	·한국여성개발원 설립(1983) ·여성정책심의위원회 설치(1983)	·정무장관(제2)실 설치 (1988) ·2월(여성, 아동, 청소년, 노인)	·국회여성특별위원회 설치 (1994) 6.24	·정무장관(제2)실 실행 부서화 ·각부처에 여성평등 실현관 설치 ·여성부 설치 (2001.1)	· 여성가족부를 확대 개편 (2005.6.23)

	준 비 기 (1975~1987) 제3~5공화국	통 합 기 (1988~1992) 제6공화국	정 착 기 (1993~1997) 김영삼 정부	확 산 기 (1998~2002) 김대중 정부	성 장 기 (2003~2007) 노무현 정부
국가 계획	·유엔 여성차별철폐 협약 비준(1984) ·여성발전기본계획 수립(1985) ·2000년을 향한 국가 장기발전 구상 여성부문 포함 (1986) ·제6차 사회 발전 5개년 계획에 여성부문 포함 (1987) ·남녀차별개선지침 (1987) ·여성발전기본계획 (1987)	·제7차 경제사회발전 5개년 계획 (1992)	·근로여성기본계획 수립(1993) ·영유아 보육사업 확충3개년 계획 (1994) ·세계화 추진위원회 여성사회 참여를 위한 10대 과제(1995) ·여성정책기본계획 수립	·여성발전 기본법에 따른 여성정책 기본 계획 이행	·영유아 보육 업무를 보건 복지부에서 여성부 업무로 이관 (2004.6.12)
법 제정 및 개정	·남녀고용평등법 개정(1987)	·모자복지법 제정 (1989) ·가족법 개정(1990) ·영유아 보육법 제정(1991)	·성폭력범죄의 처벌 및 피해자보호 등에 관한 법률 제정 (1993) ·일제하 일본군 위안부에 대한 생활안정 지원법 제정(1993) ·윤락 행위 등 방지법 제정(1994) ·남녀고용평등법 개정(국회 계류중) ·가정폭력방지법 제정(국회 계류중)	·각종여성인권관련 조약의 비준과 이행 ·남녀고용 평등법 개정 ·가족법, 국적법, 호적법 개정 ·모자복지법 개정 ·윤락 행위 등 방지법 개정 ·가족간호휴가제도 법제화 ·직장 내 성희롱처벌을 위한 법적 기준 마련 ·통일을 대비한 법 구상	·결혼 이민자 가족지원 업무 강화 (2007.11.30)

※ ① 2008. 2. 29. 이명박 정부에서 "여성가족부"를 "여성부"로 개칭

② 2010. 3. 19. "여성부"를 다시 "여성가족부"로 개칭(이명박 정부에서)하여 현재까지 "여성가족부"로 명명.

4. 여성정책의 전망과 나아갈 방향

1948년 7월에 제정·공포된 헌법에서 이미 남녀평등의 원칙을 명백히 천명하여 일제의 식민지 통치에서 해방된 건국의 이념에 민주주의 제도와 원칙에 따르는 남녀평등정책을 지향하여 왔다. 그 후 여러 차례의 정치적 상황변화와 이에 따라 헌법 개정이 단행되었으나 「남녀평등의 원칙」은 흔들리지 않고 지켜오고 있으며 이 원칙으로 헌법 이외의 다른 법률은 시대의 변화와 사회발전에 걸맞는 양성평등의 정책적 과제를 법제화하여 구체적인 평등사회 구현을 위한 기본조성에 노력했다.

1953년 근로기준법의 여성보호규정, 1958년의 가족법개정, 1962년의 제 1차 가족법개정, 1977년의 제 2차 가족법 개정, 1990년 제 3차 가족법 개정 등으로 공법분야 뿐만 아니라 사법 분야의 대표적인 법률인 가족법(친족법, 상속법)등 현실적인 남녀평등실현을 위한 제도정비에 노력했다.

특히 헌법의 경우 1980년의 개정에서 가족생활의 양성평등을 조문화하였으며 1985년에 UN의 여성 차별 철폐 협약의 가입으로 세계무대에서도 뒤지지 않는 남녀평등법 제도를 갖추기 시작했다.

1987년 남녀고용평등법 제정, 1989년 모자복지법 제정 및 남녀고용평등법의 개정으로 동일임금 규정 삽입, 1991년 영유아 보육법 개정, 1994년 성폭력 특별법제정, 1995년 공무원 임용시험령 개정에 의한 여성채용 목표제를 채택하였다.

1995년 여성발전 기본법을 제정, 그 내용에 여성발전 기금을 정부예산에서 출연토록하는 규정을 두었으며 개인적인 문제라는 견해로 논란을 빚어온 가정폭력방지법도 1997년 11월에 제정, 1998년 7월 1일부터 시행에 들어가게 되어 제도상으로는 선진국 수준에 접근한 평등법 체계를 갖추고 있다.

그러나 여성의 정치·사회참여와 영향력, 조직적인 힘은 아직도 미약하다.

5. 여성의 정치·사회참여 (사적영역에서 공적영역으로)

1) 여성의 정치참여 필요성

첫째; 정책수립에 있어서 여성의 입장을 반영하기 위함

둘째; 여성정책을 수행해나가기 위해서

셋째; 실제 정치과정에서 여성의 목소리를 확대하기 위해서

6. 여성단체의 역할

여성단체는 그 목표를 대체로 사회봉사활동, 자기개발 교육, 친목도모에 두고 있으나, 여성정책은 제도권에서 法을 만들어 행정에서 시행하여야 하기 때문에 여성정치인을 발굴하여 키워나가 여성정치인을 제도권 안에 진출시켜나가야 한다.

〈지금은 여성시대〉

여성범죄 어떻게 대응할 것인가?

강의 목표

우리나라 헌법 제11조 제 1항에서는 “모든 국민은 법 앞에 평등하다. 누구든지 성별, 종교, 또는 사회적 신분에 의하여 정치적, 경제적, 사회적, 문화적 생활의 모든 영역에 있어서 차별을 받지 아니한다.”고 하여 평등권을 모든 기본권 실현의 방법적 기초로 보장하고 있다. 21세기 우리나라 여성들은 사회적 활동이 적극적이며 사회성도 넓어지고 있으나 생활 속에서 법 지식에 대한 무관심으로 인하여 불이익을 당하며 여성을 향한 범죄 사례가 많으므로 평등권을 찾지 못할 분만 아니라 많은 생명을 잃고 억울하고 불행한 삶을 살게 된다.

또한 헌법 제 11조 평등권, 제12조 생명권, 제15조 직업의 자유, 제23조 재산권, 제24, 25조 참정권, 제31조 교육을 받을 권리, 제32조 제4항 근로의 권리, 제34조 제3항 여성복지, 제36조제1항과 제2항 모성보호 등 여성의 지위를 보장하고 있다. 그러므로 광주광역시민 여성들에게 법 생활에 대한 상식을 부여하여 실생활에 조금이라도 보탬이 되고자 한다.

강의 내용

Ⅰ. 민법분야에서

1. 가족법

가. 약혼과 혼인

(1) 약혼의 의의

약혼이란 혼인적령에 달한 남녀가 장래에 부부가 될 것을 약정하는 신분계약이다. (민법 제800조, 제 806조) <법률상 유효한 약혼>이 성립하기 위해서는

① 혼인하려는 양 당사자 간의 합의가 있어야 함.

② 남녀 모두 18세에 달하여야 한다. 단 미성년자는 부모 또는 후견인의 동의를 얻어야 함. 치산자의 경우도 마찬가지다. 부모 또는 후견인 동의 불가할 때는 친족회의 동의를 얻어야 함.

한정치산자는 자유로이 약혼 할 수 있다.

③ 조건부 기한부 약혼도 사회질서에 반하지 않는 한 유효함.

(2) 약혼의 효과

약혼한 당사자는 성실하게 교제하고 장래에 혼인을 성립할 의무가 있다. 혼인에 대한 강제이행 청구권은 인정 안 됨. 약혼으로 친족관계 발생 안 됨. 약혼 중 출생한 자는 혼인 외의 子가 된다. (혼인 후 준정(準正)에 의해 혼인 중의 子로 된다)

또한 제3자의 부당한 침해에 대한 손해배상 청구권이 인정된다.

(3) 약혼의 해제

당사자 일방에게 다음과 같은 사유

① 약혼 후 자격정지 이상의 형의 선고를 받을 때

② 약혼 후 금치산 또는 한정치산의 선고를 받은 때
③ 성병, 불치의 정신병 기타불치의 악병이 있는 때
④ 약혼 후 타인과 약혼 또는 혼인을 한 때
⑤ 약혼 후 타인과 간음 한 때
⑥ 약혼 후 1년 이상 그 생사가 불명한 때
⑦ 정당한 이유 없이 혼인을 거절하거나 그시기를 지연하는 때
⑧ 기타 중대한 사유가 있는 때에는 상대방은 약혼을 해제할 수 있다.

해제는 상대방에 대한 의사표시로 한다.

상대방에 대하여 의사표시를 할 수 없는 때에는 그 해제원인이 있는 것을 안 때에 해제된 것으로 본다.

※ 해제의 효과로 손해배상의 청구 및 예물 등의 반환이 있다.

(4) 혼인의 성립

민법은 법률혼주의를 택하고 있기 때문에 혼인의 성립에 대하여 일정한 요건이 필요

(가) 실질적 요건

① 당사자 간의 혼인의사의 합치
② 혼인적령에 달하였을 것 : 민법 807조에 만 18세를 혼인적령으로 정함.
③ 부모 등의 동의가 있을 것 : 미성년자, 금치산자 등
④ 重婚이 아닐 것 : 일부일처제의 기본원리 위배
⑤ 근친혼이 아니어야 한다.

민법 제809조에 8촌 이내의 혈족, 6촌 이내의 혈족의 배우자, 배우자의 6촌 이내의 혈족, 배우자의 4촌 이내의 혈족의 배우자, 6촌 이내의 양부모계의 혈족이었던 자, 4촌 이내의 양부모계의 인척이었던 자로 규정됨

(나) 형식적 요건

민법 제 812조 제 1항에 의하면 혼인은 가족관계 등록 등에 관한 법률로 정하는 바에

따라 신고함으로써 성립한다. 혼인신고는 담당 공무원이 수리함으로써 완료되며 즉각 효력 발생 함.

나. 이혼

(1) 협의상 이혼

부부간에 더 이상 혼인관계를 지속할 의사가 없는 경우에는 서로 합의하여 이혼할 수 있다. 민법 제 836의 2 제 1항에 정해진 이혼에 관한 안내를 받아야 한다. 양육하여야 할 子 (포태중인 子포함)가 있는 경우에는 3개월, 그렇지 않은 경우에는 1개월이 경과한 후에 이혼의 사를 확인받을 수 있다.

이혼의 효력 발생은 신고하여야 한다.

가사소송법 제 2조 제 1항 가류 사건에 규정이 있다.

당사지간에 이혼의사의 합치가 없었다거나 합의 후라도 철회한 경우 등은 이혼을 합의하였다 해도 무효사유가 될 수 있다. 또한 사기·강박으로 인하여 이혼의 의사표시를 한자는 사기를 안 날 또는 강박을 면한 날로 부터 3월 이내에 이혼의 취소를 청구할 수 있다.

(2) 재판상 이혼

특정한 이혼원인이 있는 경우에 이를 이유로 부부 중 일방이 그 배우자를 상대로 가정법원에 이혼을 청구하여 그 재판에 의해 이혼하는 것을 말함.

<민법 제 840조에 재판상 이혼 사유>

① 배우자의 부정한 행위

② 배우자의 악의의 유기

③ 배우자 또는 그 직계존속에 의한 심히 부당한 대우

④ 자기의 직계존속이 배우자로부터 심히 부당한 대우를 받았을 때

⑤ 배우자의 생사가 3년 이상 분명하지 아니한 때

⑥ 기타혼인을 계속하기 어려운 중대한 사유가 있을 때

(3) 이혼의 효과

(가) 일반적 효과

이혼을 하게 되면, 부부사이의 배우자 관계는 소멸한다. 그리고 상대방 친족들과의 사이에서 발생한 인척관계 역시 소멸된다.

(나) 子의 지위

① 부모의 이혼으로 子의 지위엔 변함없다. 혼인 중에 포태되었다가 이혼 후에 출생한 자 역시 혼인중의 子로서 인정된다. 이혼한 부모가 子를 공동양육하기에는 어려우므로 민법 제909조 제 4항에 부모가 협의로 친권을 행사할 자를 정하는 경우에는 단독친권이든 공동친권이든 무방함. 협의가 어려울 때는 당사자의 청구에 의하여 가정법원이 이를 정한다.

② 면접교섭권

부부가 이혼을 한 후 양육권을 가지지 아니한 부모의 일방과 그 자가 상호면접 서신교환, 선물교환, 숙박, 통신 또는 기타 방법으로 접촉하는 권리를 면접교섭권이라 한다.

③ 재산분할 청구권

(1) 의의

이혼을 한 배우자의 일방이 상대방에게 혼인생활 중 조성되거나 증가·유지된 재산의 분할을 청구하는 권리다. 이는 부부가 서로 협력하여 형성한 재산을 부부의 공동재산으로 취급하여 혼인 해소 시에 이러한 재산을 남녀평등의 이념에 따라 청산하고자하는 것이며 또한 혼인이 해소된 후 경제적 능력이 없는 이혼 당사자를 보호하여 간접적으로는 이혼의 자유를 보호하는 데로 재산분할의 의미가 있다.

(2) 분할의 대상이 되는 재산

○ 민법 제 803조에 의하면 부부간에 서로 협력하여 이룩한 재산이다.

○ 혼인 전부터 일방이 가지고 있던 고유재산이나 혼인 중 상속, 증여, 유증 받은 특유

재산은 분할의 대상이 안 됨.

○ 부부일방이 이혼 시에 이미 수령한 퇴직금, 연금, 상여금은 분할대상이다.

○ 장래의 퇴직금은 대상이 아님.

○ 재산분할 후 재산분할 대상이 새로이 발견되면 추가로 재산분할을 청구할 수 있다.

(3) 기타 다른 권리와의 부합문제

○ 위자료청구권은 그 요건과 효과를 달리하고 있으므로 독립한 권리이다.

○ 채권자 취소권과의 관계에서도 채무자가 채무초과임에도 불구하고 재산분할이 되었을 때 그 재산분할 행위가 채권자의 채권행위를 침해하는 경우, 사해행위로 인정되어 그 처분이 취소 가능할 것인가에 대하여서도 재산분할이 상당한 범위를 벗어나지 않는다면 사해행위로 인정되지 않는다.

○ 재산분할 청구권이 채권자 대위권의 객체가 될 수 있느냐가 문제될 수 있는데, 재산분할 청구권만으로는 구체적 권리가 발생한 것은 아니므로 채권자대위권을 행사할 수 있다고는 할 수 없다.

2. 상속법

가. 상속인과 상속분

사람이 사망하면 그가 살던 집, 가재도구, 예금, 귀금속 등 각종 재산과 채무를 남긴다. 이러한 재산상의 권리의무를 승계할 자격이 있는 사람으로서 민법상 규정하고 있는 것이 바로 상속인이다.

상속은 피상속인의 사망으로 인하여 개시된다. 사망에는 실종선고도 포함된다. 상속은 자연인에게만 인정되기 때문에 법인에게는 일어나지 않는다. (다만 유증의 상대방, 즉 수유자가 될 수 있을 뿐이다.) 현행법상 사망만이 유일한 상속개시의 원인이 된다.

상속분은 상속인이 될 자가 여러 사람인 경우에는 이들 사이에 각자 어떤 비율로서 상속할 것인지가 문제되는데, 이를 상속분이라고 한다.

2인 이상의 상속인이 있으면 일단 상속인들의 공동소유가 되지만 종국적으로 상속인 각자의 단독소유로 넘어간다. 이를 위한 절차가 바로 상속재산분할절차이다.

○ 배우자 상속인 : 혼인신고가 되어있는 법률상 배우자

○ 혈족 상속인 : ㉠ 직계비속(자녀, 혼인 외 출생자, 양자, 양자로 나간자, 아직 태어나지 않은 태아)

㉡ 진계존속(부모-양부모와 친생부모 포함)

㉢ 형제, 자매(성별, 혼인여부불문, 이복형제자매)

㉣ 4촌 이내의 방계 혈족(친외자 불문)

㉤ 배우자는 직계비속이나 직계존속이 있으면 이들과 함께 상속하고, 이들이 없으면 형제자매나 방계혈족보다 앞서 단독으로 상속한다.

○ 선순의 상속인이 1명이라도 있으면 후순위 상속인에게는 전혀 상속이 일어나지 않는다. 같은 순의의 사람이 여럿이면 가장 촌수가 가까운 친족을 선순위로 하고, 같은 촌수의 상속인이 여럿이면 공동으로 상속한다.

법정 상속인이 없으면 특별연고자(사실혼배우자 등)의 분여청구권이 인정되고, 그래도 남은 재산이 있으면 국가에 귀속한다.

○ 피상속인의 사망시점에 생존한 상속인에 대해서만 상속이 일어난다.

○ 상속분에는 유언에 의한 지정상속분과 유언이 없는 경우 법정 상속분이 있다.

나. 상속의 승인과 포기

(1) 상속권자의 선택권(단순승인의 원칙)

유언은 단독행위이므로 유언자의 일반적 의사표시로써 성립하고, 사인행위이므로 행위자(유언자)의 사망과 함께 당연히 그 효력을 발생한다.

그러나 수증자의 의사에 기한 것이 아니므로 유언자가 사망 후 언제든지 유증을 포기할 수 있다.

이유는 상속은 재산상 권리뿐만 아이라 그 의무까지도 승계된다. 즉 적극재산보다 소극재산(부채)이 많은 때에는 부당할 수 있기 때문이다.

<한정승인>

채권자가 상속인의 고유재산에는 강제집행을 하지 못하고 오로지 상속재산에만 할 수 있는 법

<상속포기>

상속의 효과를 전면적으로 거부하여 처음부터 상속인이 아니었던 것과 같은 효과를 발생하도록 하는 상속인의 일방적 의사표시가 상속포기이다. 한정승인과 마찬가지로 상속포기 역시 가정법을 통해야 한다. 가정법원에 3개월 안에 포기신고 해야함.

다. 상속재산의 분할

<분할의 방법>

① 유언에서 정한 방법에 따르고(지정분할, 민법 제1012조 전단)

② 유언이 없는 경우 상속인사이에서 협의한 내용에 따르며 (협의분할, 민법 제1013조 제 1항)

③ 상속인 사이에서 협의가 이루어지지 않은 경우에는 분할을 원하는 상속인이 나머지 다른 상속인 전원을 상대로 소송을 제기하면 가정법원의 조정 또는 심판에 의하여 분할된다.(조정·심판분할·민법 제1013조 제2항, 제269조)

④ 상속재산이 분할되면 그 효과는 상속이 개시된 때로 소급한다. 부동산은 등기하지 않아도 상속인의 것이 된다.

⑤ 부동산을 다른곳에 처분하려면 일단 상속인은 자기 앞으로 등기를 하여야 한다.

라. 유언

(1) 유언의 의의

사람은 자신의 사후자식이나 재산, 사업 등을 생각하고 생전에 필요한 조치를 강구하

고자 하여 법률은 제도로서 확립하여 유언제도라 하였다.

즉, 어떤 사람이 그 사후에 효력을 발생시킬 목적으로 일정한 방식에 기하여 한 상대방 없는 단독행위이고 유언제도는 이 유언의 실현을 확보하기 위한 제도일체를 가리킨다.

(2) 유언사항

<가족관계에 관한 사항>

㉠ 친생부인(민법 제850조)

㉡ 인지(민법 제859조)

㉢ 후견인의 지정(민법 제931조)-(유언에 의해서만 한다.)

㉣ 친족회원의 지정-(유언에 의해서만 한다)

<재산 처분에 관한 사항>

㉤ 유증(민법 제1074조 이하)

㉥ 재산법인 설립을 위한 재산출연행위(민법 제47조 제2항)

㉦ 신탁의 결정(신탁법 제2조)

<상속에 관한 사항>

㉧ 상속재산의 분할방법의 지정 또는 위탁(민법 제1012조)-유언에 의해서만 한다.

㉨ 상속재산의 분할금지(민법 제1012조)-유언에 의해서만 한다.

<유언집행에 관한 사항>

㉩ 유언집행자의 지정 또는 위탁(민법 제1093조)-유언에 의해서만 한다.

(3) 유언의 종류

㉠ 자필증서 유언(유언자가 연월일 주소, 성명을 직접 적고 도장을 찍어야 한다.)

㉡ 녹음유언-참여한 증인이 유언의 정확과 그 성명 구술

㉢ 공정증서 유언-증인 2인의 필기, 낭독 후 서명 기명 날인

㉣ 비밀증서 유언-유언자가 필자의 성명기입 봉투에 넣은 후 봉하여 날인 이를 2인

이상 증인이 서명, 날인.

ⓜ 구수증서 유언-급박한 사유로 유언자가 2인 이상의 증인의 참여로 유언취지 말하고 상대방이 필기, 낭독하여 정확한 승인 후 각자 서명, 기명 날인.

Ⅱ. 형법분야에서(여성에 대한)

1. 형사법과 여성문제

가. 강간과 강제추행

형법 제 32장은 '강간과 추행의 죄'라는 제목하에 성적 자위를 침해하는 범죄를 다루고 있다.

강간죄의 행위는 폭행, 협박으로 부녀를 강간하는 것이다. 형법 제297조는 "폭행 또는 협박으로 부녀를 강간하는 자는 3년 이상의 유기징역에 처한다."고 규정. 강간죄는 피해자의 고소가 있어야 공소를 제기할 수 있는 친고죄이다.

<강제추행죄(제298조)>

추행이라 함은 성욕을 만족시키거나 성욕을 자극하기 위하여 상대방의 성적 수치심이나 혐오감을 불러일으키는 일체의 행위를 말한다.

형법 제298조는 "폭행 또는 협박으로 사람에 대하여 추행한 자는 10년 이하의 징역 또는 1,500만원 이하의 벌금에 처한다"고 규정하고 있다.

나. 기타 형법상 성범죄 규정

형법 제302조는 "미성년자 또는 심신미약자를 위계 또는 위력으로써 간음 또는 추행을 한 자는 5년 이하의 징역에 처한다"고 규정하고 있다. 피해자의 고소가 있어야 공소를 제기할 수 있다. 미성년자라 함은 13세 이상 20세 미만인 자이다.

형법 제304조는 “혼인을 빙자하거나 기타의 위계로써 음행의 상습 없는 부녀를 기망하여 간음한 자는 2년 이하의 징역 또는 500만원 이하의 벌금에 처한다”고 규정하고 있다. 피해자의 고소가 있어야 공소를 제기할 수 있다.

형법 제305조는 “13세 미만의 부녀를 간음하거나 13세 미만의 사람에게 추행을 한 자는 강간죄, 강제추행죄와 같이 처벌한다”고 하고 있다.

강간죄, 강제추행죄, 준강간죄, 준강제추행죄를 범하다 사람을 상해하거나 상해에 이르게 한자는 무기, 또는 5년이상의 징역에 처한다는 형법 제301조의 규정과 이러한 죄를 범하다가 사람을 살해한 자는 사형 또는 무기징역에 처한다는 형법 제 310조의 2가 형법에 규정되어 있다.

2. 성폭력 특별법

가. 제정경위

1980년대 들어서 각종 성폭력 범죄가 급격히 증가하여 심각한 사회문제가 되어 여기에 기존의 형법조항이 이런 문제에 대응할 수 없다는 인식이 사회에 보편화되기에 이르렀다. 특히 세간을 놀라게 일련의 사건들은 이 특별법의 제정에 중요한 계기가 되었다. 인권신장과 건강한 사회질서확립에 이바지함을 목적으로 1994년 1월 5일 제정되었다.

(1) 친족관계에 의한 강간

친족관계에 있는 자가 강간이나 준강간의 죄를 범한 때에는 5년 이상의 유기징역에 처하고 친족관계에 있는 자가 강제 추행이나 준 강제추행의 죄를 범한 때에는 3년 이상의 유기징역에 처한다.(제7조 제2항, 제3항)

(2) 장애인과 13세미만 미성년자에 대한 강간, 강제추행의 가중처벌

신체장애 도는 정신장애로 항거불능 상태에 있는 여자를 간음하거나 사람에 대하여 추행한 자는 강간 또는 강제추행과 같은 형으로 처벌한다.(제8조)

또한 13세 미만의 여자에 대하여 강간이나 준강간의 죄를 범한자는 5년 이상의 유기징역에 처하며(제8조의 2의 제1항) 13세 미만의 사람에 대하여 강제추행이나 준강제추행의 죄를 범한자는 1년 이상의 유기징역 또는 500만원 이상 2천만원 이하의 벌금에 처하며 형법보다 더욱 무겁게 처벌하고 있다.

(3) 공중밀집장소에서의 추행

대중교통수단, 공연, 집회장소 기타 공중이 밀집하는 장소에서 사람을 추행한 자는 1년 이하의 징역 또는 300만원 이하의 벌금에 처한다(제13조) 피해자의 고소가 있어야 공소를 제기할 수 있다.

(4) 특수강간의 가중처벌

흉기 기타 위험한 물건을 휴대하거나 2인 이상이 합동하여 강간이나 준강간의 죄를 범한 자는 무기 또는 5년 이상의 징역에 처한다(제6조 제1항·제3항)

(5) 통신매체이용 음란행위

자기 또는 다른 사람의 성적욕망을 유발하거나 만족시킬 목적으로 전화·우편·컴퓨터 기타 통신매체를 통하여 성적 수치심이나 혐오감을 일으키는 말이나 음향, 글이나 도화, 영상 또는 물건을 상대방에게 도달하게 한자는 1년 이하의 징역 또는 300만원 이하의 벌금에 처한다.

(6) 카메라 등 이용 촬영행위

기계장치를 이용하여 성적욕망 또는 수치심을 유발할 수 있는 타인의 신체를 그 의사에 반하여 촬영한 자는 5년 이하의 징역 또는 일천만원 이하의 벌금에 처한다.

(7) 고소제한에 대한 예외

성폭력범죄에 대하여는 형사소송법 제224조(고소의 제한)의 규정에 불구하고 자기 또는 배우자의 직계존속을 고소할 수 있다.

(8) 피해자의 신원과 사생활 비밀누설 금지

㉠ 성폭력범죄의 수사 또는 재판을 담당하거나 이에 관여하는 공무원은 피해자의 주소, 성명, 연령, 직업, 용모 기타 인적사항과 사진 등을 공개하거나 타인에게 누설하여서는 안된다.

㉡ 제1항에 규정된 자는 성폭력범죄의 소루에 필요한 범죄구성사실을 제외한 피해자의 사생활에 관한 비밀을 공개하거나 타인에게 누설하면 안된다.

(9) 심리의 비공개

㉠ 성폭력 범죄에 대한 심리는 그 피해자의 사생활을 보호하기 위하여 결정으로 이를 공개하지 아니할 수 있다.

㉡ 증인으로 소환 받은 성폭력 피해자와 그 가족은 사생활보호 등의 사유로 증인신문의 비공개를 신청할 수 있다.

㉢ 재판장은 제2항의 신청이 있는 때에는 그 허가 여부 및 공개, 법정외의 장소에서의 신문 등 증인의 신문방식 및 장소에 관하여 결정할 수 있다.

3. 성희롱

가. 직장내 성희롱의 개념

남녀고용평등법은 "직장내 성희롱"에 대하여 「사업주, 상급자 또는 근로자가 직장내의 지위를 이용하거나 업무와 관련하여 다른 근로자에게 성적인 언어나 행동 등으로 또는 이를 조건으로 고용상의 불이익을 주거나 또는 성적 굴욕감을 유발하게 하여 고용환경을 악화시키는 것」이라고 정의하고 있다.

나. 성희롱의 유형

① 육체적 행위: 입맞춤이나 포옹, 뒤에서 껴안기 등의 신체적 접촉, 가슴, 엉덩이 등

특정신체부위를 만지는 행위, 안마나 애무를 강요하는 행위 등

② 언어적 행위: 음란한 농담이나 음담패설, 외모에 대한 성적인 비유나 평가, 성적사실관계를 묻거나 성적인 내용의 정보를 의도적으로 유포하는 행위, 성적관계를 강요하거나 회유하는 행위, 음란한 내용의 전화통화, 회식자리 등에서 무리하게 옆에 앉혀 술을 따르도록 강요하는 행위 등

③ 시각적 행위: 외설적인 사진, 그림, 낙서, 음란출판물 등을 게시하거나 보여주는 행위, 직접 또는 팩스나 컴퓨터 등을 통하여 음란한 편지, 사진, 그림을 보내는 행위, 성과 관련된 자신의 특정 신체부위를 고의적으로 노출하거나 만지는 행위

④ 기타 사회통념상 성적 굴욕감 또는 혐오감을 유발하는 것으로 인정되는 언어나 행동

다. 남녀고용평등법상 성희롱 예방과 대책

① 사업주는 직장 내 성희롱의 예방을 위한 교육의 실시를 연1회 이상 직원연수교육, 정례조회, 부서별 교육, 시청각교육 등으로 실시하여야 한다.

② 성희롱행위자에 대한 징계, 부서전환, 경고, 견책, 정직, 휴직, 전직, 대기발령, 해고 등 적절한 징계조치를 해야 한다.

③ 직장 내 성희롱 예방장치를 고충처리기구나 절차를 마련해야 한다.
성희롱 상담요원 등 담당자는 제시된 사안에 대해 신속, 공정하게 조사·처리하고 개인정보를 누출하면 안 되며 사업주는 조사 및 처리종료 후 관계당사자에게 그 결과를 직접 기일 내에 통보하여야 한다.

④ 성희롱 피해자에 대한 불이익 조치 금지

⑤ 관련분쟁의 해결이 어려운 경우의 조치는 관할 지방관서의 장에게 지원을 요청할 수 있다. 이 경우 자체적으로나 또는 고용평등 위원회의 의견을 들어 성희롱 여부를 판단하거나 분쟁해결에 조력하여야 한다.

라. 성희롱이 금지되는 영역

① 공공기관이 종사자, 사용자 및 근로자가 직장에서 하급자, 동료, 협력업체 종사자, 파견종사자등에 대하여 성희롱을 하는 경우

② 교육 또는 교육훈련기관등의 종사자, 사용자 및 근로자가 학습자나 교육응시자에 대하여 성희롱을 하는 경우

③ 공공기관의 종사자, 사용자 및 근로자가 재화·시설·용역의 제공이나 이를 이용하게 하는 과정에서 이용자 등 상대방이나 관련자에 대하여 성희롱을 하는 경우

④ 공공기관의 종사자가 법과 정책의 집행 시 직무를 수행하거나 권한을 행사하는 과정에서 상대방등 관련자에 대하여 성희롱을 하는 경우

4. 가정폭력 특별법

가. 입법배경

가정폭력은 현대적 윤리의 관점에서 볼때에 사적자치의 영역으로 볼 수 없고 아래와 이동에 대한 폭력은 더 묵과할 수 없는 상황에 이르러 1998년 7월부터 시행에 들어갔다.

나. 주요내용

「가정폭력특별법」은 범죄로 간주하여 국가의 공권력이 개입한다는 것을 명백히 한 것이다.

이 법률은 헌법 제36조 제1항(혼인과 가족생활은 개인의 존엄과 양성의 평등을 기초로 성립되고 유지되어야 하며 국가는 이를 보장한다)에 근거한 것이다.

(1) 가정폭력의 의의

가정폭력이라 함은 "가족구성원사이의 신체적, 정신적, 또는 재산상 피해를 수반하는 행위"를 말한다.(제2조의 Ⅰ) 이는 가족구성원사이의 모든 형태의 폭력을 뜻한

다. 따라서 여기서 가정폭력은 남편이 아내에게, 아내가 남편에게, 부모가 자녀에게, 자녀가 부모에게 가하는 폭력 및 형제간의 폭력 등 가족 간에 일어나는 모든 폭력을 포함한다.

(2) 신고, 고소, 고발에 관한 특례

가정폭력범죄는

㉠ 신고, 고소, 고발 등의 경로를 통해 수사기관에 접수될 수 있다.

㉡ 누구든지 가정폭력을 알게 된 때는 수사기관에 신고할 수 있다. (제4조)

㉢ 폭력피해자를 교육, 보호, 복지, 상담하는 개인 및 기관의 장에게 가정폭력의 신고의 의무를 지게하고 있다.(제4조 제2항)

(3) 가정폭력 사전처리 절차의 특례

㉠ 가정폭력 신고를 접한 경찰이 사건을 처리 안하면 직무유기죄를 구성하게 됨.

㉡ 출동한 사법경찰관은 응급조취를 취한다.(제5조)
(폭력행위 제지, 범죄수사, 상담소나 보호시설에의 인도, 피해자의 의료기관 인도 등)

㉢ 다시 폭력을 행사할 위험이 있는 경우 검찰에 송치한다.

㉣ 가정보호 사건의 경우에는 가정법원과 지방법원이 처리한다.

㉤ 판사는 피해자의 보호를 위해 퇴거 등 격리.

㉥ 피해자의 주거, 직장 등에서 100미터 이내의 접근 금지

㉦ 의료기관 기타 요양소에서의 위탁

㉧ 경찰관서 유치장 또는 구치소에의 유치

Ⅲ. 노동법분야에서

1. 근로기준법상 여성의 지위

가. 여성근로자와 소년에 대한 보호

- 대통령 령은 사용금지 직종을
  ① 임신 중의 여성 ,출산후 1년이 경과되지 아니한 여성, 임산부가 아닌 18세 이상의 여성 등으로 나누어서 규정되고 있다.
  ② 임신 중의 여성에게 금지된 업무는-납, 수은, 크롬, 비소, 황린, 불소, 염소, 시안화수소 등 위해물질을 취급하는 업무를 포함한 13가지 업무
  ③ 출산후 1년이 경과되지 아니한 여성에게는 – 납, 비소를 취급하는 업무와 '2-브로모프로판'을 취급 업무 금지.
  ④ 임산부가 아닌 18세 이상의 여성의 경우에는 -'2-브로모프로판'을 취급하는 업무만 금지
- 법 제70조-여성과 연소자는 갱내근로가 금지됨.

나. 생리휴가의 보장

① 근로기준법 제71조에 의하여 사용자는 여성근로자에게 「1월에 1일」의 생리휴가를 유급으로 부여해야한다. 일용근로자나 임시직 근로자에 대하여도 적용한다. 생리휴가를 부여하지 않은 경우에는 500만원 이하의 벌금형이 과해진다.

② 생리휴가는 여성근로자의 청구에 의하여 발생함. 생리휴가제는 연차휴가처럼 휴가를 모아서 사용할 수 없다.

③ 근로자의 통지로 휴가를 부여하며 통지의 방식은 구두나 서면으로 할 수 있다.

④ 사전통지 없이 휴가를 사용하면 결근으로 간주할 수도 있다.

다. 산전후 휴가(産前後休暇)

① 근로기준법 제 72조 제1항에 의하면 “사용자는 임신중의 여자에 대해서는 산전, 산후를 통하여 90일의 보호휴가를 주어야 한다. 이 경우 휴가기간의 배치는 산후에 45일 이상이 되어야 한다”고 정하고 있다. 여성근로자의 임신과 출산에 대한 배려는 여성근로자의 보호뿐만 아니라 건강한 다음세대 국민의 육성과 노동력 재생산의 확보라는 의미를 지니며 출산휴가의 제공은 사회와 국가의 의무로서도 강조되어야 한다.

② 출산 후 45일의 유급휴가이다.

③ 유산이나 조산(早産)경우에도 산전후 휴가를 60일의 유급보호휴가를 인정한다.

라. 유급수유시간

근로기준법 제73조는 “생후 1년 미만의 유아를 가진 여성근로자의 청구가 있는 경우에는 ‘1일 2회 각각 30분’ 이상의 유급수유시간을 주어야 한다”고 정하고 있다.

마. 시간의 근로의 제한

근로기준법 제69조에 의하면 사용자는 산후 1년이 경과되지 아니한 여성에 대해 단체협약이 있는 경우라도 1일 2시간, 1주 6시간, 1년 150시간을 초과하는 시간의 근로를 시키지 못한다.

바. 해고의 제한

임신중 산전산후휴가를 간 여성근로자에 대해 해고가 제한된다.

2. 남녀고용평등법상 여성의 지위

우리나라에서는 남녀 간에 차별적인 대우를 금지하기 위하여 근로기준법 제5조애 균등처우규정을 두고 있는 외에도 이를 보다 구체화하기 위하여 1987년 12월에 남녀고용평등법을 제정하였다.

가. 법규정

남녀고용평등법은 모집, 채용, 임금, 교육, 배치 및 승진, 정년, 퇴직 및 해고, 직업훈련 등에 있어 남녀의 차별을 금지하고 있다.

나. 모집과 채용에 있어서의 평등

남녀고용평등법 제7조제2항에 "사업주는 여성근로자를 모집·채용하고자 하는 직무의 수행에 필요로 하지 아니하는 용모·키·체중 등의 신체적 조건, 미혼조건 기타 노동부령이 정하는 조건을 제시하거나 요구하여서는 아니된다."고 구체적으로 정하고 있다.

다. 동일가치 노동의 기준

① 기술: 자격증, 습득된 경험 등 업무수행 능력 또는 솜씨의 객관적 수준

② 노력: 업무수행에 필요한 육체적, 정신적인 힘작용

③ 책임: 업무에 내제된 의무의 성격, 범위, 사업주가 당해 직무에 의존하는 정도

④ 작업조건: 소음, 열, 기타 물리적, 화학적 위험의 정도 등 당해 업무에 종사하는 근로자가 통상적으로 처하는 작업환경을 말하며, 이상의 기준 외에 해당근로자의 학력, 경력, 근속연수 등을 종합적으로 고려하여 판단.

라. 교육·배치 및 승진에 있어서의 평등

(1) 법적근거

남녀고용평등법 제10조는 근로기준법. 제5조를 구체화하여 근로자의 교육, 배치 및 승

진에 있어 여성임을 이유로 차별대우해서는 안 된다는 것을 정하고 있다. 고용·배치 및 승진에 있어서 차별대우를 한 경우에는 제7조 위반으로 벌금 500만원 이하가 적용된다.(동법 제37조 제3항)

(2) 내용

남녀고용평등법 제10조에 의해 차별대우가 금지되는 교육에는 신입사원교육, 관리감독자훈련, 국내의 연수 등 명칭에 관계없이 근로자의 직무수행능력의 배양 또는 향상을 위하여 사업주가 소속근로자를 대상으로 실시하는 모든 교육 및 직업훈련이 포함된다.

마. 정년·퇴직 및 해고에 있어서의 平等

(1) 법적근거

남녀고용평등법 제11조제1항은 정년, 퇴직·해고에 있어서 여자근로자들에게 대한 차별적 대우를 금지하고 있다. 제2항에서는 사용자가 혼인, 임신, 출산을 퇴직사유로 예정하는 근로체결을 금지하고 있다.

근로기준법 제31조제2항에서도 정리해고 시 남녀차별을 금지하고 있다. 이 법규정 위반에 대해서는 5년 이하의 징역 또는 3천만원 이하의 벌금에 처하고 있다.(제37조제1항)

(2) 정년차별

동일직종에서 남성과 여성의 정년에 차이를 두는 것은 합리적인 근거가 없는 한 남녀차별이다.

(3) 결혼퇴직제

결혼, 임신, 출산을 이유로 하여 여성을 퇴직시키는 것도 차별대우로서 허용될 수 없다.

결혼퇴직제와 함께 근로자가 미혼이어야만 한다는 독신조항도 개인의 존엄과 양성의 평등을 기초로 하는 혼인에 관한 헌법규정(제36조제1항)남녀고용평등법 등에 반하는 것으로 무효라고 보아야 한다.

시민 아카데미

▪ 위대한 지구의 탄생과 살아 움직이는 지구
▪ 지구상의 재해와 지구 살리기

전남대학교 명예교수

공학박사 윤정한

위대한 지구의 탄생과 살아 움직이는 지구

1. 우주의 대폭발(Big Ban)

우주에서 유일하게 생명체가 존재하는 이 신비한 지구가 어떻게 탄생하였을까?

과학자들은 135억 년 전에 우주의 대폭발이 있었음을 증명해 냈다. 적어도 135억 년 전부터 지구가 생성된 46억 년 전까지는 혼돈의 시기였을 것이다. 즉 대폭발로 생성된 우주 파편들은 서로 좌충우돌했을 것으로 추측하고 있다.

좌충우돌하는 동안에 미행성이 생기면서 이 미행성은 지구가 생성되기에 필요한 핵(nuclei)의 역할을 했을 것이고, 계속 충돌하면서 성장했을 것이다. 계속 충돌하면서 미행성은 용융되어 마그마(magma)바다를 이루었을 것이다. 용융된 미행성은 시간이 지나면서 점차 냉각되면서 가스, 물(액체), 그리고 고체(여기서 고체는 陸塊를 의미한다) 등의 3상(相)으로 분리가 일어났다. 가스는 대기층을 형성했고, 물은 바다를 이루었고, 고체(陸塊)는 원시지각을 형성했을 것이다. 원시지각은 진화되어 지각(crust)과 맨틀(mantle) 그리고 핵(core)의 분리가 일어난 후 지구 구조는 지각은 대륙지각과 대양지각으로, 맨틀은 상부맨틀과 하부맨틀로, 핵은 외핵과 내핵으로 진화하여 지구구조는 현재와 같은 동심원상의 층상구조를 형성한 것이다.

2. 지구가 생명체인 증거

지구가 생명체인 증거, 즉 지구가 살아 있다는 증거를 말하기 전에 지구의 크기와 형상에 대해 간단히 설명한다.

지구는 태양으로부터 수성과 금성 다음에 위치하고 있으며 태양계에서 지구의 크기순서는 수성, 화성, 금성 보다는 크고 해왕성, 천왕성, 토성 그리고 목성보다는 작다. 그림 1은 수성→화성→금성→지구의 크기를 비교한 것이다. 명왕성(Pluto)은 현재 태양계에 속하지 않는 것으로 결론이 난 행성이다.

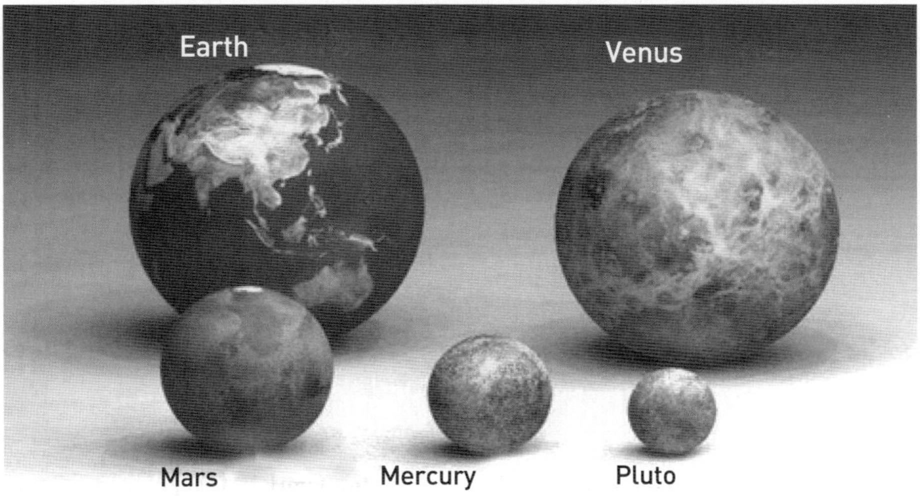

그림 1. 수성, 화성, 금성, 지구의 크기를 비교한 그림

지구의 반경은 적도에서는 6,378km이고, 남북극으로는(경도방향) 6,357km로 약간 타원형이지만 둘레가 약 40,000km인 거의 원형에 가까운 행성이다. 지구의 질량은 $M = r\nu^2/G$으로 계산되는데 여기서 M은 질량, r은 지구와 달과의 거리, 그리고 ν는 달의 공전속도를 나타낸다. 따라서 지구의 질량은 약 6자(秭, 10^{24})kg이 된다.

지구가 생명체, 즉 살아있다는 증거는 지구의 空轉과 自轉하는 현상 이외에 지표에서 볼 수 있는 地殼變動(地變이라고도 한다)을 일으키는 地震, 火山, 단층운동, 태풍과 홍수 등의 기후변화 등이다. 즉 계속 끊임없이 움직이고 있다는 것이다.

생명체는 陰陽이 交合되어야 생성된다. 우리 인간도 음양이 교합되어 탄생된 것이다. 지구도 오랜 동안 陽인 열기로 존재하다가 점점 냉각되면서 陰인 물이 생성된 것이다. 마그마도 뜨거운 물이지만 그 속성은 역시 음인 물인 것이다. 그래서 지구도 음양이 合實

한 생명체인 것이다. 동양에서는 인체를 小宇宙라고 한다. 우리 先人들은 대단한 통찰력을 가졌던 것이다.

지구가 생명체라는 증거에 대해 좀 더 소개해 보고자 한다.

1) 지구의 공전(公轉, Revolution)

어떤 천체 사이에서 서로 공통의 계(系:system)를 이룬 상태에서 그 공통 무개중심의 둘레를 일정한 주기로 회전하는 것을 공전(公轉, Revolution)이라고 한다. 지구 공전은 지구가 태양 주위를 회전하는 것을 말한다. 공전 속도는 태양 주위를 돌고 있는 길이를 구하면 쉽다. 지구와 태양과의 거리는 약 150,000,000km이다. 따라서 지구가 태양 주위를 도는 공전 거리는 약 942,000,000km이다. 즉, 지구는 태양 주위를 1년에 약 942,000,000km를 돌고 있는 것이다. 이를 1초 동안 이동하는 거리로 환산하면

942,000,000km ÷ 365일 ÷ 24시간 ÷ 60분 ÷ 60초 = 29.76km/s

즉, 1초에 약 30km 속도로 공전하고 있는 것이다.

2) 지구의 자전(自轉, Rotation)

지구는 스스로 서쪽에서 동쪽으로 회전하고 있다. 이를 지구의 자전(自轉, Rotation)이라고 한다.

지구의 자전속도(rotating velocity)는 적도의 둘레 약 4만68km를 1회 자전하는데 소요되는 시간은 24시간이다. 따라서 적도에서 1초당 자전 속도는

40,068㎞ ÷ 24 ÷ 60분 ÷ 60초 = 0.464km/s으로 계산된다.

즉, 적도에서 시속은 약 1천6백69km이고, 초속으로는 약 464m/s로 운동하고 있다. 초속 약 460m의 속도는 적도에서 속도이고 緯度에 따라 달라진다.

우리나라의 위도 37°에서의 속도는 cos 37 × 6400 km × 2π / 24시간으로 계산된다. 즉, 위도 37°에서 자전 속도는 시속 1,337km/h, 초속으로는 371 m/s이다. 따라서 지구의 극점에서 자전속도는 0m/s가 된다. 공전과 자전이 멈추면 지구에 사는 생명체는 어떻게

될까?

특히 지구의 자전이 멈추면 지구에 사는 생명체는 어떻게 될까?

지구의 자전이 멈춘다면 지구에는 원심력이 없어져 적도 지역에 있던 바닷물이 평형을 유지하기 위해 바닷물은 고위도 지역으로 흐르게 되어 고위도 지방에서는 해수면 상승이 급격하게 일어나 거의 모든 육지는 수몰되게 될 것이다. 뿐만 아니라 밤과 낮의 기온차가 커져 대기 순환이 변하게 됨에 따라 낮 쪽에서 밤 쪽으로 부는 바람의 풍속은 태풍보다 더 강하게 되어 인류는 지구에서 살 수 없게 될 것이며, 지구 자기장의 변화로 우주로부터 지구에 쏟아지는 태양풍 등을 막을 수 없어 지구에는 생명체가 살 수 없게 될 것이다. 이 얼마나 무서운 일인가? 1분 1초도 쉼 없이 誠을 다하는 지구에 감사해야 한다.

3) 地殼變動 (地變, Diastrophism)

지각(地殼, Earth Crust)의 두께를 전에는 10마일(약 16km) 정도로 보았으나 현재는 탄성파의 속도로 보아 大陸地殼의 두께는 30~40km 정도이고, 산맥이 발달된 대륙지각은 60-70km 정도, 그리고 海洋地殼의 두께는 약 3~5km 정도이다. 따라서 지각의 평균 두께는 약 35km로 보고 있다. 지각은 항상 평평하거나 굴곡된 것이 아니라 변화한다. 이를 지각변동(지변, diastrophism)이라고 한다. 地殼變動(地變, diastrophism)이 일어난 증거로는

(1) 지구표면의 요철

(2) 段丘

(3) 淺海底에서 육지와 바다의 반복

(4) 深成岩과 變成岩이 지표에 나타나는 현상

(5) 화산, 지진, 단층 등이 있다.

4) 판구조론(板構造論, Plate Tectonics)

지각이동은 하나의 설로 시작되었다. 지각이동에 대한 가설의 발전은 대강 다음과 같

은 역사를 거쳐서 발전된 것이다. 1620년경 영국의 철학자 베이컨이 남아메리카와 아프리카 대륙이 한 덩어리였을 것이라고 주장했고, 독일의 Wegener는 1912년경에 大陸漂移說(Theory of Continental Drift)을 주장하였으며, 1962년에는 Hess와 Dietz가 해저확장설(Theory of Sea Floor Spreading)을 발표하여 과학계의 큰 관심을 이끌었다. 1960년대 말에는 板構造論(Plate Tectonics)이 등장하여 지구과학계에 큰 획을 긋는 사건(?)이 일어났다. 大陸漂移說(Continental Drift) 발전과정을 요약해 보면 大陸漂移說(Continental Drift)→해저확장설(Sea Floor Spreading)→판구조론(Plate Tectonics) 순으로 발전되었다.

이를 좀 더 자세하게 설명하면 다음과 같다.

원시지구의 육괴(초대륙, Pangaea)는 현재와 같이 5대양 6대주로 갈라져 있었던 것이 아니고 하나의 땅덩어리로 존재했던 것이 중생대 쥐라기 말(지금부터 약 1억 8,000만 년 전)부터 갈라지기 시작하여 현재와 같이 여러 개의 지판으로 구성되었다는 설이다. 이 하나의 땅덩어리(초대륙)을 판게아(Pangaea)라고 하고, 이 초대륙을 둘러쌓고 있었던 바다를 원시바다(Panthalassa)라고 한다.

大陸漂移說(Continental Drift)은 1620년경 영국의 철학자 베이컨(Francis Bacon)이 남아메리카 동해안과 아프리카 서해안은 하나의 대륙이었던 것이 서서히 갈라져서 두 대륙 사이에 대서양이 생성되어 양 대륙으로 분리되었다고 생각했었다. 그 후 1912년경에 독일의 Wegener가 아프리카와 남아메리카가 갈라져 양 대륙이 분리되었다는 大陸漂移說(Continental Drift)을 주장하였는데 다른 학자들의 강한 반대에 부딪쳤다. 그러나 Wegener와 그 동료들은 두 대륙의 지질과 지질구조 및 화석을 조사하여 1924년에 영국에서 "Origin of Continents and Oceans"을 출판해서 더욱 파문이 커졌다.

반대론자들은 두 대륙을 이동시킨 에너지와 메카니즘을 밝히라고 요구하였다. 이에 대해 1931년에 영국의 에딘버러 대학의 Holmes경이 대류설을 등장시켰으나 구체적인 사실을 입증하지 못해 대륙표이설은 주춤하였다. Wegener가 1937년에 북극을 탐험하다가 사망하게 되어 더욱 침체 되었다. 그러던 중 1945년에 2차 세계대전이 끝나고 미국의 해군이 수집했던 음향측심자료를 정리하면서 당시까지는 깊은 바다 밑은 평평하리라고 생각했던 바다에 거대한 산맥이 존재함을 발견하였다. 그 후 계속 조사하면서 거대한 산맥에 천발지진과 화산활동이 일어나는 것을 관찰하면서 Hess와 Dietz가 詩的으로 해저확장설(Theory of Sea Floor Spreading)을 내놓았다. 해저가 확장된다는 증거로는 1) 열유량의 차이, 2) 방사성동위원소에 의한 화산암의 연령차이, 3) 지자기의 반전 현상 등을 들었다.

1968년에 Isac 등이 1961－1967년 사이에 발생한 지진의 진원지와 지판경계부가 거의 일치하고, 천발지진은 해령의 V자형 열곡과 변환단층에서 일어나며, 심발지진은 해구에서 일어나는 현상을 발견하고 지판운동에 의한 지질작용을 기재하기 위하여 "New Global Tectonics"라는 용어를 처음으로 사용하여 판구조론(Plate Tectonics)이 탄생하게 되었다. 여기서 Plate란 지판(地板)을, **Tectonic**은 그리스어로 건축자, 그리고 s는 － 學 또는 － 論(예: mathmatic은 수 또는 수의 의미인데 mathmatics는 수학인 것과 같음)을 의미한다.

여기서 Holmes가 대입시킨 맨틀의 대류가 거대한 지각을 분리 이동시킨 에너지이고, 그 메카니즘(mechanism) 등이 설명되었다. 맨틀의 대류를 설명하기 전에 지구구조를 설명하면 이미 언급한 바와 같이 지구의 구조는 핵(core) － 맨틀(mantle) － 지각(crust)으로 이루어진 "同心圓狀의 層狀構造"를 하고 있는데 판구조론에서는 지각과 맨틀의 두께 80－100km까지를 岩圈(岩石圈, lithosphere)이라고 하고, 깊이 100－400km를 弱圈 또는 軟弱圈 (asthenosphere)라고 명명하고 있다. 맨틀의 대류는 약권에서 일어나는 plastic flow가 대류를 일으킨다. 약권의 plastic flow에 의해 맨틀의 대류가 일어나면 약권 위에 떠 있는 암석권은 대류하는 방향으로 이동한다. 이를 간단히 설명하면 약권의 plastic flow에 의한 대류는 belt conveyor와 같은 역할을 하고 암권은 belt conveyor의 위에 놓인 물건과의 관계와 유사하다고 하면 쉽게 이해될 것이다. 즉 암권을 움직이는 힘(에너지)은 약권에서 일어나는 대류이고 암권(암석권)은 대류하는 약권 위에서 약권의 대류 방향과 속도에 따라 피동적으로 움직이는 물체와 같다. 대류의 중앙부에서 변환단층으로 인한 천발지진이 발생되고 대류의 냉각부(해구, trench)에서 섭입이 일어남으로서 지판이 이동하게 되는 것이다. 최근에는 맨틀의 대류만으로는 지판을 움직이기에는 약하다고 하여 플룸구조론(Plume Tectonics)이 등장했다. 플룸이란 열주(熱柱)를 의미한다. 플룸에는 열주(hot plume)와 냉주(冷柱, cold plume)가 있다. 이에 대한 더 이상의 자세한 설명은 다음 기회에 논하기로 한다.

대부분의 지질현상을 판구조론으로 설명 가능하다. 예를 들면 화산대, 조산대 및 단층대가 일치한다든지, 마그마에 의해 광상이 생성되는 현상을 설명할 수 있다든지, 지구상의 도시와 도시가 지리적으로 멀어지거나 가까워지는 현상 등을 판구조론으로 설명할 수 있다. 그림 2는 맨틀의 대류와 암판의 섭입(subduction)과 해저 확장을 판구조론적으로 설명할 수 있는 그림이고 그림 3은 대양저 산맥 정상부에서 변환단층을 설명하는 그림이다.

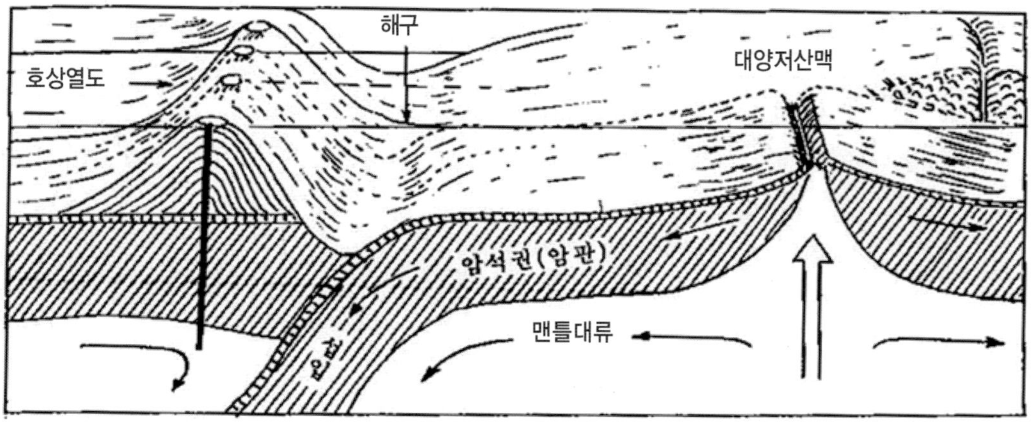

그림 2. 맨틀의 대류와 암판의 섭입(subduction)과 해저 확장을 설명하는 그림. 대양저 산맥 부분이 해저가 확장되는 부분임(정 영식, 2009).

약 80-100km 정도의 두께를 암권 또는 암석권(lithosphere)
약 100-400km의 두께를 약권 또는 연약권(asthenosphere)
대양저산맥 부분에서 변환단층(그림 3)이 생성 섭입(subduction), 섭입되는 부분에 해구 (海溝, trench)가 발달된다.

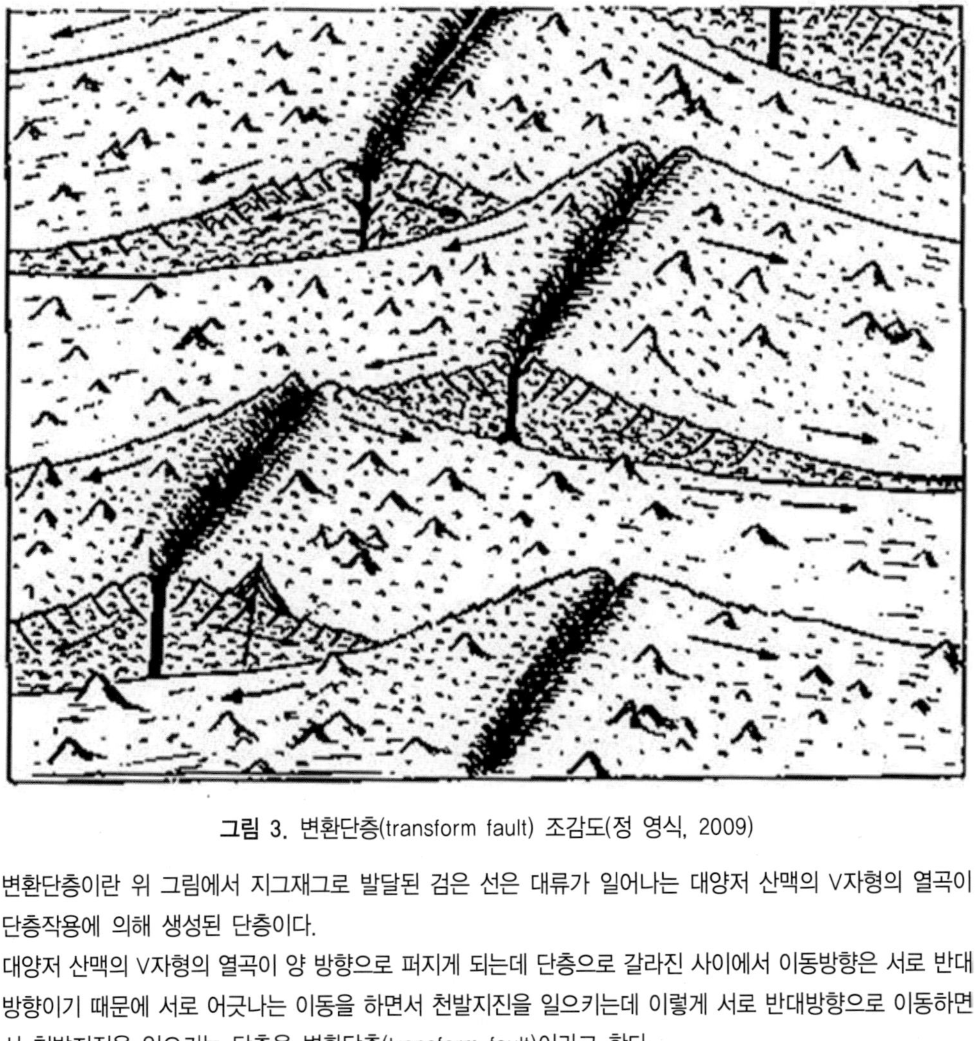

그림 3. 변환단층(transform fault) 조감도(정 영식, 2009)

변환단층이란 위 그림에서 지그재그로 발달된 검은 선은 대류가 일어나는 대양저 산맥의 V자형의 열곡이 단층작용에 의해 생성된 단층이다.

대양저 산맥의 V자형의 열곡이 양 방향으로 퍼지게 되는데 단층으로 갈라진 사이에서 이동방향은 서로 반대 방향이기 때문에 서로 어긋나는 이동을 하면서 천발지진을 일으키는데 이렇게 서로 반대방향으로 이동하면서 천발지진을 일으키는 단층을 변환단층(transform fault)이라고 한다.

지구상의 재해와 지구 살리기

Ⅰ. 지구상의 재해

1. 강의 목표

지구상에서 일어나는 재해에는 어떤 것이 있으며 그 원인은 무엇이며 우리는 어떻게 대처해야 하는가? 와 스트레스에 시달리는 지구를 편안하게 해 주어야 하는 당위성과 그 실천 요강을 이해하게 한다.

2. 강의 주제

1) 지진(Earthquake)
2) 화산(Volcano)
   백두산과 한라산의 화산
3) 유수(홍수)와 사태(沙汰, Mass-wasting)
4) 바람의 작용(風化作用: Weathering)과 태풍(Typhoon)
5) 빙하(氷河)
6) 지구에게 안식년(安息年)을

3. 강의 내용

1) 지진(Earthquake)

(1) 지진의 정의

지각의 껍데기인 지표면이 지진파의 영향에 의해 흔들리는 현상을 말한다. 지진파에는 P파, S파 및 L파 등이 있다.

P파란 지진파 중 제1파(primary wave)를 말한다. 즉, 지표면에 제일 먼저 도착되는 지진파이다. 그 운동하는 양식으로 종파라고도 한다. S파는 제2파(secondary wave)라고도 한다. 즉 P파 다음에 도착되는 지진파를 말한다. 그 속도는 P파에 비해 √1.73배 늦다.

(2) 지진 발생원인

지진을 일으키는 원인에는 단층운동, 화산작용, 지층이나 암반층의 함락 등이 있다.

단층운동은 여러 가지 지질작용에 의해서 지각의 약한 부분에 틈이 선상으로 변형되어 서로 갈라지는 현상을 말한다. 이때 선상 윗부분을 상반(hanging wall)이라고 하고 아랫부분을 하반(foot wall)이라고 한다. 그러니까 상반과 하반이 서로 엇갈려 운동하는 현상이다. 이 운동하는 현상으로 지진파가 발생되어 그 지진파들이 지표에 도달하는 현상이 지진이다.

화산작용에 의한 지진은 지각에 발달한 마그마가 운동함으로서 그 영향이 지진파로 지표면에 도달하는 현상이다.

함락지진은 지층 중에 공동이 생성되어 공동의 상부에 있는 암반의 일부가 붕락되면서 일어나는 충격으로 지진파가 발생되어 지표면에 지진파가 전달되는 현상이다.

지진이 일어난 장소를 진원(seismic center)이라고 하고 진원에서 직상부의 지표면으로 선을 그으면 찍히는 지점을 진앙(seismic epicenter)이라고 한다.

(3) 지진의 피해

지진에 의해서 일어나는 재해는 대단히 미미한 것에서부터 상상하기조차 힘든 것 까지 다양하다. 최근의 피해로는 일본 후구시마에서 발생한 해일이다. 해일(海溢, over-flowing of sea)을 일본어로는 쓰나미(津波, tsunami), 영어로는 sea wave(우리말로는 海波라고 할 수 있다)라고 하는데 근래에는 일본말 쓰나미(津波, tsunami)가 세계 공용어로 쓰이는 경향이 있다.

지진의 피해는 건물이나 댐의 손상이나 붕괴, 산사태, 화재발생 등으로 인명과 재산 피해가 다양하게 나타난다. 이러한 피해를 예방하는 것은 대단히 어렵다. 특히 우리나라의 경우 최근에 새운 건축물을 제외하고는 90년 이전에 건설된 건물, 제방 및 기타 시설 등에 내진설계 및 내진시공이 되어 있지 않아 일정 규모 이상의 지진이 발생할 경우 매우 끔직한 피해를 피할 수 없을 것이다.

중국과 일본의 경우 엄청난 규모의 재산 피해와 인명 피해가 많지만 우리나라는 중국, 일본과는 달리 비교적 큰 규모의 지진은 없었다. 매우 다행한 일이다. 우리나라의 지진대는 경남 울산-밀양, 동래 지역으로 알려져 있으나 최근에는 충남 홍성-경남 울산지역에서 빈번한 추세를 보인다.

(4) 지진 방재

사실 지진을 피할 수는 없다. 지진이 발생했을 때 피해를 최소화 할 수밖에 없다. 가장 효과적인 방법에는 예산이 많이 따르는 설계와 시공밖에 다른 도리가 없다. 건물, 댐, 전기 시설 등에 내진 설계를 해서 시공하는 것이 가장 중요하다. 자연 재해는 언제 우리를 방문할지 아무도 모른다. 평소에 재난을 당했을 때를 가상하여 설계, 시공 및 교육과 훈련을 하는 수밖에 없다. 우리 국민은 엄청난 규모의 해일이나 지진 피해를 경험하지 못해서 지진피해 훈련에도 별로 신경을 쓰지 않는다. 그러나 현명한 국민은 항상 최악의 경우를 생각하고 대비하는 것이다.

2) 화산(Volcano)

(1) 화산의 정의

협의로는 지각 중에 마그마(magma)가 발생하여 지표로 분출하는 현상을 말하나 광의로는 지각 중에서 마그마의 활동도 화산작용이라고 한다. 분출하는 것은 마그마가 아니고 용암(lava)이다. 지표면으로 상승하는 동안에 마그마에서 가스가 빠져나가고 녹은 돌만 남은 것을 용암(lava)이라고 한다.

(2) 화산 발생

화산은 여러 원인에 의해서 발생한다. 가장 큰 원인은 판구조론에서 말하는 판(板 : plate)이 서로 마찰함으로서 그 마찰열에 의해서 발생하는 마그마에 의해서 발생할 수도 있고, 약권(弱圈: asthenosphere)에서 올라오는 마그마가 지표면으로 분출하는 경우에 의해 발생하기도 한다. 화산은 판의 경계부근에서 가장 많이 발생한다. 예를 들면 태평양판 주위에서 화산 발생이 흔하다.

(3) 화산의 피해

화산에 의해서 발생하는 재산과 인명 피해도 막대하다. 이탈리아의 폼페이는 기원 후 79년에 베스비오 화산 폭발로 주민 10,000여명이 사망했고 마을 전체가 없어질 정도로 심했다. 1748년에 화산 피해지역이 발굴되었는데 화산재에 의해 화석인으로 발견된 경우도 있다.

(4) 우리나라 화산

우리나라는 중생대 백악기에 많은 화산활동이 있었던 것으로 보인다. 한라산도 화산으로 생성된 섬이고 백두산도 화산체이다. 한라산은 사화산이고, 백두산은 휴화산이다. 백두산은 언제 분출할지 모르는 상태인 것으로 보고 있다. 그러나 어느 정도 규모로 화산활동이 전개 될지는 아직 모른다. 화산활동을 막거나 화산이 분출할 경우 방제할 방법이 아직 없다. 단 화산 지역에서 멀리 대피하는 것 이외는 없다. 그리고 화산분출을 정확히 예측하기도 힘들다. 분출 며칠 전 또는 몇 시간 전에는 예측 가능하다.

지질조사 결과 우리 지역에도 백악기 동안에 화산활동이 비교적 활발하게 발생했던 것으로 알려져 있다. 무등산도 화산체이다. 입석대, 서석대와 규봉암의 주상절리도 화산활동의 산물이다.

3) 유수(홍수)와 사태(沙汰, Mass-wasting)

흐르는 물을 流水라고 한다. 조그마한 개울에 흐르는 유수는 시심(詩心)을 자아내게 하지만 개울과 개울이 만나 강물이 되고 강물이 바닷물이 되면 엄청난 에너지를 갖는다. 조그만 물방울 하나는 그냥 손가락으로 문질러도 없어진다. 그러나 여러 개의 물방울이 시냇물, 강물 그리고 바닷물을 이루면 인간의 힘을 뛰어 넘는다. 특히 이들이 움직이면 더욱 큰 힘을 낸다. 옛날에는 덕 있는 통치자는 治山治水를 할 줄 알아야 했다. 요즘도 경기지방에는 홍수와 사태로 인명피해와 수많은 재산 피해가 발생하고 있다. 다행히도 우리 지역에는 아직 큰 비가 내리지 않아 태평하다. 그러나 언제 쏟아질지는 현재로서는 모른다.

흐르는 물은 계속해서 地質作用을 한다. 지질작용이란 지질물질을 침식, 운반, 퇴적하는 일을 말한다. 지구상에서 한시도 쉼 없이 유수의 지질작용이 일어나고 있다.

사태란 일시에 많은 지질물질이 중력에 의해 낮은 지역으로 이동하는 현상이다. 사태에는 산사태, 흙사태, 이류 등이 있고, 급격히 이동하면 급격한 사태라고 하고, 천천히 이동하면 완만한 사태라고 하며, 서리발에 의해 아주 천천히 이동하면 포행이라고 한다.

(1) 홍수와 사태의 피해

막대하다고 표현할 수밖에 없다. 물론 그 힘을 이겨낼 정도의 홍수나 사태라면 별문제가 되지 않는다. 많은 인명피해 그리고 막대한 재산피해가 수반된다.

(2) 방제

홍수에 의한 피해를 줄이는 방법은 전문가들에 의해 지역개발이 이루어져야 한다. 상류 계곡에서부터 강 하구까지 정밀한 조사와 설계에 의해 시공되어야 한다. 그리고 일시에 많은 공사를 하는 것은 시행착오를 일으킬 수 있어 막대한 예산만 낭비하고 재공사를 해야 할 경우가 많다. 물은 자연히 흐르도록 하고 위험지역은 몇 년에 걸쳐서 안전지역으로 변형시키고 민가를 이주시켜 대형 사고가 일어나지 않도록 세심한 주의를 해야 한다.

그리고 주민들도 자기 안전을 위해 산사태나 암반사태가 일어날 위험이 있는 지역은 피해서 피해를 없애고, 행정기관은 그런 지역을 조사하여 건축허가를 규제해야 한다.

4) 바람의 작용(風化作用: Weathering)과 태풍(Typhoon)

바람에 의한 지질작용은 유수에 비해 크지 않지만 그 범위는 全地球的이다. 특히 사막지역에서는 대단한 일을 한다. 바람의 지질작용에는 유수와 마찬가지로 침식, 운반 그리고 퇴적작용 등이 포함된다.

풍화작용은 바람에 의해서만 이루어지는 것은 아니다. 물이 없으면 풍화작용은 일어나지 않거나 미미하다. 풍화작용이란 암석이 물, 공기 등에 의해 장구한 세월에 걸쳐 흙이나 먼지로 변하는 과정을 말한다. 풍화작용에는 물리적 풍화작용과 화학적 풍화작용이 있는데 물리적 풍화작용은 물질의 변화는 없고 그 물질이 작게 부서지는 작용을 말하고(예: 암석을 이루는 광물이 잘게 부수어져서 자갈, 모래, 흙으로 변하는 것), 화학적 풍화작용은 암석을 이루는 광물이 풍화작용을 받아 다른 광물로 변화하는 작용(예: 장석이 풍화되어 점토광물을 생성 시키는 변화)을 말한다. 이러한 풍화작용은 장구한 시간에 걸쳐서 일어나는 작용이지만 태풍은 순간적으로 일어나 많은 피해를 일으킨다. 서서히 일어나는 풍화작용은 일시에 큰 피해를 일으키는 변화는 많지 않지만 태풍은 짧은 시일에 일어나 작은 피해로부터 인명피해를 일으키는 크나 큰 피해를 주는 무서운 자연재해이다.

중심최대 풍속이 17m/s이상이며 폭풍우를 동반하는 열대성 저기압을 태풍(typhoon)이라고 한다. 발생 해역별로 태풍을 북태평양의 남서해상에서 발생하는 것을 태풍(typhoon), 북대서양, 카리브해, 멕시코만 그리고 동부 태평양에서 발생하는 것을 허리케인(hurricane), 인도양과 호주 부근 해역에서 발생하는 것을 사이크론(cyclone)라고 부르는데, 호주 부근 남태평양 해역에서 발생하는 것을 지역 주민들이 윌리윌리(willy-willy)라고 부른다.

우리나라도 일 년 중 1-2개의 태풍이 방문하여 크고 작은 피해를 일으킨다. 태풍은 그 세기에 따라 막대한 인명 및 재산피해를 끼친다. 태풍의 피해를 예방한다는 것은 인간의 힘으로는 어쩔 수 없고, 오직 피해를 최소화하는 길 밖에 없다. 최소화하기 위해서는 태풍과 피해 그리고 예방에 대해 TV등을 통해 끊임없는 교육이 필요하다. 그리고 태풍 및 홍수 상습지에 대해서는 지자체와 중앙정부가 예산을 합리적으로 투여하여 보다 안전한 환경을 조성하는 수밖에 없다.

Ⅱ. 지구 살리기

"지구를 살리자" 하면 지구가 죽어가고 있다는 말인가? 그렇다. 필자의 소견으로는 지구는 생성 이래 지금 가장 힘들어 하고 있다. 이러다가는 우리 인간은 지구가 죽는 줄도 모르고 죽어가고 있는 지구를 경험할 줄도 모른다.

그럼 우리는 어떻게 해야 할까? 말할 것도 없이 살려야 한다. 우리 인간을 위해서도 그렇고, 현재까지 지구는 우주에서 진화된 생명체가 존재하는 하나밖에 없는 신비한 비행체이기 때문이다. 우주의 입장에서도 그렇고 인간의 입장에서도 살려야 한다.

지구를 죽이는 것은 무엇인가? 우주 자체인가? 동물 또는 식물인가? 아니면 우주에 존재하는 외계인가? 아니다. 소위 영장류라고 하는 인간이다. 인간은 왜 지구를 죽이고 있는가? 그건 인간도 모른다. 자기가 하는 짓이 지구를 죽이고 있는 행위인지를 모르고 더 잘 살기 위해서, 위대한 국가 건설을 위해서, 세계 覇權을 잡기 위해서 하는 행위가 지구를 죽이고 있는 것이다. 인간은 지구가 죽어가고 있는 줄 모른다. 마치 어머니의 뱃속에서 갓 태어난 아이가 자기 어머니가 병으로 죽어가는 줄도 모르고 어머니의 젖을 빨고 있는 것과 같다.

그럼 인간은 어떻게 지구를 죽이고 있는 것일까?

1) 전쟁에 의해 지구가 몸살을 앓고 있다. 무섭고 강한 병기와 폭탄이 지구를 편안하게 놓아두지 않는다.
2) 열대 우림들이 돈벌이 대상이 되어 난벌되면서 지구의 허파가 망가지고 있다. 인체에서도 허파에 암이 생기면 생존기간이 많지 않다고 한다.

3) 자동차에서 내뿜는 매연, 특히 비행기에서 내뿜는 매연에 의한 초스모그 현상은 지구 대기를 크게 오염시키고 있다.
4) 과학위성이 아닌 전쟁용 인공위성 발사에 의한 매연과 지구의 진동으로 지구가 깜짝 깜짝 놀라고 있다. 인생도 놀라는 일이 많으면 심리적으로 병이 생긴다. 심리적 병이 육체적 병으로 나타나 고생을 하거나 生을 마감하게 된다. 그리고 그들이 우주의 쓰레기가 되어 지구를 위협한다,
5) 공기, 물, 토양 등이 심하게 오염되어 있고 계속해서 오염되어 가고 있다.

이상의 것들이 지구를 죽여가고 있고, 우리 인류가 스스로 죽음으로 가고 있는 것이다. 많은 사람들은 지구는 태양과 행성들의 엄청난 힘에 의해 존재하는데 이 정도로는 망하지 않는다고 주장한다. 지구의 공전은 이루어지고 있다 하드라도 만약 자전이 멈추면 어떨까? 지구에서 밤낮만 없어질까? 그렇지 않다. 지구의 적도에서는 초속 약 460m로 자전하고 있다. 이 엄청난 속도로 회전하고 있는 지구 자전이 멈추면 살아남을 동물과 인간은 하나도 없을 것이다. 설령 살아남는다 해도 살아갈 수가 없게 된다.

현재까지 이 우주에서 오직 하나밖에 없는 이 아름답고 위대하고 신비한 지구가 생을 마감한다. 우주에서 가장 神秘하고 貴한 人生이 우주에서 消滅한다. 이 얼마나 슬픈 일인가. 모든 물체는 成住壞空하는 것이니 지구도 언젠가는 소멸될 것이다. 그러나 이 우주에서는 가장 위대하고 신비하고 아름다운 지구가 지구의 주인 노릇을 하는 靈長類인 인간의 所行으로 인해 이 우주에서 消滅기간이 빨라진다는 것이 얼마나 비극적인가 하는 것이다. 우리가 너무 편리만을 추구하고, 물욕이 과하고, 상대에 대한 승리만을 생각하고 계획하는 일들을 중단해야 한다. 그리고 모든 인간이 지구와 인류를 살리기 위해 반성하고 노력해야 한다. 모든 지구인은 지구와 인류를 살리기 위해 무엇을 할 것인가를 고민하고 실천해야 할 엄중한 시점이라고 생각한다.

시민 아카데미

- 행복동행전략으로서 사회적 기업(1)
- 행복동행전략으로서 사회적 기업(2)
- 행복동행전략으로서 사회적 기업(3)
- 세상을 보는 창으로써의 경제학과 경제이슈

전남대학교 명예교수
경제학박사 **이정구**

행복동행전략으로서 사회적 기업(1)

강의 목표

1. 왜 지금 우리는 사회적 기업인가?

요즘 우리는 종종 다음과 같은 구호를 듣거나 볼 수 있다. '21세기형 비즈니스 모델의 최첨단을 가다', '혁신자, 실업 및 빈곤, 환경파괴와 같은 여러 가지 사회문제 해결을 목표로 한다', '자극적인 큰일을 성취하고 싶다는 욕망과 보다 살기 좋은 세상을 만들고 싶다는 소원이 동시에 이루어질 수 있다', '꿈을 팔면서 세상을 변하시키는 사회기업가' 등이다. 이상은 사회기업가들이 외치는 구호(phrase)이다.

오늘날 우리는 시장경제에서 생기는 심각한 양극화 현상이라든지 그로인한 소득 격차 문제라든지, 세계경제 침체의 장기조짐이라든지 환경파괴라든지, 실업의 위협에서 벗어날 수 있는 일자리 창출 문제라든지 등등 해결이 요청되는 여러 가지 사회문제에 직면해 있다.

그러나 이러한 문제들은 지금까지는 거의 공공부문(public sector)에서만 세금을 사용해 해결하는 것이 보통이었지만 여기에는 한계가 있는 것이어서, 최근 새로운 해결책으로 주목받고 있는 것이 바로 시장경제로도 해결할 수 있다는 발상에서 나온 사회적 기업이다. 다시 말해 일종의 '사회'와 '기업가'의 잡종(hybrid)으로 우리에게 매력을 주고 있는 사회적 기업가는, 시장이나 사회로부터 자원을 모아 절실하게 해결책이 필요한 각종 사회적 과제에 대해서 새로운 생각이나 틀을 제시하기도 하고 새로운 서비스를 제공한다.

현재 전형정인 사회적 기업가로 이름 높은 사람의 예를 들면 빌 게이츠와 무하마드 유누스와 같은 사람들이다. 하버드 대학 졸업식에서 기념강연을 했던 빌 게이츠 강연 내용의 핵심을 살펴보면 다음과 같다. '미국 사회의 리더가 될 사람들은 앞으로 사회문제를 사업의 대상으로 삼아 해결책을 고안해내고 그렇게 해서 사회를 발전, 진화시키는 역할을 해야 한다.' 게이츠는 소유하고 있는 마이크로소프트의 경영에서 은퇴하여 재단 활동에만 전념하고 있다. 여기에서 하는 일은 세계의 빈곤을 퇴치하기 위한 여러 가지 활동이다. 한편, 무하마드 유누스는 그라민 은행을 만들어 방글라데시의 빈곤층에 몇 십 달러의 사업자금 융자를 통해 독립자영업자가 되는 것을 도와주고 있다. 유누스의 사업 'micro credit(소액신용대출)'은 성공의 결과, 소위 '유누스 모델로' 알려져 세계적으로 널리 확산되고 마침내 2006년 노벨 평화상의 수상자가 되었다. 그는 2015년경에는 방글라데시에서 빈곤을 퇴치한다는 자신만만한 이야기를 하고 있다. 이러한 뉴스는 대표적인 사회기업가이다. 오늘날 전 세계에서 이러한 사업이 각광을 받는 시대가 되었다.

2. 사회적 기업가의 출현배경과 추세

英美(영미)의 경우를 살펴보면, 영국의 대처수상이나 미국의 레이건 대통령의 '작은 정부 실현'의 목표 때문에 복지비 지출의 대폭적 삭감으로 민간으로부터 자연발생적으로 사회성이 강한 서비스를 창출하는 기업가가 나타날 수 있었다. 그 결과 작은 정부와 함께 민간부문에서 사회성이 강한 사업들이 널리 확산되었고 특히 이민국가인 미국에서는 항상 이민의 빈곤 문제가 존재하여 여러 가지 사회문제를 발생시킴으로서 그 해결책이 절박했던 환경으로부터 IT산업에서 어려운 성공을 했던 기업가가 나타나 그 돈과 에너지를 사회문제 해결에 기꺼이 사용했다.

영미에서 시작해 빛을 볼 수 있었던 사회기업가의 경영기업은 이미 東歐(동구)까지 확산되어 크게 성과를 올리고 있다. 동구에서는 사회주의 국가가 붕괴되고 국민들이 거리에서 방황했지만 미국으로 이민간 조지 소로스 같은 성공한 동구 이민이 사회기업가 지원 프로그램을 시작하여 사회적 기업이 속도를 내기 시작했다. 한편 미국의 영향으로 중남미까지도 이미 이러한 현상이 확대되어 브라질도 마침내 사회기업가가 활동하는 사회가 되었다. 아시아의 경우, 인도나 인도차이나 반도가 영국과 미국의 영향으로 사회적 기업이 확산되고 있다. 그리고 독일에서는 2006년, 프랑스에서는 2007년 정권이 바뀐 뒤, 작은 정부가 추진되고 있으며 그래서 더욱 사회적 기업이 증가할 것으로 전망된다.

이상과 같이 사회적 기업 출현의 시대적 배경이 어떻든 그것이 점차 확산 발전 되어 온 결과 기업의 사회공헌은 지금까지의 수동적 측면으로부터 전략적인 것으로 바뀌었다. 사회공헌을 더욱 효율적으로 수행하려는 생각이 90년대에 시작되어 부탁한 대로 자금을 그저 기부한다는 '소액수표 사회공헌'에서 지원 분야를 집약적으로 집중적으로 한다든가, 돈 뿐만 아니라 사람을 파견하기도 하고, 물건을 기부하기도 하고 장소를 제공하기도 하여 기업의 지원을 훨씬 폭넓게 지원한다는 흐름이었다. 이와 같은 새로운 전략으로 주목과 각광을 받았던 것이 2006년의 '하버드 비즈니스 리뷰' 12월호에 기재된 '전략과 사회'였다. 이 논문은 사회 공헌이나 기여를 행정이나 사회로부터 압력에 의해 하지 않고, 기업 전략으로서 스스로의 생각에서 행하는 것으로 수동적인 사회공헌으로부터 기업이 솔선해서 사회를 이끄는 공격적 사회공헌으로의 전환을 제창한 것이었다. 논문 저자들은 自社(자사)의 기업 가치를 높일 뿐만 아니라 동시에 사회 가치도 증가시키는 value chair(가치사슬)을 창출하는 것, 그것이 바로 새로운 경영전략이라고 주장했다.

구체적으로 한두 가지 사례를 들면 마이크로소프트가 미국의 community college(공립대학)의 IT 커리큘럼을 사회공헌 활동으로 대폭 업데이트(update)시켜 부족한 중급 소프트 엔지니어를 확보한 것이라든지 GE가 공장가까이 위치하고 있는 공립학교의 수준을 대폭 끌어올리는 활동을 통해 양질의 노동력 확보를 위해 노력했던 사례로부터 공격적 사회공헌의 분위기가 어떤 것인지를 짐작할 수 있지만 미국의 사회공헌 첨단은 이처럼 사업전략과 밀접하게 결합되어 왔다.

이렇게 하면 기업의 공장도 성과가 향상되고, 좋은 인재도 recruit 할 수 있고, 社內(사내)도 결속되고, 소비자들로부터도 좋은 회사로 인식된다. 여기서 사회적 문제에 대한 관심이 강한 사회 기업가들과, 이익을 중시하는 대기업의 만족이 동시에 성취될 수 있는 case가 탄생될 수 있다.

3. 사회적 기업가와 중간지원조직의 구축

사회적 기업가의 개념이 점차 인지됨에 따라 사회적 기업가에 관심을 갖는 사람들이 증가하고 있다. 그러나 사회적 기업가를 법적으로 정의한 것은 아직 없고 비영리법인격을 갖는 단체나 상법상의 법인격을 갖는 단체 등 여러 가지 형태가 존재하고 있다.

사회적 기업가의 특징은, 사회를 변화시키려는 '이념'과 '비즈니스 모델'가운데 잘 나타나 있다. social enterprise에 관한 저명한 연구자인 Alter. K. S (2006년)는 '사회적 impact를 최대화 할 수 있는 사업 모델에 주목' 해야 한다고 설명하고 있고, 또한 이 분야 연구에서 제 1인자로 널리 알려져 있는 미국 듀크 대학의 Deer. J. G와 Anderson. B. L은 사회적 기업가를 '사회적 가치를 창출하기 위해 혁신(innovation)을 일으키는 사람'으로 정의하고 그 방법으로 비즈니스와 philanthropy(독지 활동)이라는 쌍방의 이익을 활용해야 한다는 것을 주장한다. 이것은 사회적 기업가란 보통 이율배반적으로 생각될 수 있는 공익성과 상업성의 균형이 요구됨을 의미한다.

그러나 무엇보다 사회적 기업을 실패 없이 성공적으로 이끌기 위해서는 사회적 기업가의 활약을 촉진 시킬 수 있는 지원 기반 정비가 매우 중요하다. 잘 구축된 지원 기반과의 협력으로부터 비로소 사회적 기업이나 사회적 기업가들은 꽃을 피울 수 있기 때문이다.

비즈니스의 신선한 흐름을 만들어 사회를 변화시키기 위해서는 무엇보다도 비즈니스 퍼슨(person)의 의식에 impact를 줌으로서 시작할 수 있다. '사회기업가 아카데미', 'human incubation institute 발족' 'social enterpreneur 100人 육성' 등을 목표로 하는 프로그램 전개 및 진행과 같은 것이다. 그러면 위와 같은 출발로부터 중간지원조직은 어떤 서비스를 사회적 기업가에게 제공해야 하는가? 크게 4가지로 서비스 내용을 분류할 수 있다.

1) 비즈니스 스킬의 제공이나 교육 등 '인재육성'
2) network를 통한 '정보의 공유'
3) 융자, 투자 등 '자금 제공'

4) 인큐베이션 시설과 같은 '장소의 제공'이다. 그리고 지원 대상은 일률적으로 동일하게 처리하지 않고 단계적으로 구분해서 그 단계에 알맞게 이루어져야 한다. 즉, 사회적 기업가를 꿈꾸는 초보 단계로부터 창업하여 초기단계에 있는 사람, 실적을 어느 정도 축적한 단계에 있는 사람 등등 단계별로 거기에 맞는 지원을 해야 할 것이다.

또한 지원과 함께 어떤 평가 system도 동시에 고안해 내야 한다. 지원 내용이 빛을 보고 있는가? 지원이 보기에 미흡한가? 지원에도 불구하고 실패는 없는가? 등이다. 이제 4가지 범주의 지원 내용을 좀 더 구체적으로 살펴본다. 지원 내용 중 첫 번째 '인재육성'은 강좌를 개설해서 비즈니스 모델의 작성이나, 자금 조달 방법 등을 학습시킨다. 그래서 사회적 기업가에 관심을 갖는 사람들에게 먼저 첫걸음을 내딛을 수 있도록 뒤에서 후원한다. 형태는 워크숍이나 세미나 등을 중심으로 할 수 있다. 그리고 특히 지역 문제의 발견과 사명의 중요성을 촉구해서, 공익성과 상업성을 동시에 갖춘 비즈니스 모델의 설계를 도출할 수 있는 힘을 배양한다.

둘째의 '정보공유'란 예를 들어 미국內 사회적 기업가를 육성하는 청년포럼인 Global Venture Competition 이라든가 그리고 Global Links Initiative에서처럼 network 상에 정보를 공유하는 場(장)을 만든다. network 상의 서비스는 장소를 가리지 않는다. 특히 GLI는 중국, 일본, 영국의 사회적 기업가를 연결하는 것을 목표로 하고 있다. 또한 영국의 최대 사회적 기업 컨설팅 전문 업체인 BITC는 시장, 일터, 사회단체 등 비즈니스가 발생하는 모든 분야를 잘 연계해 사회공헌 활동을 펼 수 있도록 돕는다.

셋째의 '자금제공'은 기본적으로 비즈니스 기업가와 동일하게 취급되어 특별히 사회적 기업가에 대한 '자금제공'이라고 규정되어 있지 않고 금융기관에도 널리 보급되어 있지 않다. 지금까지 시민이 출자하여 시민활동에 융자하는 NPO bank의 출현이 개인의 의식에 변화를 주는 정도였다.

일본의 경우를 보면 중앙노동금고나 일부 지방은행이나 신용금고가 NPO법인에 융자를 하고 있으나 금융기관으로서 제일 먼저 시민활동을 지원했던 중앙노동금고는 법률상 영리법인에 대해서는 융자를 하지 못하기 때문에 사회적 기업가가 상법상 법인격을 획득하여 활동하는 경우는 융자에서 제외된다.

일반적으로 금융기관의 창구에서는 사회적 기업가의 사명이나 사회적 가치를 고려해 사회적 기업가를 후원하는 특별한 장치는 없고, 보통의 벤처처럼 채산성, 발전성 등의 심사 기준에 의해 자금의 제공이 이루어진다.

따라서 사회적 기업가들을 위한 자금 순환 문제는 앞으로의 중대한 과제이다. 영구에서는 2004년 상법상의 법인격을 가진 사회적 기업 (social enterprise)이 community interest company(지역에 이익을 환원하기 위해 재투자하는 회사)로 등록하는 제도를 만들었다. 이 제도의 목적은 정부가 직접 사회기업가에게 자금제공을 하는 것은 아니고, 사회적 기업을 널리 사회에 인지시켜, 사회의 자금이 사회적 사업에 순환될 수 있게 하는 것이다. 그 효과의 측정이 앞으로 주목된다.

넷째의 '장소제공'은 (특히 사무실을 빌리는 경우) 주로 벤처 지향 인큐베이션 센터를 이용하는 경우가 많다. 그러므로 hard측면에서 사회적 기업가에 유익한 지원이란 무엇인가? 가 앞으로의 과제이다. 사회적 기업가의 중간지원조직이 했던 내용은 그 활동실태에서 보아 soft 측면이 주로 中心인 것을 알 수 있기 때문이다.

4. 중간 지원 조직의 역할

오늘날 세계 각국에서는 사회적 기업가를 지원하기 위한 인프라를 정비하고 있다. 사회적 기업가를 위한 지원을 담당하는 곳은 주로 중간지원 조직, 대학, 재단 등이 중심이 되어있다. 사회적 기업가가 지원의 업적이 많은 곳은 미국의 경우 재단이나 대학교육에서 찾아볼 수 있고 영국은 정부가 사회적 기업가 지원제도를 창설하고 중간지원 조직은 정책제언을 하고 있다. 여기서 특히 주간지원 조직으로 미국의 사회적 기업가 지원에서 가장 주목받고 있는 국제적인 network를 갖춘 '아쇼카 재단'을 소개한다. '아쇼카'는 인재 육성과 자금 지원, 기술적 지원을 아주 잘 조화시킨 지원 조직으로 세계적 아쇼카 network가 강점이다. 이 network을 통해서 3년간의 fellow로서 자금 원조가 끝난 후에도 사회적 기업가 간의 정보교환, business skill 제공이 평생 계속된다. '아쇼카'가 제공하는 것은 network이고 아소카라는 plant를 확립하여 사회적 기업가의 신뢰를 높여주고 그러므로써 외부로부터 자금 획득을 쉽게 연결시켜 주는 역할을 하고 있다.

사회적 기업가는 business기업가와 마찬가지로 사람과의 연결로 지탱되어서 사업을 전개해 간다. 강력한 리더쉽만으로는 실패한 예가 있고 그래서 network를 형성함으로써, 사회변혁의 새로운 창출 가능성을 찾을 수 있다. 한편, 사회적 기업가가 새로운 business model을 제시하고 어떤 성과를 얻는 데는 장기를 요한다. 그러므로 장기에 걸쳐 지원을 계속할 체제가 중간 지원 조직에는 필요하다. 따라서 사회적 기업가의 사회적 가치를 어떻게 보여 갈 것인가, 그리고 사회가 어떻게 지원해 갈 수 있을 것인가, 그 틀을 구출해 가는 것이 중간지원 조직의 현재 과제다.

한편 강좌를 목표로 사회적 기업가를 위한 포괄적 지원 실태를 보면 미국을 중심으로 여러 나라에서는 business school의 1개 코스로 충실한 교과과정이 준비되어 있다. 그리고 일본의 경우는 사회 기업학과 social management학과, 사회 innovation학부를 개설하는 대학이 생기기 시작했고, 복지나 NPO의 approach에서 학부 교육을 중심으로 행해진다. 그밖에 체계적인 교과과정이 없는 경우에도, 예를 들면 사회적 기업가 정신(social enterpreneurship)論, social marketing論, social finance論 등 관련 있는 과목을 제공하는 대학이 늘어나고 있다. 그러나 앞으로 사회적 기업가의 특징을 이해한다면 재빨리 philanthropy(독지 활동) 이라든가 지역 개발과 같은 비영리조직론과 venture-enterpreneurship의 경영학적 approach, 이 둘의 쌍방의 학제적 교육이 제공되어야 할 것이다.

이상에서 설명한 바와 같이 사회적 기업가를 목표로 하는 사람들을 위한 중간지원 조직이 해야 할 서비스 메뉴는 매우 다양하다. 끝으로 사회적 기업을 통한 지역문제 해결에 관해서는 지역을 잘 이해하고 아는 시민의 지도자가 지역 network와 함께 손을 맞잡는 것이 바람직하다.

중간 지원 조직은 단순히 외부에서 응원하는 것은 아니고 사회적 기업가와 협동을 바탕으로 사회 혁신을 목표로 하는 것이라면 지역에 뿌리를 둔 기존의 조직이 그 역할을 담당할 수 있을 것이다.

5. 사회적 기업가의 매력을 표현할 수 있는 공통 언어의 필요성

헤지펀드는 펀드 운영업계의 venture이고, 사회적 기업가는 사회활동 sector의 venture이다. 빈곤 문제를 근본적으로 해결하기 위해 아동 보호나 구제, 교육, 직업, 그밖에 여러 가지 경제적 추진 활동에 노력하고 있는 NPO를 자금적으로 지원하는 재단이 '로빈훗' 재단이다.

미국은 본질적으로 시민사회라는 견고한 바탕위에 자본주의가 놓여 있다. 사민 사회는 개개인의 시민이 스스로의 의식과 행동을 취함으로서 형성되는 사회다. 그 시민 사회의 일환으로 'noblesse oblige(노블레스 오블리주)'라는 사상이 있지만 이것은 높은 지위에는 사회적 의무가 동반한다는 마음자세다. 이 정신이 부족한 경우 사회의 신진대사가 둔화되고 그 결과 전체의 풍요로움이 상실되어 버린다. 이것이 바로 격차문제의 근원이다.

로빈훗 재단의 특징의 하나는 단순히 자금을 사회활동에 기여하는 것만으로 끝나지 않는다. 중요한 자금을 충분히 활용하고 있는 지를 측정할 수 있는 즉 '사회적 impact'를 가늠할 수 있는 척도에 관한 여러 가지 연구를 한다.

예를 들면 children care의 활동에 기부금을 배분한 경우, 그 output으로 아동 진학률이 증가했는가?, 범죄율이 감소했는가?, 지역매상 등 경제활동이 활발해졌는가? 등을 객관적인 척도로 측정할 수 있는 책임(accountability)을 요구한다. 이와 같이 output를 명확하게 하기 위해 로빈훗 재단은 NPO 단체의 전략적, 재무적 컨설팅 업무도 실시한다. 결국 비영리 활동인 이상, 금전적 return이라는 척도가 없어도, '사회적 return'을 확보하는 것이 조성조건이 되어야 한다는 것이다.

물론, 사회적 리턴이라는 총론을 각론으로 잘 처리하고 파악하기란 어려운 작업이다. 무리하게 사회활동의 output을 수치화해서 보고한다는 수단이 목적화되어 오히려 본래의 목적이어야 할 사회사업 실시를 방해해서는 전혀 의미가 없다. 다만 사회적 return이라는 개념을 구축할 수 있다면 일부의 이해자 뿐만 아니라 폭넓은 사회의 '공통언어'로서 활용할 수 있을 것이다.

결국 공통 언어를 통해서 자신들의 존재를 appeal한다면 사업 자금을 폭넓게 사회로부터 조달할 수 있는 가능성이 훨씬 높아진다고 하는 것이다. 제3자도 확인할 수 있는 사회적 return개념은 '좋은 일(good cause)에 뜻을 두고 있기 때문에 좋은 것이다.' 라고 하는 자기만족계의 사회 활동에 다른 사람들을 자유롭게 이끌어 들어야 하고 이것이 결과적으로 혁신을 촉진하는 기폭제가 될 수 있다고 기대할 수 있다. 그러나 '좋은 일'을 한다는 것을 세상에 단순히 호소하는 것만으로는 그 NPO에게 돈이 저절로 모이지 않는 것이 현실이다. 그래서 세상으로부터 어떤 형태로든 자금이 모이지 않으면 지속성이 유지될 수 없고 또한 정부로부터의 보조금, 조성금만을 운영 자원으로 하는 '하청기관'이라는 위치를 타파할 수 없다.

모든 펀드의 목적은 운용의 세계에서는 '돈을 벌려고'하는 것이라는 점에서 동일하다. 그러나 '돈을 번다'라는 호소만으로는 자금이 모이는 것은 아니다. 역시 '돈을 벌 수 있다'라는 실적, 또는 그 가능성을 분명히 보여주어 투자가의 신용을 얻는 것이 필수적이다.

영리 목적의 펀드와는 다른 영역일지 모르지만 똑같은 이치가 사회적 기업가에게도 해당된다. 특히 기업가인 이상 아직 뚜렷한 실적은 없더라도 자기 활동이 사회에 impact를 미쳐준다는 구상을 확실히 표현할 필요가 있다. 즉, impact라는 의미에서 현재 자기의 사회사업 모델이 미미한 것일지 모르지만, 아무튼 앞으로 scale-up할 수 있다는 기업가로서의 확대사고와 의지가 필수적이다.

사회적 기업가 자체의 매력이 없으면 IT벤처나 바이오 벤처의 세계처럼 자금이 모이지 않을 것이다. 사람을 움직이게 함에는 impact가 필요하다. 그 impact를 측정함에는, 불특정 다수의 제 3자가 보더라도 납득할 수 있는 어떤 공통 언어의 존재가 필요하다.

사회활동과 영리활동의 영역의 어떤 공통 언어가 존재함으로서 비로소 양자사이의 자금 순환이 촉구된다. 이 공통 언어는 반드시 수치화된 데이터만은 아니다. 확실치는 않지만 '이것이 무엇인가 해 줄 수 있을지 모른다'라는 매력에서 기업가가 돋보이는 것은 영리의 세계에서나 비영리의 세계에서나 똑같이 '기대감'이라는 보편적 언어가 된다.

결국 그 기업가의 사업이 NPO이거나 벤처 기업이거나 'impact'를 예견하고 관찰할 수가 있어서 아무튼 'scale-up'의 '기대감(expectation)'이 있게 되면 자금참여의 동기부여가 작동될 수 있다. 한편 사회활동 sector와 영리활동 sector 간의 자금순환이 구축될 수 있는 '인식공간'이 필요하다. 상호의 존재가 먼 곳에 있다는 감각에 머문다면, 공통 언어가 존재한다고 해도 서로를 인식하지 못해 행동이 촉발될 수 없다.

매년 연말에는 로빈훗 제단은 훌륭한 파티를 주최한다. 여기에는 금융운용업계의 거물을 포함해서 fund manager나 investment banker들이 formal한 정장 모습의 신사나, 우아한 이브닝 드레스를 한 모습의 부인들이 출석한다. 얼핏 보아 천박스런 배금주의자들의 화려한 망년회처럼 보일지 모르지만 사실은 이것은 자금조달 파티다. 이 파티를 통해 얻어진 수익금은 로빈훗 재단의 기부금으로 된다. 이처럼 눈에 띄는 공간을 통해서 돈이 순환할 수 있도록 2개의 세계는 연결되고 있다.

또한 '일본 사회기업가 육성지원 프로그램(seed-cap Japan)은 소규모이면서 실험적 요소도 있지만 이 프로그램이 겨냥하고 있는 것은 로빈훗 재단처럼 헤지펀드 업계로부터 생긴 수익의 일부를 일본사회기업가를 지원하는 자본으로 순환시키고 있다.

행복동행전략으로서 사회적 기업(2)

강의 목표

1. 사회적 기업가의 정의와 social innovation

사회적 기업은 사회의 과제를 공유하면서 '공감 community'와 함께 걷는 것이 가장 중요하다.(go-together) 이제 새로운 자본주의가 생기고 있다. 지금까지의 자본주의에서는 예를 들면, 기업하는 이유는 '돈을 벌고 싶기 때문'이 첫째였다. 그러나 '사회 과제를 해결하기 위해' 기업하는 사람들이 나타나고 있어서 돈으로 살 수 없는 가치도 대단히 중요하다는 새로운 자본주의가 생기고 있다. 사회적 기업가는 기업가의 열정과 방법으로 사회의 과제를 해결한다. 사회적 기업가란 'social innovation을 일으키는 사람'이라고 정의할 수 있다. 여기서 'innovation'이란 대개 혁신이라고 번역하는 것이 일반적이지만 원래의 뜻으로 돌아갈 때 새로운 연구와 생각 및 考案(고안)이 적합한 번역이라고 생각한다.

Innovation에는 3가지가 있다. 1) product innovation: 제품을 단위로 한 혁신이다. 2) process innovation: 공정을 단위로 한 혁신이다. 지금까지 대체로 이 둘에서 사람들은 만족해 왔다. 그러나 여기에 하나 더 추가하면 소위 3) social innovation 이다. 즉 사회를 단위로 한 혁신이다. 사회적 혁신에서는 특히 돈으로 살 수 없는 가치에 주목한다. 사회의 여러 이해관계자를 연결해서 새로운 가치를 산출해 내는 것이다. 따라서 일반적 기업과 사회적 기업을 구분함에는 'social innovation'의 발생 여부가 구별점이 된다. 그리고 사회공헌을 사업으로 하는 사회적 기업가는 '상업화'와 '사업화'를 분간해야 한다.

지금까지는 사회공헌은 대개 volunteer들이 하는 것이 일반적이었다. 그래서 그것은 지속성이 떨어져 사업이 오래 계속될 수 없었고, staff들은 피곤하고 지쳐 신규 고용도 생기기 어려웠다. 사회공헌 활동이 갖는 본래의 독특한 맛을 도출하고 business model로서 이익이 발생하도록 설계, 실행한다면 일자리 창출이나 복지나 환경보전 등 사회공헌적 서비스를 안정적으로 공급할 수 있을 것이다.

그러므로 사회적 기업가는 사회공헌을 오직 돈벌이의 씨앗으로 만들려는 '상업화'를 해서는 안 되고 절실히 요구되는 사회 과제를 해결하고 후손이나 생물들이 살기 좋은 세상을 지향하는 것을 목표로 해야 한다. 인간의 존엄으로서 급여를 staff에게 안정적으로 지불해서 사회공헌을 지속적으로 할 수 있게 '사업화'해야 한다. 따라서 '상업화'와 '사업화'는 다르다. 여기에 사회적 기업가는 경제적 가치만이 아니고 동시에 사회적 가치도 추구한다는 것을 명심해야 한다.

2. 사회적 기업가의 business 구조와 idea의 중요성

사회적 기업가에게 엔진이라고 할 수 있는 비즈니스 구조는 어떤 것일까? 그 구조를 소개하면 아래 그림과 같이 2층 건물의 구조라 할 수 있다.

아래 절반은 토대를 구성하는 공감의 커뮤니티가 있고 위 절반은 우리들에게 익숙하게 잘 알려져 있는 '매상고 - 비용 = 이익'이라는 기업의 회계구조가 있다. 사회의 과제를 공유하고 여기에 함께하는 공감의 community가 사회적 기업가에게는 가장 중요하다. 지금까지의 business에서는 공감의 커뮤니티가 없어도 잘 해왔지만 사회적 기업가에게는 사정이 다르다. 매상고는 단가와 수량의 곱셈에서 성립하지만, 공감의 커뮤니티와의 대화로부터 수량의 多少(다소)와 단가의 高低(고저)가 결정된다.

세상에 존재하는 사물은 크게 2가지로 구별할 수 있다. 무엇(what)을 어떻게 (how)이다. what이란 이념, 사명이나 철학 등이다. how란 수단이나 테크닉이다. 보통 기업이나 관료기구에는 how의 천재는 많지만 what을 말하는 사람은 적다는 이야기가 있다. 그러나 what은 사회의 과제에 직면해서 깊은 내면으로부터 우러나오는 이념, 사명, 철학이다.

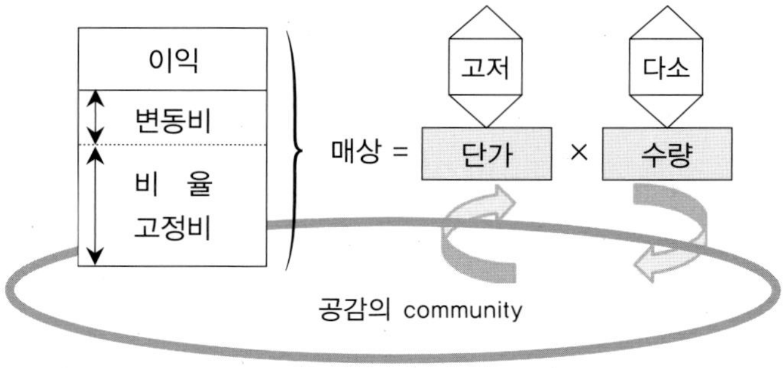

〈그림 1〉

What을 결정하고 거기에서 how를 유연하게 다시 짜는 것으로 현상돌파가 가능하게 된다. 사회 과제에 직면해 어떤 사명감의 인식, 수치 목표의 설정을 거쳐 전략이 수립되고 그리고 리더쉽이 탄생된다. 리더란 risk를 선택해서 암중모색 가운데에 어떤 깃발(슬로건)을 내 걸 수 있는 사람이다. 사회적 약자나 소외계층의 member를 어떠한 어려운 상황에서도 사랑으로 감싸주고 앞으로 헤쳐 나가는 것이다. 사랑이 있다면 어떤 난관도 돌파할 수 있다. 처음에는 우리 모두 풋내기이다. 사회적 기업가는 사업을 통해서 리더쉽을 준비하고 발휘해 간다.

다음에 사회적 기업가에게 매우 중요한 요소인 idea의 중요성에 관해 생각해 본다. 사회 혁신의 힘은 역시 새로운 아이디어에서 나온다. 그래서 아이디어가 매우 중요하다. 사회의 과제를 해결하기 위해 어떤 사업이 좋을까? 라는 아이디어(가설)를 먼저 설정해야 한다. 그 다음에 사업을 '0에서 1로'한다. 즉 無(무)에서 有(유)를 창출하는 것이다. 사회적 가치를 활용하여 상식적으로는 채산성이 맞지 않은 사업을 앞으로 성장의 전망을 중요시하여 먼저 하나를 만든다. 그리고 여기서 1개의 목표 달성으로 끝나지 않고 계속해서 사회 혁신으로 연계시켜가야 한다. 그래서 사회적 기업가는 그 소속된 지역을 사회 혁신의 물결이 넘쳐나게 하는 것이라고 '아쇼카'재단은 설명한다. 그러므로 사회적 기업가는 사업을 '1로부터 100'으로 전개해야 하는 것이다. 여기서 100이라는 숫자의 의미는 꼭 100이 아니고 고용 인원수, 호응하는 기업의 수, 사업금액 등 여러 가지 측면에서 사회적 가치 창출을 통한 연계 확장을 의미하는 것으로 해석할 수 있다.

물론 손익 분기점(break-even point)을 넘어서야 경영이 안정되기 쉽다는 것을 잊어서는 안 된다. 지금까지 사회적 기업가의 사업 단계를 나타내면 다음과 같다.

아이디어 구상 ≫ 사업을 0→1로 한다 (無에서 有를 산출, 불가능을 가능으로) ≫ 사업을 1→100으로 한다. (레버리지: 지렛대 사용, 전국에 사회 혁신의 물결을 불러일으킴)

사회공헌을 위한 사업화는 사회적 가치를 어떻게 이끌어 내야 좋을까? 에서 출발해야 한다. 이에 대한 가장 좋은 접근 방법은 바로 '없는 것을 찾는 것이 아니고 있는 것에서 찾는다' 이다. 그리고 사회성이 가지고 있는 본래의 맛(독특한 맛)을 헌신적으로 온갖 노력과 함께 찾아야 한다.

예를 들면 사실은 자연 환경, 장애인 문제, homeless문제, 일자리 창출 문제, 기타 여러 가지 현상 가운데에 빛나는 보물들이 숨겨져 있다. 따라서 축적된 가치를 '이 상품이나 서비스에는 이러한 새로운 가치가 있고 아름다운 이야기나 메리트가 있고 그리고 代價(대가)는 이렇게 된다' 라는 사업성으로 연결시켜야 한다.

사회적 기업가는 패배의식을 버리고 성공할 때까지 포기해서는 안 된다. 사회적 가치를 도출하는 시각의 요점을 간단히 표시하면 다음과 같다.

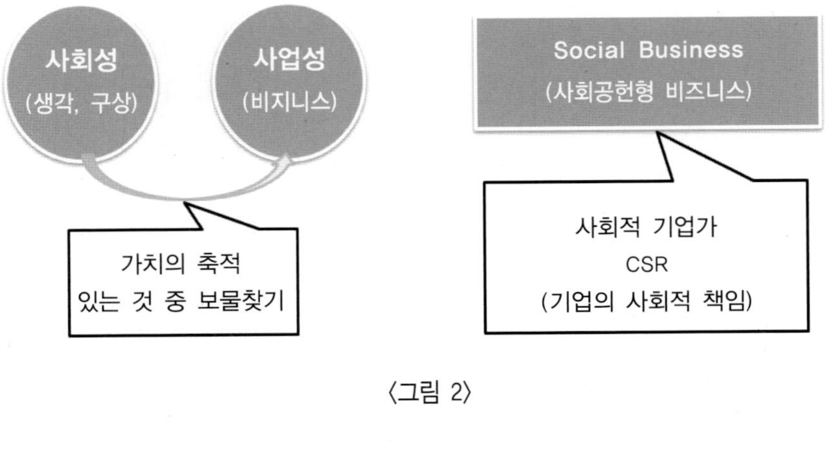

〈그림 2〉

3. 사회적 기업가와 network형 思考(사고)

21세기는 '환경의 세기'라고 언급되고 있다. 이것은 대체로 '환경위기'에 대한 대응을 의미하고 있지만, '환경세기'는 인간의 사고에 혁신적인 전환을 초래하는 세기가 될 것이다. 자연을 의식해서 '자기 완결적'이 아니고 '중심 없는 network'의 발상을 바탕으로 기술이나 시스템을 완성시켜가는 전략이 모든 분야에서 요구될 것이다. 그래서 어떤 구조나 시스템구축의 열쇠는 사회에서 계속 전개되는 動적인 네트워크와 一體化(일체화)한다.

사회에서 계속 전개되어 가는 動적 네트워크는 조직화된 네트워크와는 완전히 다르다. 개개인에 의해 다양하게 분산되어 있는 현대 사회에서는 그래서 어떤 조직화된 네트워크는 기능할 수 없다. 어떤 센터라는 中心조직을 둔 네트워크 전개의 수법은 바로 20세기의 피라미드 형 思考(사고)로 자기완결형이라고 할 수 있다. 그러면 '사회에서 계속 전개 되어가는 動적인 네트워크란 도대체 어떤 것인가?

나는 사람들이 새로운 가치를 발견하고 公有(공유)하면서 계속 확대해 가는 네트워크라고 생각한다. 여기서 새로운 가치라고 해도, 고착되고 고정된 가치는 아니고 지금까지의 어떤 틀을 넘는 조직이나 분야의 협동에 의해서 발생하는 '부가가치의 연쇄'에 의한 것이다. 사회에 혁신을 불러 일으키는 열쇠는 기본적으로 네트워크다. 따라서 사회적 기업가의 필수 조건은 바로 이 네트워크형 사고를 가지는 것이다. 다양하게 분산된 개개인에 의한 사회에서는 한 사람 한사람의 개인이 '場(장)'으로서 기능하는 네트워크로서 전개된다. 네트워크는 큰 나무처럼 굵은 줄기에서 점점 가지가 나누어지는 것은 아니고 대나무나 풀의 땅 밑줄기처럼 縱橫(종횡)으로 퍼져 상상밖의 접점을 계속 발생시키는 '中心(중심)없는 네트워크'이다.

여기서 '場(장)'은 꼭 개인에 한정되지 않고 조직일 수도 있고 사회일수도 있다. 中心없는 네트워크를 바탕으로 사고하는 기술을 몸에 익힐 수 있다면 우리들은 '환경의 세기'를 'innovation의 세기'로서 창조적 활력을 가지고 굳건히 살아갈 수 있을 것이다.

中心이 없는 動적 네트워크는 사람에 의해서 확대해 가는 네트워크다. 네트워크를 확장해 가는데 필요한 것은 사상이나 이념이 아니고 바로 사람이다. 구체적인 사람이나 사물에 새로운 가치나 의미를 창출함과 동시에 연쇄적인 부가가치를 사회에 만들어 가는 것으로 여러 가지 경계선을 넘어서 네트워크는 확대되어 가는 것이다.

예를 들면 어떤 훌륭한 사상이나 이념을 가지고 있어도 눈앞의 사람으로부터 새로운 의미나 가치를 산출할 수가 없다면 아무런 의미가 없다. 사람이 가지고 있는 세계는 사상이나 이념보다도 훨씬 압도적으로 넓다. 그러므로 사상이나 이념에서는 中心이 없는 네트워크는 크게 확대될 수 없다.

그러나 바로 이것이 사회적 기업가에게는 사상이나 이념 혹은 철학이 불필요하다는 것을 말하는 것은 아니다. 사상이나 이념을 아무리 설명하고 호소해도 네트워크는 크게 확장되지 않는 다는 것을 말하는 것이다. 왜냐하면 이것은 운동의 네트워크가 아니기 때문이다. 따라서 눈앞의 사람 거기에서 새로운 의미나 가치를 창조하는 일, 그리고 부가가치의 연쇄를 사람들 사이에 불러 일으켜 가는 것이, 사회적 기업가에게 필수적인 재능이다.

무엇보다 사회적 기업가에게 필요한 것은 단순한 것에서 아름다움을 찾아보려는 노력과 막힌 장벽을 허물고 변하시키려는 발상이다. 그러면 장벽을 녹이는 것은 무엇인가? 그것은 바로 사회적 기업가가 사람으로부터 창출하는 새로운 의미나 가치, 그리고 부가가치의 연쇄로부터 생성하는 中心없는 動적인 네트워크다. 세로로 분리된 벽 때문에 칸막이가 형성된 조직과 조직 사이를 촉매제의 역할을 통해 연결하여 새로운 기능을 만들어 내는 사람이나 물건이나 돈의 움직임이다. 따라서 사회적 기업가는 전문적 分化(분화)에 빠져서는 안 되고, 아름다운 綜合化 (종합화)에 노력해야 한다. 종합화는 '하는 것'이 아니고 자연적으로 발생하는 것이다. 종합화가 발생하기 위해서는 '場(마당)'의 창출이 필요하다. 中心이 없는 동적 네트워크는 한 사람 한 사람의 인간이 접점이 되는 場이 되어 전개된다.

결국 사회적 기업가는 스스로가 場이 되어서 사회에 개개의 인격이 場으로서 기능하는 네트워크가 전개되도록 '보이지 않는 起點'이 되는 것이다.

행복동행전략으로서 사회적 기업(3)

- 사회적 기업의 실제 -

강의 목표

1. 한국의 사회적 기업에 대한 지원제도

한국의 사회적 기업은 전 세계적으로 유례없이 인증제를 도입하여 다소 엄격하고 까다로운 인증요건을 갖춘 사회적 기업을 선별하되, 인증 받은 사회적 기업에 대해서는 각종 지원제도를 활용하여 지속적인 성장 발전을 도모할 수 있는 기회를 최대한 제공하고 있다. 사회적 기업에 대한 지원은 사회적 기업 육성법에 기초하는데 주요 지원 내용은 다음과 같다.

- 사회적 기업의 설립 및 운영에 필요한 경영, 기술, 세무, 노무, 회계 등의 분야에 대한 전문적인 자문 및 정보제공
- 사회적 기업의 설립, 운영에 필요한 전문 인력의 육성, 사회적 기업 근로자의 능력향상을 위한 교육훈련
- 사회적 기업의 설립 또는 운영에 필요한 부지 구입비, 시설비 등의 지원, 융자
- 사회적 기업이 생산하는 재화나 서비스의 우선 구매
- 국세 및 지방세의 감면과 보험료 지원
- 사회적 기업 운영에 필요한 인건비, 운영경비, 자문비용 등 재정지원

이상의 사회적 기업 지원 내용을 직접 지원, 간접 지원, 육성 지원으로 구분할 수 있다.

1) 직접 지원

(1) 재정 지원

① 인건비: 근로자, 전문 인력

② 사업 개발비

③ 시설비 등 지원, 융자

④ 세제 지원 및 기부금

⑤ 4대 보험료

(2) 경영 지원

① 경영 컨설팅

② S/W 제공

2) 간접 지원

① 공공 기관 우선 구매

② 자원 봉사(프로보노)

③ 홍보

3) 육성 지원

① 사회적 기업가 육성 사업

② 소셜벤처 경연대회

③ 아카데미

2. 국내외 사회적 기업 사례

- 사회적 기업이란 기업가적 마인드 아래 혁신적인 경영기법 그리고 사회적 책임감을 동시에 갖추고 일정한 제품과 서비스를 제공하면서 고용을 창출하는 조직이다.
- 미국의 사회적 경제의 본질은 사회적 선과 시민사회를 위해 봉사하는 비영리 조직으로 수익 창출을 강조하며, 시장경제를 바탕으로 활동하고 법적 체계는 약한 편이다. 그리고 원천적으로 이윤 배분을 배제하며 NGO가 주축을 이룬다.
- 유럽은 사회적 통합과 혁신에 기여하는 경제 시스템으로 정의한다. 유럽의 사회적 기업은 사회적 수혜를 강조하며 대인 서비스에 초점을 둔다. 유럽의 경우 많은 사회적 기업들이 협동조합을 중심으로 구성되며 이윤 배분이 조합원에 대하여 제한적이다.
- 한국의 경우는 미국과 유럽과는 달리 정부의 인증제를 도입하고 있으며 정부 주도로 국가적 차원에서 사회적 기업 육성정책이 실현되고 있다. 한국의 사회적 기업은 수익 창출과 사회적 수혜를 동시에 추구하고 조직 형태 역시 비영리 법인과 영리 법인(상법상 회사)의 제한이 없으며, 시장경제를 기반으로 활동하며 법적 체계가 정비되어 있다.
- 한국은 상법상 회사의 경우 이윤 분배가 가능하지만 비영리 기관은 제한적이다. 상법상 회사의 경우에도 수익의 2/3 이상은 반드시 사회적 재투자를 해야 한다. 사회적 기업 육성법(제8조)에 따르면 지배 구조는 서비스 수혜자, 근로자 등 다양한 이해 관계자가 참여하는 의사 결정 구조를 가지도록 요구되고 있다.

1) 해외 사례

(1) 영국

① 지역 사회의 환경을 위한 착한 금융기관 (London Rebuilding Society)

② 윤리적 생수 브랜드 (Belu Water Ltd.)

(2) 독일

① 정신 지체 장애인을 위한 작업장 IWL (Isar−Würm−Lech)

② 새로운 일자리 제공 (Neue Arbeit)

(3) 캐나다

① 사회혁신을 꿈꾸는 이들의 통합 공간 (Center for Social Innovation)

② 고령 사회의 든든한 지킴이 (Health and Home Care Society of BC)

(4) 오스트리아

① 요리를 통해 사람과 사회의 성장을 꿈꾸는 레스토랑 (Cafe−Restaurant MAX)

② 세상과 소통하는 장애인 작업장 (Wien Work)

(5) 스위스

① 청년실업 해결을 위한 직업 훈련소 (Job Factory)

② 여성을 위한 여성에 의한 숙박 서비스 제공 (Lady's First Design Hotel)

(6) 아일랜드

① 자원 재순환을 통한 그린 경영 (Rehab Recycle)

② 재개발 대신 지역 스스로 마을 재생 (IRD Kiltimagh Ltd.)

2) 국내 사례

(1) 하자 센터

① 이야기꾼의 책공연

② 트레블러스 맵

③ 대지를 위한 바느질

(2) YMCA서울 아가야

(3) 지리산 둘레길

(4) 솔라피데

(5) 문화로 놀이짱

(6) 기타

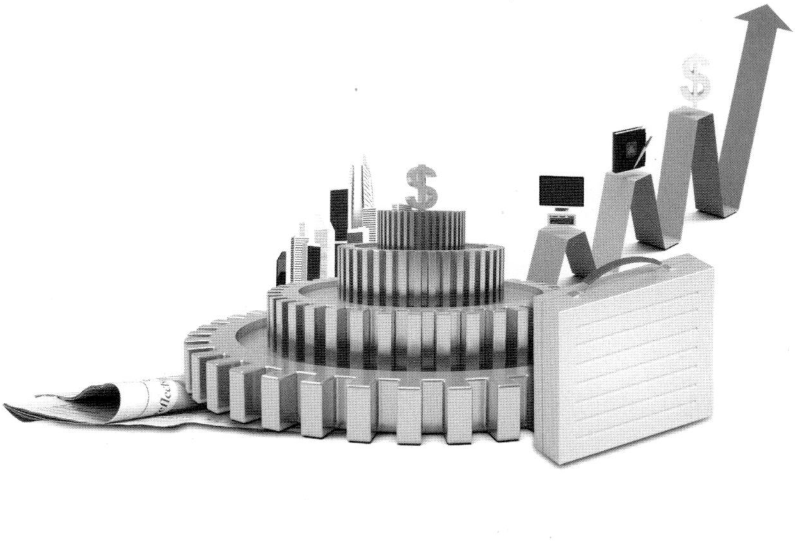

세상을 보는 창으로써의 경제학과 경제이슈

– 21세기 文化경제학→창조/경제의 key word인 mash up –

강의 목표

1. 융합 文化의 trend

2. 이솝우화 『개미와 배짱이』를 뉴버전으로 mash up한 이야기 비교

   <일본 버전>

   <미국 버전>

   <구소련 버전>

   <한국판 뉴버전>

3. 융합 文化 탄생 배경과 전개

4. 21세기 文化 경제의 model

시민 아카데미

- 세계의 식문화와 우리의 식문화
- 막걸리, 우리 몸에 좋은가?
- 자랑스러운 우리의 농수산물: 인삼
- 천일염, 세계 제일의 소금인가?
- 김치와 우리식품의 세계화

전남대학교 명예교수

경제학박사 전 태 갑

세계의 식문화와 우리의 식문화

1. 문화의 정의

<인류의 이상을 실현해 가는 정신의 활동>+<생활양식>을 총칭하는 경우가 있다.

첫째, 의식주 문화

둘째, 생활문화

셋째, 예술문화

2. 식문화의 중요성

1) 인간의 생존, 건강, 수명의 지렛대

2) 전략산업

3) 국가 간 교역의 주역: 세계 식품시장 교역량은 약 4조 달러

한국음식의 조리법상의 특징

- 궁중음식과 반가음식, 서민음식을 비롯, 각 지역 향토음식 조리법 발달했다.
- 상차림에 따른 음식의 종류가 다양하게 개발되어 있다.
- 주식과 부식이 뚜렷이 구별되어 있다.
- 잘게 썰거나 다지는 방법이 많이 쓰인다.
- 조미료, 향신료의 이용이 섬세하나 음식마다 대부분 비슷하게 사용된다.
- 조리법이 복잡하며 대부분 미리 썰어서 조리한다.

우리 한국에도 칵테일이 있었다. 옛날 소주는 알콜 도수가 무척 높았다. 그래서 약으로 쓰는 것 외에는 소주를 마시지 못하게 법으로 금지하기도 했다.(조선시대<경국대전>의 내용) 소주를 너무 마셔 속이 타 죽은 사람이 적지 않았기 때문. 그래서 선조 때 이양원은 소주에 얼음 몇 조각과 약간의 물로 칵테일해서 마시거나 물에 희석해 마셨다고 한다.

3. 세계 5대; 10대 식 문화국

중국, 일본, 이태리, 프랑스, 미국

예를 들면 이태리식, 중국식, 일본식, 러시아식, 멕시코식, 미국식, 영국식, 프랑스식, 터키식, 베트남식, 인도네시아식 등이 그것이다.

세계의 식문화에 대해서 가볍게 논난하거나 시비해서는 안된다. 그 환경에 맞게 발전

Ex. ① 말고기, 쇠고기, 개고기 ② 에스키모에서의 식단

– 왜 유대인들과 이슬람교도들은 돼지고기를, 인도 사람들은 쇠고기를 먹지 않을까?
  - 유대인·이슬람교도, 돼지고기를 안 먹은 이유: 돼지를 키우기 어려운 환경 때문이다.
  - 돼지는 풀이 아니고 사람이 먹는 음식 먹어 그들은 자기음식도 늘 모자람. 물 부족 국가이다.
  - 카리브해(중앙아메리카의 대서양, 쿠바와 도미니카 등)연안 사람들: 눈이 돼지같이 작아진다고 생각하기 때문에 먹지 않는다.
  - 아프리카의 줄루족 여자들: 돼지같이 생긴 아들을 낳는다고 생각하기 때문에 먹지 않는다.
  - 우리 한국에서도 임신여가 돼지고기 먹으면 돼지코 아이를 낳는다고 생각하기 때문에 먹지 않는다.
  - 인도 사람들은 소를 숭배하고 보호하기 때문에 소를 먹지 않는다.

- 햄버거는 원래 유목민들의 음식?
  - 아시아의 초원 지대 살던 타타르족(몽골의 유목민족)의 유목민들이 중세에 고기를 갈아 소금, 후추 가루, 양파즙으로 양념해서 먹었다. 이 조리법을 독일의 함부르크 상인들이 독일로 가져가서 '함부르크 스테이크'라고 부르며 불에 익혀먹었다고 한다. 그걸 사람들이 19세기 말부터 햄버거라고 부르기 시작했다.
    미국에 햄버거가 들어온 것은 (1) 독일이민 (2) 1904년 세인트루이스 세계박람회

- 유럽인들은 처음엔 토마토를 먹지 않았다?
  - 토마토는 신대륙을 찾아간 유럽인들이 발견해 세계로 퍼뜨린 야채다. 그래도 유럽인들은 청교도여서 토마토를 먹지 않았다. 지금은 서양 요리에 없어서는 안 될 야채가 되었다.

- 트림을 하는 것이 요리에 대한 찬사라고 여기는 나라?
  - 아시아의 여러 나라들은 각기 다른 독특한 식사 예절을 가지고 있다.
  - 중국, 한국, 타이(태국)에서는 소리 내서 먹는 게 예절에 어긋나지만 일본, 홍콩 등 아시아 여러 지역에서는 소리 내서 먹는 게 올바른 식사 예절이다. 더 의외인 것은 필리핀, 사우디아라비아 등에서는 트림을 하는 게 요리에 대한 찬사이다.
  - 캄보디아에서는 사발이나 컵을 완전히 비우고 요리를 깨끗이 먹는 것 좋게 생각인 반면 요르단, 필리핀, 이집트 등에서는 음식을 조금 남기는 것이 접대를 잘 받았다는 뜻이다. 그런데 인도네시아에서는 음식을 남기는 것은 식사가 별로였다는 뜻이다. 이렇게 나라마다 식사 예절은 그 나라의 문화적 특성에 따라 다르다.

한국과 중국의 유사한 식 문화

- 인간의 병은 식품으로 못 낳는 병이 없다.(醫食同源)
- 일물전체식(一物全體食)의 사고가 있다.

4. 중국의 식문화

- 중국에서는 5천년 이상의 세월동안 조리법만도 40여종이 넘게 발달되었다.
- 기본적인 조리법으로는 볶는 것, 튀기는 것, 조리는 것, 찌는 것을 들 수 있는데 튀긴 후 볶거나 찐 것을 다시 조리하는 등 조리법이 병용되는 경우가 많다.
- 맛을 낼 때 "불로장수"의 사상에 따라 신맛, 쓴맛, 단맛, 매운 맛, 짠맛을 조화롭게 사용이 5가지 미각이 인간의 오장(간장, 심장, 비장, 폐, 위장)을 보양한다고 여겼다.

  또한 일물전체식(一物全體食) 즉, 한 가지 식품을 전부 먹는 것이 건강에 좋다고 생각했다.
- 衣食住 대신 食衣住라는 말이 보편적으로 쓰였다.
- 건강장수에 초점두고 의식동원(醫食同源): 의약·음식은 본래 그 뿌리가 하나이다.
- 음식으로 몸을 보신하고 병을 예방하여 치료 장수한다는 인식이 보편화 되었다.
- 중국 사람: '하늘을 나는 것 중 비행기, 땅위에 자동차만 빼고는 다 먹는다'는 속담이 있다.

5. 일본의 음식문화

- 음식재료가 다양하고 해산물이 풍부, 남, 북의 긴 지형으로 지방 특색 음식 발달되었다.
- 음식 맛은 대체적으로 싱겁고, 달다.
- 식사량은 전통적으로 아주 작아 이것이 현재 최장수 국가 만드는데 일익을 했다고 한다.

  ① 관서지방: 원재료의 순수한 맛을 중요시 하고 소금으로 맛을 내는 음식이 많다.

  ② 관동지방: 맛이 진한 편이며, 간장과 설탕을 많이 사용한다.
- 한국이나 중국과 달리 순수하게 젓가락만 사용하고, 밥그릇 들고 먹는다.

6. 유럽의 식문화

1) 유럽의 3대 진미

- 푸아그라 (살찐 거위 간)
- 캐비어(철갑 상어 알)
- 트뤼플(서양 송로 버섯)

(1) 푸아그라

푸아그라는 프랑스어로 살찐 간이라는 뜻이다. 프랑스 북동부의 알자스(alsaec)와 남부 페리고르 지방의 특산품이다. 가격이 매우 비싸 보통 오르되브르에 사용하거나 크리스마스 등의 명절에 먹는다. 지방 함량이 높아서 맛이 풍부하고 매우 부드럽다. 화이트와인의 일종인 소테른과 맛이 잘 어울린다. 푸아그라는 거위나 오리를 4~5개월 동안 운동을 시키지 않고 사료를 많이 먹여서 살이 찌도록 하여 간도 커지게 만든다. 이렇게 키워서 다 자란 거위의 간은 무게가 평균적으로 1.35kg이다. 오리보다는 거위의 간을 상품으로 취급한다.

(2) 캐비아

캐비아는 특정 어종의 가공처리 및 염장된 알을 가리키는데, 그 중에서도 특히 철갑상어의 알(블랙 캐비아) 러시아산의 것이 유명하며 세계의 진미로 알려져 있으며 유럽 여러 나라에 수출된다. 철갑상어 이외에 연어-대구-잉어 등의 생선 알을 이용하여 만들기도 한다. 카스피해는 세계에서 가장 질 좋은 캐비아(철갑상어의 알)의 산지로 알려져 있다.

(3) 서양 송로

네로 황제의 극찬 "사랑의 묘약", 시인의 찬사 "송로 버섯을 맛보면 신을 사랑하게 된다." 주로 프랑스, 이탈리아, 독일 등지의 떡갈나무 숲 땅속에 자실체를 형성하며 지상에서는 발견하기 힘들다. 나무뿌리 근처의 땅속에서 8~30cm 정도로 자라며 나뭇가지가 뻗어 있는 둘레를 서양송로는 찾기 어려워 몇년 동안 특별히 훈련된 동물(돼지, 개)을 이용해서 찾게 되며, 일단 찾으며 농부는 손이 버섯에 닿지 않도록 조심해서 땅을 판다. 만약 덜 자란 상태라면 나중에 수확을 위해 다시 묻는다.

7. 프랑스 식문화

- 중국, 터키와 함께 세계 3대 음식국가로 불리기도 한다. 프랑스는 지중해와 대서양을 면하고 있어서 해산물이 풍부하고, 넓은 평야지대가 많아 농산물 또한 풍부하다. 기후가 온화하여 요리에 좋은 싱싱한 식재료를 제공한다. 프랑스 요리의 특징은 소재를 충분히 살리고 합리적이며 고도의 기술을 구사하여 섬세한 맛을 내는 데 있다. 맛을 내는 데 있어서는 전통적인 포도주 ·향신료 ·소스가 큰 구실을 한다. 그 중에서도 프랑스 제일의 특산물인 포도주는 요리와 매우 밀접한 관계를 가지고 있다. 일반적으로 백포도주는 생선요리, 적포도주는 육류요리, 중간색인 분홍색포도주는 양쪽 요리에 적합하다고 한다.
- 프랑스 요리는 수세기에 걸쳐 광범위하게 발전하여 중세를 시작으로 독특하고 창조적인 국가요리가 형성되기 시작하였다. 다양한 사회적, 정치적 움직임과 명 요리사의 업적이 이러한 형성을 구성하였다. 그동안 프랑스 요리의 양식은 다양하게 이름이 불렀으며, 숙련된 요리사들이 체계화. 그들은 생애 동안 프랑스 문화에 기여한 공을 높이 평가받았다. 프랑스 국가요리는 주로 프랑스 궁정에 속한 요리사에 의해 파리에서 발전되었으나, 나중에 전국적으로 퍼져나갔고, 해외로도 수출되었다.

8. 영국 식문화

- 대표적인 요리는 로스트 비프로서, 그 구이 국물에 밀가루와 달걀을 넣어 만든 요크셔푸딩을 곁들이는 것이 격식이다. 파이를 만드는 방법에는 옛날부터 내려오는 관습이 있다. 현재는 버터나 쇼트닝을 쓰는 것이 보통이나 영국에서는 망유(網油)를 다지거나 녹인 것에 밀가루를 섞어서 만든다. 또, 영불해협에서 잡히는 참서대는 유명한 것으로, 튀김이나 뫼니에르의 재료로 쓰인다. 이 밖에 훈제 연어도 명물이다. 식생활의 특징은 오후 5시에 티타임을 갖는 습관이 있다. 홍차를 끓이는 전통적인 방법이 있으며, 맛과 향기가 좋다.

9. 미국의 식문화

- 미국의 음식문화는 원래부터 미국에 바탕을 두었던 원주민의 식생활 문화와 초기 식민세력이었던 스페인과 프랑스의 식생활 문화 그리고 그 후 미국의 지배 세력이 된 앵글로 색슨계의 식생활 문화 등이 기초를 이룬 바탕 위에 다민족 국가인 미국을 이루고 있는 각 민족의 식문화가 혼합되어 있다. 미국인은 주로 감자와 빵, 고기를 즐겨 먹는다. 다양한 민족이 모여 사는 나라답게 이태리, 프랑스, 멕시코, 중국, 일본, 한국음식 등 다양한 음식을 즐길 수 있다.
- 미국문화 미국의 식생활은 아침식사는 보통 간단하게 토스트와 우유, 베이컨과 계란 등을 즐겨 먹는다.
- 점심 때는 햄버거나 샌드위치 등의 간이 식품으로 간단히 해결하는 편이다
  이렇게 아침과 점심에는 간단히 해결을 하고 저녁에는 돼지고기, 쇠고기스테이크, 닭고기, 칠면조고기, 생선 등의 육식과 생선으로 푸짐한 식사를 한다.
- 미국문화 중 미국의 전통음식으로는 스테이크, 매쉬 포테이토, 삶은 콩이라고 간단히 할 수 있다.
- 미국은 역사가 짧은 나라이고 고유의 전통음식이라 할 수 있는 음식이 없는 편

이다.

- 옥수수나 단풍나무의 당밀을 제외하고는 순수한 북아메리카의 향토음식은 없었지만 미국의 경우 세계 각국에서 모인 다 민족 국가이기 때문에 정착한 지역주민에 의해서 여러 세계의 음식이 퓨전화되어 미국풍의 새로운 향토음식으로 영역을 잡아가고 있다.
- 패스트푸드 중심으로 켄터키주의 프라이드 치킨, 남다코다주의 들소고기 바베큐, 앨라 버마주와 미시시피주의 메기 및 악어고기 요리, 루이지애나주의 가재파이, 그리고 핫도그와 햄버거 등이 미국 고유의 전통 향토 음식으로 뿌리를 내리고 있다.

막걸리, 우리 몸에 좋은가?

1. 술의 역사

- 로마신화 酒神 바커스: 대지풍작관장 神,각지 포도재배 양조법 전파했다.
- 이집트신화 오시리스: 누이 이시스와 결혼한 왕. 보리술 빚는 법 가르쳤다.
- 구약 '노아의 방주': 하느님이 노아에게 포도 재배방법과 포도주 제조방법 전수. 노아가 대홍수이후 첫농사 지은다음 포도주 마시고, 대취하였다는 기록이 있다.
- 중국 夏 우왕 때, 의적이 처음 穀酒 왕께 헌상했다.
- 晉나라 江統은 "酒誥"에서 "술 시작은 上皇=천지개벽 때부터이고 帝女 때 성숙"이라고 한다.
- 중국 술 시작시기: 8,000년 전 황하문명 때. 酒器가 당시 필요한 용기 26% 정도라고 한다.

- 바빌로니아 폭군 하무라비왕: 포도주 상인이 포도주 양을 속여 팔면 물 속에 처넣었다.
- 인류가 포도주 양조 시작: 기원전 6,000~4,000년경 흑해와 소아시아 지방부터, 최초포도주 양조법: 포도따서 보관, 자연발효된 것이다.
- 로마 지배자들은 프랑스, 스페인, 포르투칼, 독일 등 식민지에 포도원 조성 좋은 와인 확보 열 올려, 재배기술 전파 와인 발전 크게 공헌했다.
- 로마 제국 멸망 후 포도원은 수세기 동안 교회 수도원에 의해 전파, 당시 학문 중심 수도원: 포도재배 기술 연구 와인의 개량, 발전에 크게 공헌했다.
- 유럽 포도원 거의 교회소유가 되었다.
  - 1789년 프랑스혁명, 왕권 무너져 교회 소유 포도원 소작인들에게 분할·분배. 이후 자본가에 의한 포도재배가 시작했다.

2. 술의 종류

양조주(fermented), 증류주(distilled), 혼성주(compounded)로 나눌 수 있다.

1) 양조주

- 과일, 곡류 및 기타원료의 당분이나 전분
- 곰팡이와 효모 작용으로 발효시킨 술
- 알코올분이 비교적 낮아 변질 쉬운 단점
- 원료성분의 특유 향기, 부드러운 맛
- 포도주, 맥주, 막걸리, 약주, 청주가 해당

2) 증류주

- 발효된 술 또는 술덧을 다시 증류하여 얻는 술
- 알코올 농도가 비교적 높음

- 증류방법으로 불순물 일부, 대부분 제거 가능
- 특히 희석식소주는 불순물 제거한 주정 원료
- 브랜디, 위스키, 보드카, 럼, 데킬라 등
- 증류주: 가장 후대의 술
- 스코트랜드나 아일랜드 위스키

–북유럽 각지 화주(火酒), 16세기경 만들어짐

3) 혼합주

- 양조주나 증류주가 기본이 된다. 여기에 과실, 향료, 감미료, 약초 등을 첨가하여 침출하거나 증류하여 만든 술이다. 인삼주, 매실주, 오가피주, 진, 각종 칵테일주 등으로 그 종류가 매우 다양하다.
- 우리나라의 각종 특산주도 여기 해당

3. 술의 종류와 알콜 함유 정도

종류	맥주	막걸리	청하	소주	포도주	위스키	브랜디	청주
용량(ml)	355	1,000	360	360	700	360	700	180
에탄올(g)	4.5	6.0	15.0	25.0	12–14	40.0	40.0	15.5
순수 에탄올양(g)	12.0	48	43	72	73	115	224.0	22.2

주: 순수 에탄올의 양=에탄올농도×1병의 부피×0.8(알코올의 비중)

4. 막걸리의 유래

- 예로부터 쌀과 곡차 원료 이용 쌀술
- 마한시대: 수확, 복 기원 맑은 곡주–춤, 노래
- 고려 이규보, "나그네 창자를 박주로 푼다"

- 이달충, “뚝배기 질그릇 허연 막걸리”
- 광해군 때, 인목대비모친이 제주 귀양다녀와 복권된 어머니 담근 술: 母酒
- 농업과 협동농업의 에너지 원(源)
- 정조대왕의 일화: 개의 오짐보를 2개, 막걸리와 소주 담아 메달아 놓음
- 막걸리=한국 전통주=탁주(濁酒)=농주(農酒)=재주(滓酒)=회주(灰酒)라고도 함

5. 막걸리의 종류

- 총 700 여개의 막걸리, 약 300 여의 데이터베이스
- 탁주, 동동주, 막걸리 포함 약 2,500 여종
- 전국에 술도가가 750 여개 정도
- 생막걸리, 살균막걸리
- 우리쌀, 수입쌀, 첨가, 밀, 지역특산물, 옥수수
- 수상이력, 대통령막걸리

1) 쌀 막걸리

- 쌀 발효: 향미 성분과 쌀의 아미노산 성분
- 햅쌀 술: 맛이 매우 짙고 깊어 향미가 증가
- 오래된 쌀: 역한 쓴맛

2) 찹쌀막걸리

- 찹쌀 당화 빠르고 감미롭다=고급술

3) 밀막걸리

- 식량이 부족할 때 밀가루 사용, 텁텁한 예전맛, 당도 낮은 반면 특유의 칼칼, 텁텁한 맛

4) 보리막걸리 = 색깔이 약간 검고 맛 텁텁

- 군산, 흰찹쌀보리 70% 우리밀 30% 혼합, 부드럽고 상큼한 보리막걸리 제조 성공

5) 옥수수막걸리 = 강원도, 예부터 제조, 음용, 옥수수 특유의 맛과 향

6) 조막걸리 = 살짝 연둣빛 누르스름한 술빛

- 조 특유의 고소한 맛, 단맛. 논 부족 제주도, 좁쌀 보리 이용 술 빚어. 좁쌀의 제주도 방언=오메기, 오메기주는 차조로 빚는 제주도 민속주

6. 막걸리의 제조방법

- 원료(쌀 50kg, 개량누룩 100g, 효모 30g, 물 8l) - 쌀 2~3시간 불려 - 1시간 채반에 받쳐 - 광목 위에 쌀부어 쪄 - 고두밥 - 효모 30g 물에 저어 - 항아리에 효모 + 누룩가루 100g + 물 8l 넣어 긴 나무주걱으로 저어 - 항아리 이불로 감싸 - 20c~30c 유지 4~5일 지나면 술이 돼 - 체에 받쳐 술 걸러 - 원액 2배의 물 부어

7. 막걸리의 성분

- 물 80%, 알콜 6~7%, 단백질 2%, 탄수화물 0.8%, 지방 0.1%, 그 외: 식이섬유 10%, 비타민 B,C, 유산효모 등
- 장수인, 많은 섭취의 유기산 0.8% 함유
- 활성효모多, 소화효소와 무기물 공급원활
- 필수 아미노산이 10여종 함유
- 저알콜음료 인체에 부담 없고 혈액순환촉진
- 각종 비타민과 영양소 들어 영양섭취
- 건강유지와 성인병 예방에 탁월한 효능

- 막걸리 1병 요구르트 유산균 100병 맞먹음
- 막걸리 판매량: 지난해보다 24% 늘어남
  - 이유: ① 막걸리 대변신=색깔, 맛, 향, 영양성분

    ② 건강=알콜도수 6~8 안팎, 유산균 덩어리
- 술중 가장 건강 유익, 영양제 같음
- 유산균: 장에 염증, 암 일으키는 암세포 파괴
- Vb2: 중년남성피로완화 재생, 시력증진
- 식이섬유: 대장운동 원활히 변비예방, 심혈관 질환예방, 다이어트 도움

8. 막걸리의 안주

- 홍어, 호박, 굴
- 홍합볶음, 삼겹살수육, 해물파전, 아귀찜
- 연어샐러드(여성에 인기), 매운 홍합볶음, 삼겹살+부추보쌈, 파전
- 버섯 참치전(버섯들, 당근, 탕귀일, 참치, 달걀, 양념)
- 감자전, 보쌈고기요리, 오징어 도라지무침, 마른안주, 과일
- 두부김치, 김치찌개, 두부채소무침, 양념간장두부

9. 막걸리의 기능과 효능

1) 막걸리의 피로 완화 효과

막걸리에 함유된 성분 중 피로완화와 회복을 돕는 물질은 주로 적당량의 알코올과 유기산이며, 아미노산인 메티오닌과 알라닌 그리고 비타민으로서는 비타민 B1, B2, B6 등이다. 그 중 막걸리에 알맞게 들어있는 알코올 성분은 혈액순환과 신진대사를 왕성하게 하여 체내에 축적된 피로 물질을 제거하는 역할을 해주고, 유기산은 특유의 상쾌한 신맛으로 갈증 해소와 소화에 도움을 준다. 또한 유기산은 신진대사를 원활하게 해주어

몸에 피로물질이 쌓이지 않게 하고, 제거를 도와줌으로서 피로 회복의 효과는 물론 피부 미용에도 좋은 효과를 나타내고 있다. 그리고, 막걸리에 함유되어 있는 비타민 B군은 특히 중년 남성들에게 도움이 되는 영양소로, 피로완화와 피부재생, 시력 증진 효과가 있다.

2) 막걸리의 피부 재생과 미백 효과

피부가 촉촉하고 부드러운 상태를 유지하기 위해서는 피부 표피에 항상 적절한 양의 수분이 공급되어야 하는데, 아미노산은 피부에 탄력을 주는 효소를 활성 시키는 역할을 한다. 막걸리에는 다량의 아미노산이 포함되어 있는데 그 중 라이신과 메티오닌, 그리고, 히스티딘은 피부표피에 탄력을 주는데 도움이 되며, 그 외 비타민 B2와 B6는 피부 재생과 미백 효과에 도움을 준다.

3) 막걸리의 다이어트 및 변비 개선 효과

막걸리는 다른 술에 비해 낮은 칼로리와 함께 활성효모가 많이 함유되어 있어 인체에 필요한 소화 효소의 작용을 돕는 것으로 알려지고 있으며, 또한 트립토판과 메티오닌이라는 필수아미노산 성분은 체중 유지를 돕고 지방 축적을 막는 효과가 있어 다이어트에 효과가 있으며, 또한 적당량의 알코올은 인체의 신진대사를 원활히 해 혈액순환을 돕고 소화액 분비를 촉진시켜 소화 흡수에 도움을 주고 있다. 그리고, 막걸리에 함유되어 있는 식이섬유는 대장 운동을 활발하게 해 변비 예방 및 개선에 탁월한 효과를 볼 수 있다.

4) 막걸리의 시력 증진 및 예방 효과

막걸리에 함유되어 있는 성분 중 시력 증진 및 예방에 도움을 주는 물질은 필수아미노산인 페닐알라닌(phenylalanine)과 비타민 B2이다. 페닐알라닌은 신경화학 물질 생성에 중요한 역할을 하는 필수 아미노산으로, 두뇌를 자극해 기억력과 시력 개선에 도움을 주며, 비타민 B2는 콜레스테롤을 분해해 성인병을 예방하며, 부족하면 입술과 혀가 붓고 시력도 감퇴시키는 물질로서, 막걸리에는 비타민 B2가 함유되어 있어 시력감퇴를 예방

할 수 있다.

5) 막걸리의 간기능 개선 효과

막걸리의 간기능 개선에 효과가 있다는 것은 옛날부터 전해져 내려오는 이야기를 보면 쉽게 이해할 수 있다. 옛날 조선시대 중엽, 이씨 성을 가진 판서가 살고 있었고, 이 사람은 자식들이 다른 좋은 술을 구해다 주어도 오직 막걸리만 마셨다고 한다. 그래서, 자식들이 그 이유를 물으니, 그는 소의 쓸개주머니 3개를 준비하여 그 안에 소주, 약주, 막걸리를 담아 천장에 매달아 두면서, 몇 일 후에 확인하도록 하였다. 몇 일 후, 자식들이 아버지의 말씀에 따라 천장에 매달아 둔 쓸개주머니를 열어 보니, 소주를 담아 두었던 쓸개주머니는 구멍이 나 있었고, 약주를 담았던 쓸개주머니도 쓸개주머니 안이 많이 상해 있었으나, 막걸리를 담아 두었던 쓸개주머니는 아무런 손상 없고 오히려 두터워져 있었다고 한다.

막걸리에는 간기능 개선에 효과가 있는 성분이 들어 있는데 그 성분이 바로 아미노산이다. 아미노산 중 필수 아미노산인 메티오닌(methionine)은 간에 지방이 과도하게 축적되는 것을 억제하고 해독 작용과 간 기능 활성화를 도와줌으로서 간을 보호하고 재생을 도와 그 기능을 개선시키는 역할을 한다.

6) 막걸리의 혈류 개선 효과

혈액은 뼈속에 있는 골수에서 만들어 진 후, 우리 몸의 혈관을 통해 온 몸을 끊임없이 순환하며, 신체의 각 조직으로 산소와 영양분과 호르몬을 운반 공급하고, 노폐물을 제거해 주며, 또 적당한 체온을 유지시켜 신체 내의 항상성(恒常性, Homeostasis)을 조절해 줌으로서 우리의 생명을 지키고 유지하는데 중요한 역할을 한다. 따라서, 혈액의 원활한 흐름은 건강을 유지하는데 아주 중요한데, 적당량의 막걸리 음용은 혈류 개선에 효과가 있는 것으로 나타났다. 즉, 관상동맥질환의 원인이 되는 혈소판 응집을 저해하여, 혈액의 흐름을 원활히 해줌으로서 혈류 통과 속도가 빨라져 효과적인 혈류 개선 효과를 기대할 수 있고 이는 심혈관 질환 예방에도 효과가 있다고 할 수 있다.

7) 막걸리의 콜레스테롤 및 고혈압 유발 저해 효과(ACE 저해 효과)

우리대로 좋은 콜레스테롤이라고 불리는 고밀도(HDL) 콜레스테롤은 말초혈관에 쌓인 콜레스테롤을 간으로 운반 처리하는 역할을 함으로서 동맥경화증의 위험을 저하시키거나 억제하는 역할을 한다.

막걸리는 심혈관계 질병의 원인 중 하나인 중성지방과 총 콜레스테롤를 감소시켜, 혈중 지질 개선에 효과가 있고 또한 좋은 콜레스테롤인 고밀도(HDL) 콜레스테롤의 양은 막걸리 음용시 증가하는 것으로 나타나고 있어, 고혈압 등 성인병 예방에 효능이 있음을 알 수 있다.

일반적으로 쓰이는 고혈압 치료제는 90% 정도 혈압을 예방하는 효과가 있는데, 막걸리에는 그와 비슷한 80% 가량의 혈압 저지 효과가 있는 것으로 나타나고 있으며, 특히 막걸리를 거르고 남은 술지게미에 이러한 물질이 다량 포함되어 있는 것으로 나타나고 있어, 가능한 막걸리를 마실 때는 잘 흔들어서 마시는 것이 좋다.

또한, 막걸리에 고혈압 유발 저해 효과가 있는데, 혈압 조절에는 주로 레닌-안지오텐신계(Renin-angiotensin system)가 아주 중요한 역할을 하는 것으로 알려져 있는데, 그 중 '안지오텐신변환효소(Angiotensin Converting Enzyme, ACE)'는 안지오텐신I을 분해하여, 혈관을 강력하게 수축하는 물질인 안지오텐신II로 변환을 시키는데, 이것은 강력한 혈압의 승압 효과로 나타나고, 이로 인해 고혈압(Hypertention)이 발생하는 것이다. 막걸리의 단백질 가수분해물 중 펩타이드가 혈압을 유발하는 ACE의 활성을 저해함으로서 고혈압 유발 저해 효과가 있는 것으로 나타나고 있다.

8) 막걸리의 활성산소 제거 효과(항산화 효과)

활성산소는 동식물의 체내 세포들의 대사과정에서 생성되는 반응성이 높은 산소화합물로 노화, 동맥경화, 암, 당뇨 등 현대병의 90% 이상이 활성산소가 원인인 것으로 밝혀지고 있어, 우리 몸은 활성산소 발생을 최소화하기 위해 항산화 효과를 가진 비타민C와 E 등이 부족하지 않도록 항상 식생활을 관리해야 한다. 막걸리에 함유되어 있는 비타민C는 대표적인 항산화제로서, 여러 질병의 원인이 되는 활성산소를 미리 제거하여, 예방하는 항산화 작용이 있으므로, 적당량의 막걸리 음용은 활성산소 제거에 효과가 있다 할 수 있고 이는 우리 몸의 건강 유지에도 효과가 있다고 할 수 있다.

9) 막걸리의 암 예방 및 암세포 성장 저지 효과

막걸리 제조시 유산균은 발효에 의해 생성되는 젖산으로 인해 산성화되어 각종 병원균과 유해세균 등의 생육을 저지하는 역할을 하며, 음용시에는 장내에서 비피더스균 등 이로운 세균을 증가시키고 해로운 세균을 감소시킨다. 또한, 유산균은 장 속의 염증이나 암을 일으키는 유해 세균을 파괴하고 면역력을 강화하여 암 예방 및 쾌적한 장 환경을 만들어 준다. 그리고, 막걸리의 메탄올 분획층(M)은 암세포의 성장을 저지하는 암 예방 효과가 있음이 신라대학교 막걸리세계화연구소의 연구결과 밝혀졌고, 또한 막걸리 농축액 투여로 간암, 유방암, 자궁경부암 세포가 60% 정도가 증식이 억제되는 효과가 있음이 다른 연구결과에서 발표되었다.

이처럼 무한한 기능과 효능을 갖고 있는 막걸리도 주의해야 할 것이 있다. 그것은 바로 막걸리도 술이기 때문에 적당량을 마셨을 때의 이야기이고, 역시 막걸리도 과음을 했을 경우에는 다른 술과 같이 간, 대장 등 장기를 손상시킬 수 있음을 반드시 인지하여야 한다.

10. 막걸리 마케팅 전략

- 농민들이 제조하는 것을 원칙으로 함
- 종류별, 원료별, 제품별, 차별화 이뤄야 함
- 과학적이고 친환경적인 생산공정
- 세계적인 제품공정과 마케팅 체계
- 가장 한국적인 막걸리를 만들어야 함
- 醫食同源 정신 발휘

자랑스러운 우리의 농수산물: 인삼

인삼

- 쌍떡잎식물 산형화목 두릅나무과 여러해살이 풀
- 뿌리 형태 사람 닮아 인삼이라 부르게 됨
- 키 높이: 60cm 정도 줄기: 해마다 1개 곧게 자람
- 그 끝: 3~4개 잎 돌려나고, 잎: 잎자루 길고 잎몸 5개로 갈라져서 손바닥 모양 겹잎 이뤄져 있음
- 가장자리: 가는 톱니 있고, 잎 앞면 맥 위에 털 있어 꽃: 1개의 가는 꽃자루 끝에 4~40개의 연한 노란, 녹색 작은 꽃 산형꽃차례로 달려, 꽃잎과 수술은 5개, 암술 1개로 열매는 핵 과로 성숙하면 선홍색임
- 뿌리: 약용 4~6년근 때 수확, 홍삼 원료: 6년근 사용

1. 인삼의 유래

인삼(人蔘): 중국 前漢時代(BC 33-48) 史遊지은 「急就章」에 蔘이라 기재돼, 後漢時代 AD196-220 張仲景이 쓴 「傷寒論」에 人蔘이 배합된 처방수록 돼, 그 후 「名醫別錄」, 「神農本草經」 등 많은 한방의학서적 효능 입증기록. 人蔘은 맛 달고, 약간 차며, 五臟을 보하고, 정신 안정, 가슴 두근거리는 증세 없애며, 나쁜 기운 빼고, 눈을 밝게 하며, 마음을 맑게 하는 등 여러 효능이 있어 동양의학에서 몸 보신재로 사용, 가정 상비품으로 활용했다.

특히, 高麗人蔘: 원래 동북아 중 한국 등의 깊은 산에서 자생하였던 것 인공재배, 현재 한국 등 인근지역서 많이 재배, 한국 재배 인삼 품질 가장 우수 "高麗人蔘" 명성 세계적으로 높이 평가, 한국에서도 품질 우수 제품에 대하여 "대한민국특산품"으로 관리하고 있다.

2. 6년근 인삼과 4년근 인삼

- 홍삼은 4년근 이상 인삼으로 제조되어야 함
- 어떤 부위가 많은 인삼을 쓰는지가 가장 중요함
- 인삼 사포닌: 부위별로 많은 함량차이 가짐
- 세근(잔뿌리)이다. 차순으로 표피(껍질)에 사포닌함유량이 많음
- 삼 표피 내육 사이에 망사조직: 그물형조직 있음
- 이 조직에 사포닌 함량 집약되어 있음

3. 인삼의 근계 Root system

- 주근(몸통) / 지근(허벅지부위) / 세근 (잔뿌리)
- 6년근 인삼: 일반적으로 몸통 굵고 세미(잔뿌리) 보다 지근(몸통)이 발달.

- 어째서 각 연구기관 연구결과가 천차만별 될 수 있을까?
  - 이는 몇 년근 인삼 검사했느냐가 중요한게 아니라 어떤 인삼 검사 했느냐가 중요하기 때문.
- 잔뿌리 발달돼 있으면 사포닌 높을 수 있음
- 인삼 생육환경상 4년근 인삼: 인삼 청년기에 해당
- 성장 위해 토양에 잔뿌리 많이 내리는 시기
- 전문가: 6년근 인삼 수삼선물용으로, 4년근 인삼 홍삼제품가공용으로 좋음.

4. 인삼의 부위별 사포닌함량

(단위 = %)

부위	조 사포닌	총 사포닌	PD/ PT	진세노사이드 (Ginsenoside)								
				Ro	Rb1	Rb2	Rc	Rd	Re	Rf	Rg1	Rb2
뇌두	10.8	6.06	1.50	0.08	1.76	0.67	0.77	0.36	1.14	0.18	0.95	0.13
표피	12.5	7.60	1.13	0.30	0.83	0.74	0.84	0.25	2.21	0.14	0.86	0.18
피층	4.8	2.70	1.06	0.11	0.67	0.20	0.28	0.14	0.43	0.09	0.65	0.09
중심구	2.4	1.02	0.72	0.04	0.17	0.07	0.08	0.07	0.21	0.05	0.27	0.05
지근	6.5	3.94	1.58	0.20	1.06	0.42	0.53	0.19	0.66	0.12	0.56	0.11
세근	13.3	8.31	1.97	0.46	2.18	1.18	1.26	0.41	1.55	0.14	0.76	0.21

김만욱 등, 고려인삼학회지 1987.

인삼의 사포닌은 부위별로 많은 함량 차이가 있다.

5. 4년근, 6년근 인삼사포닌 함량

중앙대 인삼산업연구센터 고려 인삼학회지에서 발표(발표 2004. 5. 21.)													
구분	RO	M-Rb1	M-Rb2	M-Rc	M-Rd	Rb1	Rb2	Rc	Rd	Re	Rf	Rg1	총계
4년근	0.27	0.61	0.33	0.25		0.27	0.11	0.15	0.08	0.34	0.14	0.29	2.84
6년근	0.11	0.28	0.26	0.27		0.32	0.15	0.15	0.03	0.11	0.14	0.37	2.19
비교: 4년근 사포닌 함량이 많은 것을 도표를 통하여 알 수 있다.													

한국산 산지(금산, 음성, 진안, 홍천, 강화, 풍기)의 수삼을 년근별로 통계를 내어 검토한 결과 4년근 수삼이 전반적으로 높은 사포닌 함유량을 나타냈다.

	Crude Saponin	Total Saponin
4년근	1.2583%	0.9567%
5년근	1.1133%	0.7783%
6년근	0.9560%	0.7660%
3년근	0.63%	0.375%

- Rb1과 도 4년근의 함유량이 최고
- 따라서 전통적으로 6년근 홍삼을 제조했으나 사포닌의 생리활성을 이용하는 기능성 제품개발에는 4년근을 이용하는 것이 우수하다.

6. 홍삼, 사포닌만 존재하는 게 아니다

- 인삼의 비(非)배당체 성분연구: 1914년 일본의 酒井이 고려인삼 에테르 추출물로부터 인삼 향기성분을 분리하여 파나센(panacene)이라 명명했다.
- 1960년대 말부터 우리나라 학자 중심, 인삼 알칼로이드 분획의 암세포 증식억제활성보고(Han 등 1966)와, 인삼 석유에테르 추출물의 보고(Hwang 등 1978)를 비롯 홍삼으로부터 말톨(maltol)성분과 여러 가지 페놀성 화합물 순수분리 및 이들 성분의 노제 효과 관련 화성 나타낸다(Han 등 1978, 1985).

- 인삼의 성분
  - 정유성분과 식물스테롤: 저비점, 고비점 성분 함유
  - 폴리아세칠렌성분: 20여종 성분 보고 있음
  - 페놀성 성분: 식물성분, 특이구조, 미국이나 캐나다에는 없음
  - 다당체 성분: 다당류 팩틴물질, 21종 panaxan 분리함
  - 단백질: 열안정성 펩티드 순수분리, 생리활성연구 못함
  - 알칼로이드 성분: 질소원자 함유 염기성 물질의 총칭임
  - 아마노산, 핵산, 비타민, 리그난 성분
  - 미네랄(Minerals) : N, P, K, Ca, Mg 등 다량원소 포함, 미량성분 Na, Fe, Mn, Zn, Al, Cu,Mo, B, Se, Sr, Ba, Ce, Cr, Cs, La, Rb, Sc, Th, Ti, Co, V, Ge 등

7. 인삼의 영양 성분

- 영양성분 함량: (마른 인삼) 당질 67.3%, 단백질 13.7%, 지질 2.5%, 무기질 3.9%

8. 인삼의 주요품종

- 재래종(자경종): 줄기 및 엽병: 자색+녹색, 열매: 성숙하면 홍색으로 변한다.
- 천풍(天豊): 줄기색 모종삼, 2년생 자색 4년생 이상에서는 줄기색이 기부만 자색이다.
- 연풍(連豊): 줄기길이 짧고 줄기색 연한 자색이다.
- 고풍(高豊): 줄기 및 잎자루색은 진한 자색이다.
- 선풍(仙豊): 줄기색 자색, 잎 단풍색 붉고 꽃대 길이 길다.
- 금풍(金豊): 줄기색 녹색, 잎 단풍색 노랗고 꽃대 길이는 중간이다.

9. 홍삼차

- 홍삼 40g, 검은 설탕 200g, 생강 2g, 대추 30g 물에 끓여 차로 만들어 마신다.
- 앓고 난 뒤, 몸 허약한 사람, 주년기・노년기 정신, 육체적 피로, 잠 못자고, 건망증・신경쇠약증・숨차고, 가슴 두근거릴 때 마시면 좋다.
- 혈압 낮거나 심장 약할 때, 빈혈・쇼크・당뇨병・방사선병의 예방과 치료에 효과가 있다.
- 금기: 급성 전염병

  혈압 높거나, 열 높을 때, 피 잘 나는 사람: 금물.

10. 인삼 요리

1) 인삼튀김

- 인삼(수삼) 4뿌리, 식용유적당량, 소금 1작은술, 물 1컵, 튀김옷-찹쌀가루 4큰술, 녹말가루 2큰술, 소금약간, 밀가루
- 인삼 문질러 씻는다. 머리 부분 자르고 반으로 썬다.
- 물+쌀가루 2~3큰술+녹말가루 넣고 섞어 튀김반죽을 한다.
- 인삼에 마른 밀가루 묻히고 튀김반죽 입힌다.
- 180도 튀김기름에 바싹 튀겨낸다.
- 간장, 설탕, 맛술, 다시마 우린물 넣고 끓여 튀김소스 만든다.
- 튀김소스에 송송 썬 실파, 무즙, 레몬 담아낸다.

2) 인삼팽이냉채

- 인삼 100g, 팽이버섯 100g 키위
- 소스: 키위 1개, 올리브오일 1/2컵, 식초 4큰술, 소금 약간
- 인삼 솔로 문질러 씻고 편 썰기 한다.

· 팽이는 지저분한 밑둥 제거, 고여 있는 물에 여러번 헹궈, 물기 뺀다.(흐르는 물보다 고여 있는 물에 여러번 씻어야 잔류 농약균이 제거 된다)
· 키위, 식용유, 식초, 소금 믹서기에 넣고 간다.
· 접시에 손질한 인삼과 팽이 담고 먹기 직전 키위소스를 뿌린다.

3) 인삼 요구르트

· 인삼 2뿌리, 우유 1컵, 저지방 플레인요구르트 5큰술, 꿀 2큰술, 바나나 1개, 얼음 적당량
· 인삼은 흐르는 물에 깨끗이 씻어 잘게 썰고, 바나나는 껍질 벗기고 잘게 썰어놓는다.
· 얼음과 저지방 플레인요구르트 넣은 후 얼음이 작은 입자 될 때까지 간다.
· 블렌더에 잘게 썬 인삼, 바나나, 꿀 넣고 간다.
· 컵에 인삼요구르트 담고 남은 바나나와 인삼으로 장식하여 낸다.

4) 삼계탕

· 대추 5개, 대파 1뿌리, 마늘 1통, 물 8컵, 소금약간, 영계 1마리, 찹쌀 1/4컵, 후추 약간
· 영계는 깨끗이 씻어 내장 꺼낸 다음 불린 찹쌀과 마늘, 대추 뱃속에 넣는다.
· 실로 꿰매어 내용물이 빠지지 않게 한다.
· 큰 솥에 닭 넣은 다음 흰 파를 넣고 물 넉넉히 부어 푹 무르게 삶는다.
· 살이 물러 뼈가 저절로 빠질 정도가 되면 닭 건져 내어 실 풀고 대접에 담는다.
· 기름 걷어 낸 닭국물 붓는다.
· 먹을 때 소금과 후추가루 넣는다.

5) 인삼닭찜

- 닭 1마리, 인삼 30g, 찹쌀 50g, 소금 5g
- 닭에 소금 뿌려 재워놓고 찹쌀 불군다.
- 닭 뱃속에 인삼 찹쌀 넣고 찐다. 영계인 경우 찹쌀을 쪄서 넣는다.
- 닭고기 익으면 토막으로 썰어 접시 담고 그 옆에 찹쌀 익은 것과 납작하게 썬 인삼 놓는다. 찔 때 나온 즙은 닭토막 위에 친다.

6) 인삼의 효능

- 당뇨병 예방 및 치료
- 암의 치료 및 예방
- 혈압조절
- 동맥경화 및 고지혈증치료
- 신체 저항력 증진 기능
- 방사능 방어 기능
- 에이즈 바이러스 증식 억제
- 환경호르몬의 독성 예방
- 중금속 해독 능력
- 눈을 밝게, 지혜를 슬게, 강장 보혈작용, 혈압 조절작용
- 산후 허약 열날 때: 인삼 당귀 같은 양 가루낸 것 8~12g 멥쌀 반홉 파 두대 함께 달여 마신다.
- 소아 발육 부전증: 인삼, 오미자 1:2 비율 섞어 가루 내어 1회 0.5~1g씩 하루 3번 먹는다.
- 여성냉병(이슬): 인삼물에 끓여 하루 2번 식전 적당히 마신다.
- 영지+인삼: 영지 20g, 인삼 20g 끓여 즙 걸러내, 2번 먹인다. 기혈 보해 심신 안정, 위장 튼튼, 가래 삭혀, 혈액순환 원활. 각암환자 좋고, 불면증 · 협심증 · 만성기관지염에 효과가 있다.

- 젖 빨지 못할 때: 인삼 4g 달여 하루에 세번 먹인다.
- 인삼가루 37.5g 돼지기름 3.75g 술에 타서 장기 복용하면 기억력이 높아지고 피부가 윤택해진다.
- 인삼 400g 생강 500g 꿀 1kg에 물을 붓고 달여 15~20g씩 마시면 식욕이 증진한다.
- 저혈압: 인삼가루 4~6g씩 하루 3번 먹는다.
- 전신 나른, 식은땀, 차고 잔등 시린데: 호두씨(호도인), 인삼 각 10g 끓여 식전에 취식한다.
- 자궁내막염: 인삼 3뿌리 1홉 물에 달여 하루 2회 마신다.
- 인삼의 힘, 혈관을 지킨다.
- 혈관은 18세가 넘으면 늙기 시작하고 탄력도 떨어지게 된다. 노화된 혈관을 탄력적인 젊은 혈관으로 재생시키는데 큰 효과가 있다.
- 인삼에 퇴행성 뇌 질환 치료 물질이 있다.
- 인삼에 파킨슨병, 헌팅턴병 같은 퇴행성 신경질환 치료에 도움이 되는 물질이 들어있다는 연구결과가 나왔다.
- 진세노사이드의 비밀--서울대 암연구소의 방영주소장은 고려인삼에서 진세노사이드 성분 중의 하나인 'IH-901'이라는 성분 추출, 화기삼과 중국삼에 없는 대사물질이다.
- 기억력·알츠하이머병에 효과--국제 심포지엄에서 고려 인삼 장기간 복용하면 기억력이 좋아지고, 치매환자의 인지 능력도 호전된다는 실험 결과 발표가 있다.

천일염, 세계 제일의 소금인가?

천일염

- 세계 제일로 알려진 프랑스 그랑드 소금보다 좋다.
- 천일염의 성분이 탁월하다.
- 그랑드 소금은 프랑크톤, 천일염은 갯벌이다.
- 토판 생산이어야 한다.
- 생산, 가공, 유통체계 수립

1. 역염전의 추진전략

- 지역염전의 추진전략: 염전 명품화, 지역 명소화, 미래 산업화 상품 세계화

2. 중점세부 추진사업

- 유해요소 제거: 염전시설개선과 롤 델 제시
- 토판염전 조성과 고부가가치소금 생산
- 연구센터 조성과 군유염전 운영
- 소금 테마로 체험장, 전시장, 전통소금(자염) 재현 등 학습, 놀이, 문화 공존의 테마 공간조성
- 갯벌 활용 관광 상품 개발과 생산

단계별 지역염전 추진전략

사업내용	세부사업
1단계: 염전 명품화	친환경 생산단지 조성사업, 염전표준화 및 현대화 시설개선사업 , 염전 주변 환경개선사업
2단계: 지역 명소화	테마공원 조성사업, 체험관/ 전시관 사업, 관광벨트 조성사업
	미래 산업화 연구센터 조성사업, 갯벌을 활용한 관광 상품 생산, 슬로푸드 체험 신산업화 사업
3단계: 상품세계화	기능성 연계상품개발, 해외마케팅/홍보사업, 해외시장 개척사업, 해외 마케팅 채널 구축

3. 고부가가치소금생산

□ 고부가가치소금생산

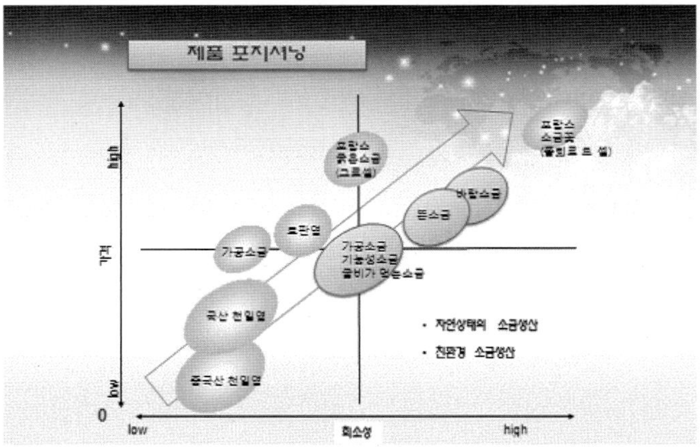

4. 송화가루 바람 소금

- 천일염 생산시기는 지역 따라 약간 차이, 4월 중순~10월 생산, 4~6월 사이 전체 생산량 50% 이상이 생산된다. 이중 송화가루가 날리기 시작하는 5월경에 생산되는 소금을 일반적으로 최고의 소금으로 분류한다.
- 주변 소나무에서 날라온 송화가루가 염전결정지에 부유하고 송화가루와 함께 소금꽃 피고 결정되게 된다.
- 송화가루 바람소금은 송화가루와 함께 소금꽃이 바람에 밀려 결정이 가라앉기 전에 채취하는 방식이다.
- 이와 같은 소금은 프랑스 게랑드의 소금꽃(플뢰르 드 셀)과 채렴 방식이 비슷하나 송화가루가 날리는 시기가 1개월 가량임을 감안하면 그 채취량과 휘귀성은 게랑드의 소금꽃 보다 10배 이상 귀한 소금이다.

5. 뜬 소금(자연 소금 꽃)

- 뜬소금(자연소금꽃)은 프랑스 게랑드 소금꽃(플뢰르 드 셀)과 같은 채렴방식 소금이다.
- 뜬소금의 채렴과 건조, 유통방식의 개선만으로 어떠한 가공도 거치지 않고 친환경적인 고부가가치 소금을 생산할 수 있다.
- 채렴방식은 소금꽃이 피기 시작하면, 도구(고무레 등)를 이용하여 한곳으로 모으고 뜰채를 활용하여 채렴하는 것이다.

6. 기능성 소금

- 우리나라에서 기능성을 추구하는 소금: 첨가물 가미의 해초, 함초, 황토, 고구마, 다시마 등이 있으며 굽거나 태워서 만드는 등 이미 수십 가지 기능성 소금이 개발됐다.

- 영광 지역 내에도 함초소금, 황토소금, 죽염 등 다양한 형태의 가공소금이 개발되고 있다.
- 향후 추구해야 할 기능성 소금: 지역로컬푸드(고추, 홍화씨, 모시잎 등)를 활용한 소금개발이 필요하다.

7. 천일염: 합리적인 유통체계 수립

- 유통: 국내유통, 국외유통
- 국내유통: 군유통, 지역유통, 대도시 유통 등
- 권역별, 계층별, 염종별 유통체계 수립 시행
- 군내유통: 군내 연관 산업, 연관 가공산업에 천일염 사용
  - 6대 가공식품 연계: 연구, 제품생산, 제품가공
  - 테마공원과 연계 이용
  - 군내 식당, 식품, 가정용 소비 천일염.

8. 천일염 지역유통

지역유통과 대도시유통: 국내 유통채널, 천일염 도매시장, 농업협동조합, 염업조합 등 이용판매

- 지역: 통신판매, 직거래, 향우회 통한 주문거래, 군 유통회사 이용 판매 병행
  천일염 생산 생산자는 단체 결성 통하여 조직화, 생산 유통의 선진화 이루며 세계화를, 한국 천일염 우수성, 최 우수성 홍보로 브랜드 충성도 제고되어야 함
- 천일염 국외유통: 국외유통은 세계적 유통전략 수립
  - 국내 관광객
  - 국가별 한국인 및 외국인 그로서리, 식당, 교회, 단체를 대상으로 설명서, 홍보자

료, 브랜드, 포장, 광고 등을 통한 거래확대

- S-T-P(시장세분화, 목표시장 선정, 위상정립) 전략 수립 추진

9. 유통의 전제조건

- 세계 제일 천일염 제품생산 (고부가가치 생산물, 위해요소 완전제거, 생산도구 기술 선진화, 종합처리)이 이루어져야 한다.
- 4P(가격, 상품화, 유통, 촉진활동) 이루고 세계적인 브랜드(포장의 단위화, 세계화)로 마케팅 전략으로 디자인 조정 통합 (DECOMAS) 통한 제품 홍보와 세계화를 이룸 아울러 신용 있는 거래가 이루어 져야 한다.

10. 세계화 전략 필요

- 게랑드소금 뛰어 넘는 세계화 전략 필요.
- 게랑드소금: 천일염 생산, 가공, 유통 비교분석으로 국내외 위상, 마케팅 연구 필요.
- 세계 생산량: 2억1천만 톤, 갯벌 천일염 30만 톤.
- 발효식품:고추장,된장, 간장, 김치, 천일염, 젓갈
- 좋은 제품생산, 등급화 차별화 시행, 브랜드 만들고, 브랜드 충성도 높여. 전문경영인 통해 인터넷 마케팅, 통합 마케팅, 연계 마케팅, 이력시스템 도입 등 통하여 S-T-P 전략 수립.
- 마케팅: 천일염 세계화포럼도 중요

11. 천일염 생산

- 생산의 현대화-토판화

- 친환경 천일염 생산을
- 생산자 단체 주도-교육이 선행돼야
- 생산단지의 위해 화 요소 제거를
- 생산관련 도구의 친환경적 개선
- 관련 가공식품의 활성화
- 관·산·학 연계를 통한 생산의 선진화를
- 전문경영인의 활용도 바람직

12. 천일염 유통

- 생산자단체 주도의 유통을
- 교환기능, 물리적기능, 거래조성기능 원활
- 불량소금의 발본색원과 불법거래자 엄벌
- 세계제일의 소금 유통의 긍지를
- 세계시장의 개발, 홍보, 국제 마케팅을
- 먼저 국내 유통질서의 정착을
- 천일염 연관산업 육성을
- 전문 경영인 활용도 바람직

13. 문제점과 개선방안

- 생산: 생산자 단체, 전통적인 생산방식, 자금, 생산기술과 교육, 위해 요소, 견문과 아이디어 부족, 관 산 학 협조부족: 핑계
- 유통: 유통 주체 부재, 경영자의 미숙과 자신감부족, 경영유통실력 자신감부족, 제1.2.3.기능과 실력 없음. 생산자들의 미숙련, 무지, 공포
- 정부와 관계기관: 일 기피, 두려움과 염려, 공무원기질, 책임소재, 관계기관의 영리계산

14. 천일염의 발전방안

- 생산의 근대화 선진화
- 친환경 천일염 생산체계의 수립 추진
- 생산자 단체의 성장, 발전, 숙련, 자신감
- 전문 경영인의 유입
- 정부 주도의 경영 유통
- 관련 유통 전문인의 유인
- 관 산 학 협조체계의 활성화
- 지역 관련 전문가의 활용

김치와 우리식품의 세계화

1. 김치의 어원

- 沈菜 = 채소 소금물에 담가
- 지(漬) = 지방에서의 호칭
- 沈菜 = 제사 때
- 젓국지, 짠지, 싱건지 = 궁중에서
- 예전 = 漬
- 고려시대 = 염지(塩漬)<동국이상국집>
- 1600년대 = 지히(漬菜)<酒方文>
- 지히, 지 ☞ 저 ☞ 침저, 짠지, 젓국지, 싱건지 ☞ 침채 ☞ 팀채 ☞ 딤채, 딤채조 ☞ 김채 ☞ 김치

2. 김치의 명칭

- 국어 김치: 배추나 무 따위 소금 절여, 고춧가루, 파, 마늘, 생강 따위 여러 양념 넣어 버무린 뒤 발효시킨, 우리나라 고유 저장 식품
- 영어 김치: 1) kimchi 2) pickled vegetables 3) pickles
- 한자 菹 김치 저, 늪제 뜻: 김치. 젓갈. 육장(肉醬). 절이다. 소금에 절게 함. 마른풀. 늪. 풀이 무성한 늪.
- 활용: 瓜菹(과저) 醬菹(장저) 蔥菹(총저) 含菹法(함저법) 熟菹(숙저)
- 중국어 김치: 泡菜
- 일본어 김치: キムチ

3. 김치의 역사

- 2,600~3,000년 전부터 기록
- 시경, 여씨춘추, 석명
- 한나라
- 상고시대
- 삼국시대 이전
- 신라, 고려: 나박김치와 동치미 개발
- 수수보리지(쌀가루와 채소 소금 절인 것): 중국→백제→일본

4. 김치의 종류

- 무류: 총각 김치, 알타리 김치, 빨간 무김치, 숙김치, 서거리 김치, 채 김치, 비늘 김치, 무청 김치, 나박 김치, 애무 김치, 단무지, 열무감자 김치, 비지미, 무 묶음김치, 무 백김치, 굴 깍두기, 명태 깍두기, 대구 깍두기, 풋고추 깍두기, 동아 섞박지 김치, 낙지 섞박지, 무 명태 김치, 무 국화 김치, 무배 김치, 무장아찌, 무말랭이, 파김치, 무

짠지, 무 섞박지, 무 겉절이 김치, 알 깍두기, 굴 깍두기, 아마기 깍두기, 명태 깍두기, 숙갓 깍두기, 우엉깍두기, 숙 깍두기, 쑥갓 깍두기, 대구알 깍두기, 풋고추잎 깍두기, 배추 섞박지김치, 동채 섞박지

- 엽채류: 갓김치, 뽕잎 절임, 고들빼기김치, 시금치 김치, 얼갈이김치
- 과채류: 오이지, 토란김치, 도라지 김치, 더덕 김치, 고구마 김치, 감김치, 우엉 김치, 토마토 김치
- 파, 마늘류: 실파 김치, 황해도 파김치, 마늘 쫑 장아찌, 쪽파 김치, 실파 겉저리 김치, 파 짠지, 오징어 파김치, 풋마늘 김치, 파강회 김치, 전라도 파김치, 마늘 장아찌, 파 생채
- 기타 야채: 오이깍두기, 인삼오이 김치, 오이 소박이, 소박이 김치, 호박 김치, 깻잎 김치, 미나리 김치, 냉이 김치, 시금치 김치, 콩나물 김치

5. 한반도의 지역과 김치

- 전라도 – 갓김치, 고들빼기김치, 동치미
- 경상도 – 콩잎김치, 부추김치, 깻잎김치, 우엉김치
- 제주도 – 동지김치
- 충청도 – 굴 석박지, 총각김치, 무짠지, 시금치김치
- 강원도 – 서거리 김치, 갓 김치, 창란젓 깍두기, 더덕 김치, 가지김치, 장김치(간장김치), 해물김치
- 서울, 경기도 – 보쌈김치, 배추김치, 장김치, 나박김치, 열무김치, 오이김치, 감동젓김치, 석박지, 비늘김치

6. 김치를 이용한 음식

- 김치찌개: 배추김치와 고기 등을 넣어 끓여 먹는다.
- 김치전: 밀가루 반죽에 김치와 돼지고기 잘게 다져 지져 내는 음식이다

- 두부김치: 김치 고기와 양념 볶은 뒤 데운 두부 곁들여 먹는다.
- 김치볶음밥: 김치와 채소와 고기 등 여러 재료 밥 함께 볶는 음식이다.
- 김칫국: 새콤 김치와 싱싱 콩나물에 맑은 물, 쌀뜨물 넣고 소금 간해 끓인 뒤 두부와 마늘, 파를 썰어 끓이면 된다.
- 김치김밥: 김치와 밥 주재료로 달걀, 깻잎, 햄, 게맛살등 재료들 김으로 싸는 김밥의 한 종류이다.

7. 대한민국의 김치 교역

- 광주·전라남도 김치사업단: 2004년 김치 수출 대상국 중 금액면에서 상위 3국: 일본, 미국, 대만
- 일본이 거의 전부 차지하며, 2위 미국, 일본의 2%
- 김치 수입: 2003년 이후 급증. 김치 수입량은 2002년 1,051톤, 5억 원가량
- 2004년 73,000톤, 300억 원으로 급증. 2004년 수출 34,000톤에 1,000억 원 정도인 반면, 수입은 73,000톤, 300억 원 정도
- 양으로는 수입량이 수출량 두 배 가량, 비싼 김치 수출하고 싼 김치 수입하는 현상

8. 김치의 특징(유산균 발효과정)

- 여러 미생물: 당, 유기물질 분해시 나오는 에너지 이용 발효과정 이끌어 간다.
- 발효 시작: 재료 당분, 아미노산, 비타민, 무기질 등과 녹아있는 소금, 민감 반응 보이며 미생물 직 간접 도와줌
- 발효 진행 동안 일반 병원균, 부패균 등 서서히 죽고, 소금에 잘 견디며 공기 필요 않은 유익 유산균 급격 증가
- 유산균 작용으로 생긴 젖산, 초산 등과 탄산가스, 소량 알코올 등, 김치 특유 상쾌, 새콤한 맛과 향 낸다.
- 최고 맛 이르렀을 때 김치는 비타민 등 함량도 최고

9. 김치재료의 영양소

- 김치 주재료: 열량 매우 낮으나 비타민, 및 무기질 함량 등 생리적 조절 작용 물질들 함량 높은 것 특징이다.
- 고춧가루, 멸치젓 및 굴은 단백질과 지방질 함량 높다.
- 무기질 중 칼슘과 인은 대부분 재료에 많고 특히, 고춧가루, 새우젓, 멸치젓 및 굴에 많다.
- 카로틴(비타민 A) 및 최근 생리적 활성이 두드러진 플라보노이드류는 주로 녹색이나 황색, 적색 띄는 배추, 파, 당근, 고춧가루 등에 많고 비타민 C는 배추와 고춧가루가 주 공급원이다.
- 고춧가루: 재료 중 색깔과 맛에 크게 영향 끼치는 향신료, 카로틴과 비타민 C함량 높다.
- 고추 매운 성분 캡사이신: 위액 분비 촉진뿐만 아니라 살균작용도, 적당량 사용될 때 면역세포 활성 증가한다.
- 생강: 특수 성분 진저롤이 함유, 식욕 증진 체내 자극 주어 혈액순환에 좋은 효과 있고 발한작용과 항균 작용이 있다.
- 재료는 주로 새우젓과 멸치젓이 사용, 저장기간 중 단백질이 아미노산으로 분해되어 고유 맛과 향기 이루고 뼈는 분해되어 흡수되기 쉬운 칼슘으로 지방은 저급 지방산 및 유리 지방산으로 된다.
- 새우젓: 칼슘 함량 높으며 지방이 적어 담백한 맛
- 멸치젓: 열량과 지방함량, 필수아미노산, 칼슘 함량 등 높아 영양증진 및 맛에 중요한 역할.
- 젓갈첨가는 지역적으로 다소 차이 있지만 김치 향미형성에 가장 중요한 재료 알려져 있다.
- 굴: 바다 우유라고 알려질 만큼 영양가 높으며 단백질, 지방질 및 당질 함량 높고 비타민 B군 등 함량 높다.

- 다른 영양소들 - 비타민 C와 카로틴 공급원은 채소류로부터 유래되고 김치내의 중요한 영양성분중 하나는 식이 섬유소이다.
- Ca, Fe, K, P 등 무기질 공급원으로 매우 중요한데, 특히 Ca 함량 높다.
- 열량: 배추김치인 경우 32kcal/100g로 낮으며 동치미는 수분함량 많아 9kcal. 배추김치 경우 칼슘 45mg, 인 28mg, 철 0.4mg 등 무기질 함량 높고 비타민A 함량 높다.
- 이런 채소류는 비타민 C, 카로틴, 비타민 B 복합체 및 Ca 비롯 여러 무기질 공급원, 사용되는 젓갈이나 어패류는 양질의 단백질과 Ca의 주요공급원이다

시민 아카데미

■ 적극적 대화법

■ 가정의 화합의 어려움

■ [생활법률] 법률로 보는 세상(1) : 혼인

■ [생활법률] 법률로 보는 세상(2) : 고령사회

전남대학교 명예교수

법학박사 **정 환 담**

적극적 대화법

강의 목표

1. 서 론 : 대화의 의미와 중요성

옛말에 "여우하고는 살아도 소하고는 못산다" 사람은 대화를 통하여 의사를 소통하고, 사람사이의 결합이 이루어진다. 대화는 작게는 가정의 화합의 길이며, 크게는 국가와 세계 통일의 길이다.

2. 모든 인간관계의 문제는 대화를 통하여 해결한다

심지어 폭력적 관계도 대화로 종결된다.

1) 짠발짠의 경우

딸이 나에게 질문을 하였다. "우리집이 어려워져서 짠발짠의 경우처럼 되면 아버지도 우리 가족을 위하여 빵을 도둑질을 할 것인가요?" 나는 가족의 토론을 유도한 다음 그 문제에 내조된 문제점을 골라낸 다음 풀어서 대답하였다.

2) 친구 부인의 무례한 요청

친구와 그 부부들이 모여 식사하는 자리에서 한 친구가 다른 친구에게 절친한 사이라고 믿고 함부로 말을 하였다. 그 상대방의 부인은 자존심이 강해서 공개적으로 그 남편의 친구를 비난하였다. 분위기가 불편해져서 내가 나서서 서로 원만한 분위기를 유도하였다. 그때 그 친구 부인이 나를 향하여 "정교수 나에게 술 한 잔 따라 주시요"라고 요구하였다. 나는 매우 당황하였다. 이때에 술을 따를 것인가 거절할 것인가가 순간의 문제였다. 그러나 나는 모든 자존심을 억누르고 모두의 분위기를 살리기 위하여 모두의 체면과 자존심을 다치지 않도록 쟁점을 제시하고 풀어가면서 그 부인에게 술을 따라드렸다.

3) 버스 정류장의 벤치에서 애인을 껴안고 계속 키스하고 있는 학생에 대한 대처

전남대 정문 앞의 버스 정류장에서 학생들이 하교하고 있는 동안에 한 건장한 젊은이가 애인을 껴안고 용기를 과시하고 있었다. 그 앞을 지나면서 나와 눈이 마주쳤는데도 버티고 있었다. 정류소 옆의 은행에서 돈을 찾아 가지고 나오면서 보니까 그때까지 버티고 여자를 껴안고 키스하고 있었다. 이러한 태도는 옳지 않다는 생각이 들었다. 나는 어떠한 마음으로 그 젊은이의 마음을 움직여서 평정심을 갖게 하느냐를 깊이 생각하였다. 그리고 그들을 기분 좋게 설득하였다. 나로서는 나 자신을 이겨 내는 좋은 경험이었다.

4) 가족법 개정에 대한 KBS심야토론에서

호주제와 전통가족제도의 보존을 주장하려고 참석하였다가 뜻밖에 미모의 여자 변호사로부터 지극히 곤란하고 무례한 공격을 받았다. "정교수님, 한국이 세계에서 고아수출의 제1등 국가인줄을 아시나요. 그리고 고아수출은 한국의 호주제 때문인 것도 아시나요, 모르시나요. 한국의 고아들을 수출하자고 호주제도를 보존하자는 것인가요" 전국의 시청자들이 보고 듣고 있는 가족법의 심야토론에서 순간에 망신을 당하게 되었다. 그때에 나는 상황을 똑바로 보면서도 그 젊은 변호사를 사랑하는 후배를 편하게 타이르듯이 사안을 설명하고 그 후로 토론에서 명성을 얻게 된 사례가 되었다.

3. 토론과 대화의 기본적 자세

1) 절대로 상대방을 이기려고 하지 말 것, 그러나 진다고 포기하지도 말 것
2) 공격과 방어가 대화를 통하여 서로간의 주장에 보완이 되고 보충이 되도록 할 것
3) 공격과 방어가 대화를 통하여 인간적인 신뢰와 호감이 되도록 여유를 가지고 관련 문제들을 확대하여 나아갈 것

4. 끝으로 자기의 열린 마음으로 상대방에게서 받은 좋은 인상과 교훈 등을 상대방에 전달하여 장래를 위한 인간적 결속의 계기를 만들 것.

가정의 화합의 어려움

– 가정이 살아야 나라가 산다 –

강의 목표

1. 가정은 인간의 탄생과 성장의 터전이다.

인간의 모든 기초는 가정을 통하여 형성된다. 사람은 태어나면서 삶을 체험하게 되고, 삶의 터전인 가정에서 생존의 의지처를 체험한다. 신뢰와 사랑을 체험하면서 그의 성품의 방향과 강도가 결정되어간다.

화합의 방향에서 성격이 결정되면 그 성격은 일생동안의 성품의 기초를 이룬다. 그러나 갈등과 투쟁의 체험으로 성격이 결정되면 그 성격은 고쳐지기 어렵다.

가화만사성(家和萬事成)-가정에서 배우고 익혀진 화합적 성품은 모든 사회의 영역에서 화합의 역학을 주도하는 사람으로 역할을 맡게 된다. 가정에 시련이 와도 화합의 정신으로 이를 풀어가려고 한다. 그러나 갈등과 투쟁으로 체질을 만든 사람은 공동체보다는 개인의 입장과 이해관계로 모든 문제를 풀어가려고 하므로 공동체의 리더가 되기 어렵다.

2. 가정의 어려움 속에서 화합을 지켜온 사례

1) 우리 어머니의 이야기

6.25동란으로 남편(우리 아버지)를 잃고 자녀 4형제를 길러 오신 우리 어머니의 교훈.

나이가 들어갈수록 그동안 몰랐던 어머니의 교훈과 사랑을 깨달아 가면서 어머니의 기대에 배신했던 것을 느낀다. 자식은 나이가 들수록 자기 자식들을 키워볼수록, 부모의 마음을 안다고 한다. 지금은 돌아가신 부모의 마음속에서 가정화합의 지혜를 찾을 수 있다.

2) 우리 할머니의 이야기

18세에 우리 집에 시집오셔서 7형제 집안의 종부로서 31세에 혼자되셔서도 우리 집안의 대가족의 단합과 우애를 지켜 오신 우리 할머니의 삶과 교훈, 우리들은 할머니로부터 무수하게 많은 가정화합의 지혜를 배워왔다. 특히 할머니와 어머니와의 고부간 만남의 이어지는 결혼생활을 하는 우리 후손들에게 금옥 같은 교훈이 된다. 그래서 나는 그 분들의 전기 속에서 그 분들의 마음의 행위를 정리하여 보려고 준비하고 있다.

3) 6·25 피난가족 이야기

6·25동란을 통하여 북한에서 월남하여 아들 2, 딸 2의 4남매를 데리고 우리 고향으로 들어와서 어쩔 수 없이 자식을 위하여 부잣집 제취부인으로 들어가서 살면서도 자녀 4남매를 키워 오신 친구의 어머니의 모습을 국난속의 한국의 어머니의 전형적인 모습이었다. 그 분들의 삶의 모습과 자녀들, 특히 큰아들 내 친구의 모습을 생각하여 본다.

4) 어려운 가정의 상황에서도 자녀를 기르고 가정을 지켜온 대표적인 국난속의 여인인 나의 일곱째 종조부모님의 삶의 이야기이다. 일곱째 작은 할아버지의 3번째의 부인으로 들어오셔서 앞의 그 부인들의 남은 자식을 돌보며 당신 자식을 키워 오시다가, 6.25때 남편을 잃고도 꿋꿋하게 가정을 지켜온 부인의 이야기이다.

5) 효부 당숙모이야기 - 우리 집에 효부가 많다. 그 중 한분을 소개한다.

6) 금호 박인천 선생 댁의 화합 - 노마나님의 덕화, 미국인 며느리도 우애의 중심이 되었다.

7) 미국으로 시집간 막내딸 이야기

3. 가정의 화합의 중심 - 합의의 기술(토론)

1) 가족 간의 의사의 소통을 고집을 떠나서 합의의 여유를 갖는 것이 절대로 필요하다.

2) 자기의 의도나 목표를 가족의 공동의 목표속의 한 부분이며, 가족이 모르는 자기만의 목표를 추구하는 순간에 화합은 깨어지기가 쉽다.

3) 가정에는 서로간의 의사표현이 자유로워져야 한다. 그러나 각자의 의견의 표현의 기회는 꼭 주어져야 한다.

4) 가족의 합의는 원칙적으로 만장일치이여야 한다. 다만 부득이 한 경우는 다수결의 원칙을 따른다.

4. 가정의 파탄과 위협과 갈등의 예방, 해소

1) 부모와 자식 간

父子有親. 맹자 이루(離婁)편 군자는 왜 자식을 직접 가르치지 않는가요.

2) 부부간 – 夫婦有別

3) 형제간 – 長幼有序

4) 시어머니와 며느리간 등의 갈등은 무엇보다 어른들이 미리 생각하여 서로 대비하게 하고, 또한 격의 없는 대화와 인격존중의 풍토가 중요하다.

5) 동서간의 우애가 가정의 큰 우애의 기초가 된다. 오늘날 동서간의 우애를 보기가 참 어렵다. 가족제도의 한계의 문제이다.

5. 결 론

1) 여유 있는 어른의 역할

2) 전통을 보고 익히게 하고 강요하여서는 안된다.
맹자 이루편의 자식의 교육 - 자식과의 대화

敎學相長, 　敎學相親, 　敎學相敬

[생활법률] 법률로 보는 세상(1) : 혼인

강의 목표

1. 혼인제도의 의의와 그 중요성

: 닭이 먼저냐. 달걀이 먼저냐. 부부가 먼저냐 부모자식(친자)이 먼져냐: 하는 밀접, 불가분의 관계이다.

혼인제도는 1남 1녀간의 성적 및 공동 생활적 결합을 죽을 때까지 일생동안 배타적으로 유지하기로 한 일종의 신분적 계약이다. 혼인은 부모·자식간의 친자관계와 더불어 가족제도의 기초가 되는 것이므로 인류 역사에 있어서 가장 오래되고 근원적인 제도이다. 따라서 혼인과 가족은 인류 역사상 가장 원초적이고 기본적인 제도의 기초이며, 모든 사회제도가 그 위에 쌓여서 올라가는 밑바닥 제도이다.

그러므로 혼인과 가족제도는 근본적으로 개인들에게 멋대로 하도록 맡겨둘 수 없는 공동체의 기초이다.

하나가 멋대로 가면, 다른 것도 멋대로 간다. 그 결과는 전체가 멋대로 간다. 그러므로 혼인제도가 깨어지면 사회제도도 무너진다.

2. 혼인제도의 법제적 기본구조

- 1부1처제
- 양당사자간의 합의
- 객관적인 혼인의 공시(알람)

- 문서화 = 혼인의 신고와 기록
- 혼인의 법적 효력의 중대성

3. 비정상적 혼인관계 이야기

- 처제와의 재혼
- 이산가족과 중혼 : 내가 가족법을 전공한 이유
- 혼외 동서와 정조 의무
- 일부다처 가족
- 처가살이 가족

4. 혼인제도의 불안정성(오늘날의 흔들림)

1) 적정한 혼인과 변태적 혼인

중혼, 계약동거, 집단동거, 위장혼인, 근친혼(상간)

2) 혼인질서의 큰 변화 – 혼인 기피 시대

① 혼인의 감소

② 이혼의 증가 → 재혼의 증가

③ 혼인의 기피 → 다문화 가정

→ 해외이민 결혼

3) 혼인의 불안성에 따른 법률문제

① 자녀와의 문제

- 친자관계, 편친자 관계, 입양관계, 친·양자 관계

② 이혼과 별거에 따른 재산문제, 위자료문제, 부양문제

③ 황혼 이혼의 문제

화제의 사건들

- 친·양자 문제
- 동성혼인 관계
- 최진실법 문제, 친권의 박탈
- 종중과 문중문제(종원, 문종원 문제)
- 오늘날의 호적 문제
- 동성자간의 혼인 문제
- 인공수정과 친자관계

5. 기본적인 가족제도는 유지되어야 한다. : 기본적 틀

- 성씨와 가계는 계승되어야 한다.
- 혼인은 타성끼리 하여야 한다.
- 가족 공동체는 유지되고 보존되어야 한다.

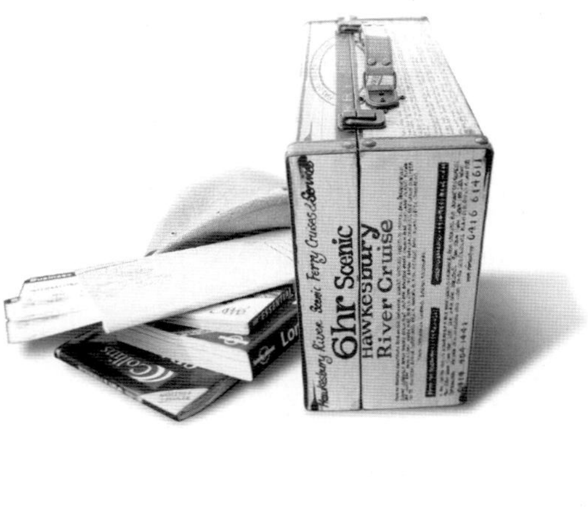

[생활법률] 법률로 보는 세상(2) : 고령사회

– 노년문화(문화의 완숙의 경지) –

강의 목표

1. 고령사회의 과제 : 말년을 아름답게, 보람 있게

- 고령 세대의 특징

- 점차적 관계의 정리 준비기 - 사회적, 직업적 관계 정리
- 누적적 다원적 인간관계의 정리 - 가정적 관계 정리기(과업, 유산), 유언장의 문제
- 능력 감퇴에 대비 - 노인 후견제의 준비
- 모은 노래에는 끝이 있다. - 마음의 준비 훈련
- 아름답게 넘겨주어야 한다. - 교훈의 정리
  늙으면 추하게 간다. 환과고독(鰥, 寡, 孤, 獨)

2. 적극적으로 활동하라 : 自彊不息 動卽活 休卽死

- 적극적으로 독서하고, 글을 쓰다.
- 언제나 현장에 직접 가라.
- 계획은 세워서 활동하라.
- 대화와 토론을 하는 벗을 만들라.
- 적극적으로 봉사하라.

3. 유지하면서 단계적으로 정리하기

- 가정의 유지, 노년기의 능력 유지
  - 가정이 있어야 안정된다.(부모, 자녀, 재산)

- 노년의 정리의 과제
  ① 인생, 개인의 정리 - 회고록
  ② 가족관계의 정리, 유언, 분재, 기증
  ③ 재산의 정리
  ④ 사회적 정리 - 사회적 조직 만들기

4. 노년기의 파탄과 불행대비

- 노년기의 건강 상실 - 질병과 체력 대비, 치매
- 노년기의 가정 파탄 - 황혼 이혼
- 노년기의 생활파탄, 무의탁 노인 → 노인대책에의 관심

5. 노년기의 상호의존, 노인세대간의 결속

- 노인당이라도 만든다.

6. 나의 노년 생활의 구상

- 욕심을 버린다.
- 공부의 의욕을 갖는다.
- 죽는 날까지 봉사한다.
- 감사와 보답과 교훈

시민 아카데미

■ 우리말 한자와 일본어 한자는 어떻게 다른가

■ 한글 자모와 일본의 가나에 대하여

■ 일본어 한자의 음독과 훈독에 대하여

■ 한국어와 일본어에 존재하는 고유한자에 대하여

전남대학교 명예교수

문학박사 **지 경 래**

우리말 한자와 일본어 한자는 어떻게 다른가

1. 머리말

우리말 한자(漢字)는 일본과는 달리 번체자(繁體字/正字)를 쓰고 있다. 번체자란 일본에서 사용하고 있는 한자처럼 속자(俗字)나 약자(略字)로 되기 이전의 본래 글자를 말한다. 예를 들어보면, 讀, 學, 國, 假, 寶…와 같은 글자이다. 그러나 일본에서는 한국에서 쓰고 있는 이와 같은 번체자를 자기들 나름대로 속자나 약자와 같은 쓰기에 편리한 한자로 다듬어 쓰고 있다. 예를 들어, 讀를 読으로, 學을 学으로, 國을 国으로, 假를 仮로, 寶를 宝와 같은 글자이다. 이와 같이 두 나라의 한자 형태가 다른 점에 착안하여 비교해 나아가고자 한다.

1) 번체자란 무엇이고 속자와 약자는 어떻게 다른가

번체자(繁體字)란 필획(筆劃·字劃)이 복잡한 형태의 본디 글자를 말한다. 다시 말하여 한자의 점과 획을 생략하지 아니하고 본래 있는 그대로 쓰고 있는 글자(正字·正格)를 이른다. 이에 대하여 속자(俗字)는 우리의 일상 언어 생활 속에서 통속적으로 두루 쓰이는 문자로서, 번체자를 간편하게 쓰기 쉽고 편리하게 다듬어 놓은 글자를 말한다. 누가 만들었는지 언제부터 쓰이게 되었는지 알 수 없는데, 남들이 쓰고 있으니까 나도 그저 쓰고 있는 글자라는 것이다.

예를 들면 竝에 대하여 並, 拂에 대하여 払, 巖에 대하여 岩, 稱에 대하여 称, 恥에 대하여 耻, 따위이다. 그리고 약자(略字)란, 말 그대로 한자의 점이나 획수의 일부를 줄여 간단하게 쓴 글자. 예를 들면, 會를 会로, 國을 国(囯)으로, 聲을 声으로, 廳을 庁, 醫을 医와 같이 간략하여 쓰는 글자를 말한다. 한편, 이 두 가지 속자나 약자의 차이를 느낄 수 없는 경우가 많아서 인지 이희승(1966)『대국어사전』민중서관 마지막 장에서는 한자 정속 자체표(漢字正俗字體表)」라는, 별도의 표를 만들어 이 두 가지를 그냥 정자·속자라고만 정리하고 있다. 이것을 보더라도 약자(略字)·속자(俗字) 이 두 가지는 구별하기 어려움이 사실임을 알 수 있다.

2) 같은 한자인데도 두 나라의 쓰임새가 이렇게 다를까

나라가 다르면 생활 문화 환경 또한 다르기 마련이다. 우리나라와 일본은 가까운 나라이면서도 바다를 사이에 두고 있어서 인지 여러 면에서 문화적 차이를 많이 느끼게 된다. 정확한 기록이 남아 있지 않아 자세히는 알 수는 없지만, 일본도 먼 옛날에는 문자가 없었다. 따라서 우리나라처럼 중국으로부터 한자라는 문자를 빌려와 쓰기 시작하였다. 빌려온 당시에는 우리나라나 일본 다 같이 중국에서 쓰고 있는 글자 번체자 그대로 받아들여 사용하였다. 일본도 우리처럼 상당 기간 본래의 한자 번체자를 그대로 쓰고 있었다. 그러다가 일본은 번체자는 획수가 복잡하여 불편함을 느낀 나머지 1946년을 전후하여 획수가 간단하고 쓰기에 편리한 본래 쓰고 있던 속자나 약자 가운데 필요한 글자를 선택하여 쓰는 경우도 있고, 일본 나름대로 쓰기에 편한 방법으로 획수를 줄이거나 간략하게 다듬어 사용하기에 이르렀다. 소위 축소 지향형(縮小指向型)의 일본인 기질이 이런 곳에서도 잠재적으로 드러나고 있음을 엿볼 수 있다. 이것이 같은 한자를 수용하여 쓰고 있으면서도 역사적 배경이나 그 나라 언어 환경 관습에 따라 달리하는 문자의 모습이라 말할 수 있다.

3) 우리나라와 일본은 옛날 한자를 어떻게 썼을까

먼 옛날 우리나라와 일본 사람들은 중국으로부터 한자를 수입하여 어떻게 이용하였을까. 그리고 말(입)로는 어떻게 표현했던 것일까. 그 증거로 지금까지 남아 있는 다음 두 가지 예를 보자. 충청남도의 지명 '대전(大田)'을 들 수 있다. 옛날 문자가 없었던 시절, 말만으로 모든 것을 표현하던 그 당시에는 이 지명을 우리 고유어(토박이말)로 '한밭'이라고 표현해 왔다. 이렇게 쓰던 우리 고유어 '한밭' 에다가, '大田' 이라는 한자를 붙여 쓰면서 우리 식 음(音讀)으로 읽었다. 지금의 서울 '한강(漢江)' 역시 본래는 '한가람' 이라는 우리 고유어로 쓰이던 말이었다. 그 뒤로 '漢江' 이라는 한자를 여기에 붙여 '한강' 이라는 음(音讀)으로 읽어 오늘에 이르게 되었다. 이와 같은 예는 이 밖에도 많이 있다. 이렇게 된 역사적 배경을 보면, 일찍이 우리는 신라(742∼765) 경덕왕(35대) 때 여러 제도를 당나라(618~907) 식으로 고칠 무렵 국내의 지명 역시 한자식으로 모두 고치게 되었다. 이 때 우리 고유어로만 써 오던 한자도 음독으로 바꾸어 읽기 시작하였던 것이다.

가까운 나라 일본도 東京(도쿄, とうきょう)는 일본식 한자음 그대로 읽고 있는 지명이다. 그러나 '羽田'라는 한자로 된 공항을 '하네다(はねだ)'라는 훈독(訓讀)인 일본 고유어(토박이말)로 읽고 있다. 또 유명한 관광 명소 '아타미(あたみ)'라는 곳도 일본 고유어로 이같이 표현하던 것을, 그 뒤로 '熱海'라는 한자를 붙여 '아다미' 라고 고유어로 읽고 있다. 이와 같이 옛날 7~8세기 무렵에는 우리나라나 일본은 두 지명을 자기 고유어로 읽고 있었다는 공통점이 있다. 그러나 그러면서도 또 다른 점이라면 우리나라는 고유어로 읽던 말을 한자어로 바꾸면서 우리 식 한자음(音讀)으로 바꿔 읽는데 반해서 일본은 고유어로 읽던 말을 한자어로 바꾸면서도 일본식 고유어 그대로 읽고 있다는 차이가 있다.

그러던 것을 언제부터인가 우리나라는 음과 훈을 병용하여 읽던 습성이 점점 사라지고 한자를 보면 음(소리,音讀)으로만 읽는 습관이 생겼다. 그러나 일본은 7~8세기 무렵의 한자에다가 순수한 자기 나라 음(소리)과 고유어(훈,뜻)를 병용하여 읽는 습성을 오늘날도 변함없이 지켜오고 있다. 이런 점이 오늘날의 두 나라 문자 생활의 차이점이라 하겠다.

4) 한자는 어느 나라 글자인가

현재 우리가 쓰고 있는 한자는 어느 나라 글자(문자)인가 하고 물으면, 그저 얼른 듣기에는 무슨 당연한 사실을 가지고 그렇게 묻고 있을까 하고 생각하기 쉽다. 그러나 이렇게 엄연한 사실을 우리들은 일상 언어 생활에서 너무나 가볍게 여기고 있기에 다 같이 생각해 보고자 던진 질문이다. 잘 알고 있다시피, 먼 옛날 우리나라에 문자가 없었다. 때문에 하는 수 없이 중국으로부터 한자라는 글자를 빌려다 쓰기 시작하였다. 그러다가 조선조 세종(1443~1446)에 이르러 비로소 우리 고유문자 한글을 갖게 되었다. 그 이후부터 중국에서 빌려온 한자와 함께 쓰며 오늘에 이르렀다. 그렇다면 우리나라에서 사용하고 있는 한자가 어느 나라 문자인가라는 답이 나와 있다고 본다. 오늘날에는 이와 같은 우리 고유문자 한글과 한자 이외에도 각종 외래어, 외국어와 언어 생활을 같이 하고 있다. 그러므로 우리 글 한글과 구분하기 위하여 중국에서 들여 온 글자 한자(漢字)라고 이름만 달리 쓰고 있을 뿐 한글과 함께하는 우리 문자라는 사실을 알아야 한다.

5) 지금도 우리는 한글과 한자를 병용하자는 찬반이 있다

1970, 80대만 하더라도 한글과 한자를 병행하여 쓴 서적과 신문 잡지를 많이 볼 수가 있었다. 그러나 오늘날의 우리나라 서적과 책자 그리고 신문 잡지를 보면 특정 서적과 신문 한 두 기지를 빼고는 거의 한자를 발견할 수가 없다. 그 원인을 우리는 그냥 무심코 넘길 것이 아니라, 어째서 이렇게 변화되었을까를 깊이 생각해 볼 필요가 있다. 일본은 번체자에서 속자, 약자로 나름대로 변형시킨 것 외에는 오늘날도 옛날과 변함없이 한자와 고유어(훈)를 병용하고 있다. 두 나라 다 한자 권인데도 왜 이와 같은 차이가 생겨났을까. 쉽게 말하자면 일본은 한자를 음과 훈 두 가지를 옛날부터 오늘날까지 고수하고 있는데 대하여, 우리는 한자를 음만으로 읽는 습성 때문에 한글과 한자를 병용하지 않고도 문자생활을 할 수 있다는 말도 있다. 이점을 어떻게 타개할 것인가가 이제부터의 과제라 할 수 있다.

6) 맺음말

지금까지'우리말 한자와 일본어 한자는 어떻게 다른가'를 살펴 보았다.

가까운 나라이면서도 먼 나라 일본의 한자를 우리말 한자와 비교해 보았다는 데서 의의를 찾을 수 있겠다. 위에서 언급된 바와 마찬가지로 일본도 먼 옛날 우리나라처럼 중국으로부터 한자라는 문자를 빌려와 쓰기 시작하였다는 공통점이 있다. 빌려온 당시에는 우리나라나 일본 다 같이 중국에서 쓰고 있는 글자 번체자 그대로 받아들여 사용하였다.

일본도 우리처럼 상당 기간 본래의 한자 번체자를 그대로 쓰고 있었다. 그러다가 일본은 번체자는 획수가 복잡하고 쓰기에 불편함을 느낀 나머지 획수가 간단하고 쓰기에 편리한 속자나 약자 가운데 필요한 글자를 선택하여 쓰는 경우도 있고, 일본 나름대로 쓰기에 편한 방법으로 획수를 줄이거나 간략하게 다듬어 사용하기에 이르렀다. 그러나 우리는 예나 지금이나 변함없이 번잡하기 짝이 없는 번체자를 고수하고 있다. 이것이 오히려 한자를 멀리하는 원인이 아닐까 필자는 생각해 본다.

한글 자모와 일본어 가나에 대하여

1. 머리말

한글 자모(字母)는, 동양철학에서 말하는 온 세상을 이루는 天[하늘/천]**(·)**, 地[땅/지] **(ㅡ)**, 人[사람/인]**(ㅣ)**의 세 가지 곧 삼재(三才)의 제자 원리를 바탕으로 하여 ㅏ ㅑ ㅓ ㅕ ㅗ ㅛ ㅜ ㅠ ㅣ와 같은 한글모음(母音) 열 개를 만들고, 다음으로 인간의 발성기관을 본떠서 ㄱㄴㄷㄹㅁㅂㅅㅇㅈㅊㅋㅌㅍㅎ과 같은 한글자음(子音) 열 네 개를 만들었다. 이와 같은 자음ㄱ과 모음ㅏ를 합하게 하면 **'가'**라는 음절이 만들어지고, 자음ㄱ과 모음 ㅏ와 자음ㄱ 셋을 합치게 하면 **'각'**과 같은 음절이 이루어져, 동시에 여기서 소리와 말이 되게 하였다. 이를 표음문자(表音文字)라 한다.

이에 대하여, **일본 가나**(仮名)는 한자 일부의 획을 따서 阿→ア, 伊→イ, 宇→ウ, 江→エ, 於→オ/加→カ, 幾→キ, 久→ク, 介→ケ, 己→コ와 같은 가타카나(カタカナ)를 만들었다. 다음으로 한자의 초서체(草書體)를 이용하여 安→あ, 以→い, 宇→う, 衣→え, 於→お/ 加→か, 幾→き, 久→く, 計→け, 己 →こ와 같은 히라가나(ひらがな)가 이루어졌다. 이와 같이 일본의 가나는 한자의 일부를 따거나 한자의 초서체를 이용하여 만든, 한 음절 전체를 한 단위로 보는 문자이기 때문에 이를 음절문자(音節文字)라 부른다.

1) 한글 자모란 구체적으로 무엇을 말하는가

한글의 자모(字母)란, 표음문자(表音文字)의 음절(音節)을 이루는 단위, 곧 하나하나의 글자를 말한다. 예를 들면, 'ㅏ·ㅑ·ㅓ…'에서 시작하여 'ㅜ·ㅡ·'로 끝나는 'ㅏㅑㅓㅕ ㅗ ㅛ ㅜ ㅠ ㅡㅣ' **10**개의 모음과 'ㄱ·ㄴ·ㄷ…'에서 시작하여 'ㅌ·ㅍ·ㅎ'으로 끝나는 'ㄱㄴㄷㄹㅁㅂㅅㅇㅈㅊㅋㅌㅍㅎ' **14**개 자음의 순서와 배열의 **24**개가 한글 자모이다.

한글 자모는 초성(初聲) 'ㄱㄴㄷㄹㅁㅂㅅㅇㅈㅊㅋㅌㅍㅎ'와 중성(中聲) 'ㅏㅑㅓㅕㅗㅛㅜㅠㅡㅣ' 그리고 초성을 다시 쓰는 종성(終聲 'ㄱㄴㄷㄹㅁㅂㅅㅇㅈㅊㅋㅌㅍㅎ'의 이 세 자모를 가지고 음절을 만들어 소리와 말이 되게 한다. 예를 들면, 초성ㄱ과 중성ㅏ와 초성을 다시 쓰는 종성ㄱ이 합하여 '각, 간, 갇, 갈, 감, 갑, 갓, 강, 갖, 갗, (갘), 같, 갚, (갛)'과 같은 세 자모가 한 음절을 이룬다는 점에서 음절문자(音節文字)라고도 한다. 그리고 이와 같은 음절(각, 간, 갇 갈, 감, 갑, 갓, 강…)이 다시 하나하나 따로따로 ㄱ/ㅏ/ㄱ'처럼 분리가 가능한 문자이므로 음소문자(音素文字)라고도 부른다. 한글은 이 밖에도 'ㅊ·ㅋ·ㅌ·ㅍ·ㄺ·ㅄ·ㅀ…'과 같은 복자모(쌍자모)와 같은 음소문자도 있다.

2) 일본의 자모란 구체적으로 무엇을 말하는가

일본어의 자모는 'か·き·く·け·こ' / 'あ·い·う·え·お'와 같은 음절 하나하나를 한 단위로 보는 것을 음절문자(音節文字)라 한다. 오십음도(五十音図) 곧 일본의 かな(仮名)를 학계에서는 엄격히 자모라 하지 않는다. 왜냐하면, 'か·き·く·け·こ' / 'あ·い·う·え·お'와 같은 일본 자모는 음소문자(音素文字)인 한글 자모 'ㄱ' 'ㅏ' 'ㄱ'(각)나 영어 자모 'b' 'o' 'y'(boy) 처럼, 음절을 둘 이상으로 분리하거나 쪼갤 수 없는 문자이기 때문이다. 그러나 일본 안에서는 가나를 자모라 보고 있다.

3) 한글은 어떻게 하여 만들어졌는가

모음을 좀더 구체적으로 보면, 한글은 天(천/天圓 '•'), 地(지/地平 'ㅡ'), 人(인/地立 'ㅣ')의 삼제(三才)를 기본으로 하여 만들었다. '•'는 하늘을, 'ㅡ'는 땅을, 'ㅣ'는 사람을 뜻한다. 이 같은 모음에는 우주의 원리와 음양의 철학이 숨어 있다. 하늘(•) / 땅(ㅡ) / 사람(ㅣ) 즉, 동그라미(•)와 가로(ㅡ) 세로(ㅣ)를 가지고 'ㅏㅑㅓㅕㅗㅛㅜㅠㅡㅣ(10)'와 같은 글자로 모음이 이루어지게 하였다.

자음은 인간의 발성기관(구강口腔 입안, 입에서 목까지의 공간)의 모습인 입술(ㅁ), 이(ㅅ), 혀(ㄱ/ㄴ), 목구멍(ㅇ)의 모양을 본떠 만들었다. 구체적으로 말하면, 자음은 발음할 때의 입 모양을 본뜬 것이다. 어금닛소리(牙音훈민정음의 ㄱㅋㄲㆁ…) 'ㄱ(기역)'은 혀뿌리가 목구멍(喉音)을 막는 모습을, 혓소리(齒音) 'ㄴ(니은)'은 혀끝부분이 입천장에 붙는 모습을, 입술소리(脣音) 'ㅁ(미음)'은 입술의 모습을, 잇소리(齒音)'ㅅ(시옷)'은 이(빨)의 모습을, 목구멍 소리(喉音) 'ㅇ(이응)'은 목구멍의 모습이다. 쉽게 말하면, 'ㄱ'과 'ㄴ'은 혀 모양이고, 'ㅁ'은 입술 모양이다. 그리고 'ㅇ'은 목구멍 모양을 그대로 본떴다.

4) 일본어의 가나는 어떻게 하여 만들어 졌을까

(1) 일본어의 가나

히라가나(平仮名)는 뜻 글자인 한자를 초서(체)화하여 만든 문자이고, 가타카나(片仮名) 역시 뜻 글자인 한자의 일부 획을 따서 만든 글자이다. 그런데 히라가나와 가타카나(가나)는 뜻 글자인 한자와는 전혀 다른 성질의 소리 글자인 표음문자로 태어났다. 다시 말하여 한자(漢字)는 한자한자(一字一字) 의미(意味)를 나타내는 표의문자(表意文字「뜻글자」)인데, 여기에서 탄생한 가나(かな) 즉 <u>ひらがな</u>(平仮名)와 <u>カタカナ</u>(片仮名)는 그 글자 자체가 한자처럼 의미(뜻)을 나타내는 글자가 아니라, 음(音) 곧 소리만을 나타내는 표음문자(表音文字)로 새롭게 탄생하였다는 점이 흥미롭다.

여기서 한 가지 주의해야 할 일은, 한국 고유문자의 명칭이 「한글」이라면, 일본 고유문자의 명칭은 「가나」이다. 「가나」에는 '히라가나(平仮名)'와 '가타카나(片仮名)'의 두 가지가 있다. 이 둘을 합하여 「가나(仮名)」라 부른다. 따라서 누군가가 일본 문자의 명칭이 무엇이냐고 물으면'히라가나, 가타카나' 라고 대답하지 않고 「가나(仮名)」입니다라고 답해야 한다.

(2) 가나의 자원(字源)

한자를 초서화하여 만든 글자 [히라가나]

安→あ, 以→い, 宇→う, 衣→え, 於→お / 加→か, 幾→き, 久→く, 計→け, 己→こ / 左→さ, 之→し, 寸→す, 世→せ, 曽→そ / 太→た, 知→ち, 川→つ, 天→て, 止→と / 奈→な, 仁→に, 奴→ぬ, 祢→ね, 乃→の / 波→は, 比→ひ, 不→ふ, 部→へ, 保→ほ / 末→ま, 美→み, 武→む, 女→め, 毛→も / 也→や, 由→ゆ, 与→よ / 良→ら, 利→り, 留→る, 礼→れ, 呂→ろ / 和→わ, 袁→を, 无→ん /

한자 일부의 획을 따서 만든 글자 가타카나

阿→ア, 伊→イ, 宇→ウ, 江→エ, 於→オ / 加→カ, 幾→キ, 久→ク, 介→ケ, 己→コ / 散→サ, 之→シ, 須→ス, 世→セ, 曽→ソ / 多→タ, 千→チ, 川→ツ, 天→テ, 止→ト / 奈→ナ, 二→ニ, 奴→ヌ, 祢→ネ, 乃→ノ / 八→ハ, 比→ヒ, 不→フ, 部→ヘ, 保→ホ / 末→マ, 三→ミ, 牟→ム, 女→メ, 毛→モ / 也→ヤ, 由→ユ, 与→ヨ / 良→ラ, 利→リ, 流→ル, 礼→レ, 呂→ロ / 和→ワ, 乎→ヲ, 尔→ン

5) 한글과 일본 가나는 어떤 점이 다른가

한글은 일본 가나처럼 어떠한 기존의 문자(글자)를 가지고, 그것을 이용하여 어형의 변형과정을 거쳐 만든 문자(글자)가 아니다. 앞서 설명한 문자를 이루는 한글 자모를 보면 알 수가 있다. 한글의 **모음**(母音)은 천체나 우주 원리를 바탕으로 하여 만든 것이고, **자음**(子音)은 인체의 일부인 발성기관(口腔구강)의 원리를 본떠 만들었다. 따라서 한글은 독창적인 표음문자(表音文字)이자 음소문자(音素文字)인 것이다.

이에 대하여, 일본의 가나는 중국에서 빌려온 한자를 가지고 여러 가지로 한자 어형을 변형하여 만든 초서체와 한자 일부 획을 따서 만들었다는 데서 차이점을 찾을 수 있다. 따라서 일본 가나는 한글과 같은 표음문자(表音文字)이지만, 한글처럼 음소문자(音素文字)가 아닌 음절문자(音節文字)에 속한다.

6) 표의문자, 음절문자, 표음문자는 어떻게 다를까

첫째, 표의문자(表意文字)는 그림에 의하거나 사물의 형상을 모사(模寫) 즉 무엇을 흉내내어 그대로 나타내는, 시각(視覺)에 의하여 의미를 전달하는 한자와 같은 문자를 이른다. 다시 말하자면, 한자처럼 그 글자 하나 하나하나에 뜻(의미)을 지니고 있는 문자(글자)를 말하는 것이다. 예를 들면, 「山」하면 '뫼'라는 뜻을 나타내는 글자이고 ↔ 「산」하면 오로지 소리만을 나타내는 글자이다. 또 「川」하면 내(개울)라는 뜻을 나타내는 글자이고 ↔ 「천」하면 소리만을 나타내는 글자이다. 「人」하면 사람이라는 뜻을 나타내는 글자이고 ↔ 인하면 소리만을 나태는 글자이다. 두 번째로, 음절문자(音節文字)란 일본어의 가나 'か'

'き' 'く' 'け' 'こ'/'あ' 'い' 'う' 'え' 'お'의 하나 하나의 글자를 한 음절로 보는 문자를 말한다. 바꿔 말하면, 'か(ka)' 'き(ki)' 'く(ku)' 'け(ke)' 'こ(ko)'/'あ(a)' 'い(i)' 'う(u)' 'え(e)' 'お(o)'를 로마자(영어)로 발음되게 하여봐도 이 'かきくけこ' / 'あいうえお'의 한 글자 한 글자는 그 이상으로 나눌(쪼갤) 수는 없다. 그러므로 일본 가나를 음절문자라 하는 것이다. 세 번째, **표음문자**(表音文字)는 사람의 말소리를 기호로 나타내는 문자(글자)인'한글'이나 '로마자'와 같은 단음문자와 가나와 같은 음절문자로 나뉜다. 한자의 '天하늘/천'에서 '하늘'은 뜻(의미)를 나타내고, '천'은 표음 즉 소리만을 나타낼 뿐, '하늘'과 같은 뜻(의미)이 들어 있지 않은 글자를 말한다. 그래서 표음문자를 순수한 우리말로 '소리글자'라고도 한다.

넷째, **음소문자**(音素文字)란 표음문자의 한 갈래로서, 예를 들면 '**가**'라는 하나의 음절은 ㄱ(음소)+ㅏ(음소)=**가**(음절)로, 그리고 '**각**'이라는 하나의 음절은 ㄱ(음소)+ㅏ(음소)+ㄱ(음소)=**각**(음절)과 같이 분리 될 수 있는 문자를 이른다. '한글'과 '로마자'가 여기에 해당한다.

7) 맺음말

이상 '한글 자모와 일본의 가나에 다하여' 살펴 보았다. 한마디로 말하면, '한글'은 일본 '가나'처럼 어떤 기존의 문자(글자)를 가지고, 그것을 이용하여 어형의 변형과정을 거쳐 만든 글자가 아니다. 자모인 한글의 **모음**(母音)은 천체나 우주 원리를 바탕으로 하여 만든 것이고, 자모인 한글의 **자음**(子音)은 인체의 일부인 발성기관(口腔구강 입안, 입에서 목까지의 공간)의 원리를 본떠 만들었다. 따라서 한글은 어디까지나 독창적인 표음문자(表音文字)이자 음소문자(音素文字)에 속한다고 학자들은 말한다.

이에 대하여, 일본의 **가나**는 일찍이 중국에서 빌려온 기존의 한자를 바탕으로 하여 여러 가지로 한자 어형을 변형하여 만든 초서체 히라가나와 한자 일부 획 즉 한자 일부 또는 한 쪽만을 따서 만들었다는 가타카나가 있다. 따라서 일본 가나는 한글과 같은 표음문자(表音文字)이지만, 한글처럼 음소문자(音素文字)가 아닌 음절문자(音節文字)에 속한다.

일본어 한자의 음독과 훈독에 대하여

1. 머리말

먼 옛날 한자가 일본에 전파될 무렵에는 중국어의 발음도 동시에 전해졌을 것이다. 말 또한 오늘날의 영어처럼 중국에서 쓰고 있는 현지 원음에 가깝게 발음하려고 애 썼을 것으로 생각된다. 따라서 자연히 한자를 중국어 식 음(소리)으로 읽는 습관이 형성되었으리라. 그러다가 나라가 다르고 세월이 흐름에 따라 일본 나름의 언어 환경이 형성되면서 한자를 읽는 습관도 중국식 **음독**(音讀)에서 일본식 음독으로 변해 가고 다양해진다. 동시에 일본 토박이 말을 한자로 읽는 **훈독**(訓讀)이라는 습성도 생겨난다.

옛날에는 일본과 마찬가지로 우리나라 역시 한자를 읽을 때는 일본과 마찬가지로 음독(音讀)과 훈독(訓讀)으로 읽었다. 그러나 일본은 음독과 훈독으로 읽는 습관이 오늘날까지도 유지되고 있으나, 우리는 도중에 중국처럼 훈(새김/뜻/의미)은 머리 속에 담아두고 음으로만 읽고 쓰고 기록하는 습관이 되어버렸다.

그 뒤로 우리나라는 중국처럼 훈(새김/뜻/의미)은 머리 속에 담아두고 음으로만 읽고 쓰고 기록하는 습관이 생겨나면서 옛날에 훈독하면서 거기에 담겨 있던 우리의 고유 토박이 말도 점점 없어지고 음으로 읽는 한자어만이 늘어나 오늘에 이어지고 있다. 그러나 일본은 음독과 훈독 두 가지로 읽는 습관이 오늘날까지 유지되면서 오히려 일본의 고유어인 토박이 말 또한 풍부하게 살아남아 있다.

우리는 한자를 음으로만 읽는 습관 때문에 오늘날까지 고유어 즉 토박이말에 묻어 있는 옛 우리말을 살려내지 못하고 있지만, 일본은 예부터 오늘날까지 계속해서 고유어 즉 토박이말을 한자로 쓰고 읽어내려 온 덕분에 음으로 읽는 어휘도 고유어인 토박이말도 오늘까지 풍부히 살아있게 되었다는 사실을 알 수 있다.

1) 음독과 훈독이란 구체적으로 무엇을 말하는가

음독(音讀)이란, 말 그대로 한자를 읽을 때 음(소리)으로만 읽는 것을 말한다. 그리고 훈독(訓讀)은, 한자를 읽을 때 한문의 훈(새김/뜻/의미)을 새기어 말이나 글의 뜻을 알기 쉽게 풀이하여 읽는 것을 말한다.

일본어에 대한 음독의 예부터 보기로 하자, 『山』이라는 한자를 「さん」〔san〕으로, 『水』이라는 한자는 「すい」〔sui〕로, 『朝』라는 한자를 「ちょう」〔cho〕로, 『雨』라는 한자는 「う」〔u〕로, 『空』라는 한자를 「くう」〔kū〕라고 읽는 것이 그것이다. 이와 같이 읽는 것을 **음독**(音讀)이라고 한다. 여기서 말하는 음독(音讀)이란 중국어의 원음에 가까운 음이기는 하지만, 중국어의 음독을 말하는 것이 아니라 일본에서 쓰고 있는 일본식 음독을 말한다.

한편, 한자가 일본에 전래되기 전에도 일본에는 일상 생활에서 쓰는 일본 고유의 말(토박이어)이 있었다. 이 토박이말에다 한자를 부합(附合)시켜서 읽는 습관이 생겼다. 예를 들면 『山』이라는 한자는 「やま(yama)」로, 『水』이라는 한자는 「みず(mizu)로, 『朝』라는 한자는 「あさ(asa)」로, 『雨』라는 한자는 「あめ(ame)」로, 『空』라는 한자는 「そら(sora)」와 같이, 본래부터 있었던 토박이말에다 한자를 붙여 일본의 훈(뜻/의미)으로 읽고 있다. 이것을 **훈독**(訓讀)이라 한다. 이것 역시 일본에서 쓰고 있는 일본식 훈(뜻/의미)을 말한다. 즉, 일본 토박이말을 한자로 읽는다는 말이다.

2) 우리나라와 일본의 음/훈의 다른 점

음(音)과 훈(訓)은 본래 한자에서 유래되었다. 하나의 한자에는 「음」과 「훈」이 있다. 한국인은 '天'이라는 한자를 읽을 때 '하늘'이라는 훈(새김/뜻/의미)은 머릿속으로 생각하고, '천'이라는 음만을 가지고 쓰거나 말한다. 중국도 우리와 마찬가지로 훈은 머리 속에 접어 두고 음만을 기록하거나 입으로 표현한다. 구체적인 예를 들어 보자.

한국은 天자를 음으로 '천'이라고 발음한다면, 중국은 '티엔' 〔tiān〕이라 발음한다. 그리고 일본은 '텐' 〔ten〕으로 발음한다. 그러나 일본은 중국이나 한국처럼 훈(새김/뜻/의미)은 머릿속으로 생각하고 음만으로 읽거나 쓰는 것이 아니라, 음과 훈 두 가지를 필요에 따라 발음하고 쓰고 기록한다. 예를 들면, 일본은 天라는 한자를 '텐' 〔ten〕이라고 발음하면 음이고, 「아마/아메」〔ama/ame〕라고 발음하면 훈(새김/뜻/의미)이라는 일본 고유어(토박이말)인 것이다. 이와 같이 한자에다 훈(새김/뜻/의미)을 부합시켜 직접 한자로 또는 일본문자 가나(仮名)로 읽고 쓰고 표현한다. 이 점이 음만을 쓰고 읽고 기록하는 한국과 중국과는 다른 점이라 하겠다.

3) 음과 훈, 음 · 훈을 혼용해서 읽는 글자와 음으로만 읽는 글자

(1) 한 글자

安(あん·안)/愛(あい·아이)/医(い·이)/宇(う·우)/課(か·가)/故(こ·고)/査(さ·사)/春(しゅん·)/夏(か·카) /秋(しゅう·슈) /冬(とう·토)/士(し·시)/性(せい·세)/祖(そ·소)/損(そん·손)/段(だん·단)/茶(ちゃ·차)/他(た·타/对(たい·대)/步(ほ·호)/武(ぶ·부)/父(ふ·후)/內(ない·나이)/一(いち·이치)/二(に·니)/能(のう·노)/波(は·하)/美(び·비)/相(そう·소)/地(ち·지)……

(2) 두 글자

천지(てんち·텐치)/帽子(ぼうし·보우시)/普通(ふつう·후쓰우)/領土(りょうど·료도)/肯定(こうてい·코우테이)/協力(きょうりょく·쿄료쿠)/展示(てんじ·텐지)/条件(じょうけん·죠겐)/到着(とうちゃく·토 쿠)/電車(でんしゃ·덴샤)/火事(かじ·카지)/漢字(かんじ·칸 지)/家事(かじ·카지)/学生(がくせい·가쿠세)/玉音(ぎょくおん·교쿠온) ……

(3) 세 글자

自動車(じどうしゃ·지도샤)/自轉車(じてんしゃ·지텐샤)/住宅地(じゅうたくち·주탁치)/人間性(にんげんせい·닌겐세)/外国人(がいこくじん·가이코쿠징)/放送局(ほうそうきょく·호소쿄쿠)/看護師(かんごし·칸고시)/問題点(もんだいてん·몬다이텐)/扇風機(せんぷうき·센푸키)/計算機(けいさんき·케산키)/運動場(うんどうじょう·운도죠)……

이상 세 가지 어휘를 보면, **(1) 한 글자**는 음(音)으로 읽는 경우가 대부분이지만 경우에 따라서는 훈(訓)으로도 읽는 때가 있다. **他**는 'ほか'로, **相**은 'あい'로, **地**는 'つち'로 읽는

것이 그것이다. 그리고 **(2) 두 글자**로 쓰인 단어들은 거의 음으로 읽고 있다. **(3) 세 글자**의 단어 역시 음으로만 읽는다. 그러나 **(1)(2)(3)으로** 쓰이는 것 가운데 성격에 따라서 음/훈 혼용으로 읽는 말도 있다.

훈으로만 읽는 한자

(1) 한 글자

春(はる·하루)/夏(なつ·나츠)/秋(あき·아키)/冬(ふゆ·후유)/相(あい·아이)/箱(はこ·하코)/壁(かべ·가베)/木(き·키)/親(おや·오야)/男(おとこ·오토코)/女(おんな·온나)/魚(さかな·사카나)/山(やま·야마)/川(かわ·가와)…/ **(이하 동사)** 居(い)る·이루)/動(うご)く·우고쿠)/買(か)う·카우)/売(う)る·우루)/切(き)る·키루)/刈(か)る·카루)/扱(あつか)う·아츠카우)/拾(ひろ)う·히로우)/言(い)う·이우)/立(た)つ·타츠)/見(み)る·미루)… / **(이하 형용사)** 悪(わる)い·와루이)/美(うつく)しい·우츠쿠시)/寒(さむ)い·사무이)/大(おお)きい·오오키)/少(すく)ない·스쿠나이)/暑(あつ)い·아츠이)/赤(あか)い·아카이)……

(2) 두 글자

初恋(はつこい·하츠고이)/坂道(さかみち·사카미치) /鼻血(はなぢ·하나지) / 並木(なみき·나미키)/ 旅路(たびじ·타비지) /花火(はなび·하나비)/花嫁(はなよめ·하나요메)/真夏(まなつ·마나츠)/ 近道(ちかみち·치카미치)/相手(あいて·아이테)/物音(ものおと·모노오토) /入口(いりぐち·이리구치) /出口(でぐち·데구치)/空手(からて·가라테)……

이상, **훈으로만 읽는 한자** 에서는 **(1) 한 글자 (2) 두 글자**로 된 단어를 예로 들었지만 이 밖에도 세 글자, 네 글자로 된 것 등 다양한 어휘도 많이 있다. 여기서 일일이 다 예를 들 수는 없어서 대표격인 한 글자 두 글자로 된 것만을 예로 삼았다. 이와 같이 일본 한자어의 읽는 방법을 외국인 눈으로 보면 종잡을 수 없는 읽는 방법이어서 혼란스러운 느낌이지만 일본인으로서는 당연하게 여긴다. 이런 점이 외국인으로서는 오히려 일본어에 관심을 갖게 하는 대목인지도 모른다.

(a) 앞에는 음, 뒤에는 훈으로 읽는 한자(음+훈)

音読(おんよみ)·온요미)/訓読(くんよみ)·쿤요미)/本屋(ほんや·혼야)/毎朝(まいあさ·마이아사)/職場(しょくば·쇼쿠바)/落書(らくがき·라쿠가키)/肉色(にくいろ)·니쿠이로)/鉢植(はちうえ)·하치우에)/頭取(とうどり)·토도리)/番組(ばんぐみ)·방구미)/不出来(ふでき)·후데키)/会(かい)する·카이스루)/害(がい)する·가이스루)/演(えん)ずる·엔즈루)/介(かい)する·카이스루)/検(けん)する·켄스루)/記(き)する·키스루)/報(ほう)ずる·호즈루)……

(b) 앞에는 훈, 뒤에는 음으로 읽는 한자(훈+음)

赤信号(あかシンゴウ·아카신고)/赤御飯(あかゴハン·아카고항)/荷物(にもつ·니모츠)/夕刊(ゆうかん·유캉)/身分(みぶん·미분)/係員(かかりいん·가카리잉)/手本(てほん·대혼)/黒幕(くろまく·구로마쿠)/消印(けしいん·게시잉)/相性(あいショウ·아이쇼) /立役(たてヤク·타테야쿠)/土細工(つちザイク·쓰치자이쿠)/内玄関(うちゲンカン·우치겐캉) /表玄関(おもてゲンカン·오모테겐강)/内弁慶(うちベンケイ·우치벤케이)/ 通訳(つうやく·츠야쿠)……

특별하게 읽는 한자

出納(すいとう·스이토)/雑木(ぞうき·조키)/母音(ぼいん·보인)/遊説(ゆうぜい·유제)/流布(るふ·루후)/詩歌(しいか·시이카)/有無(うむ·우무)/口調(くちょう·쿠쵸)/会釈(えしゃく·에샤쿠)/黒白(こくびゃく·코쿠뱌쿠)/赤銅(しゃくどう·샤쿠도)/仮病(けびょう·캐뵤)/手綱(たづな·타즈나)/音頭(おんど·온도)/金物(かなもの·카나모노)/因縁(いんねん·인낸)……

이상 (a)앞에는 음, 뒤에는 훈 (b)앞에는 훈 뒤에는 음으로 읽는 또 다른 단어를 살펴보았다. 그리고 '특별하게 읽는 것'의 예도 몇 가지 들었다. 이것을 보더라도 일본어 한자어가 얼마나 다양하게 읽고 쓰고 있는가를 짐작하게 한다. 이번에는 일본인 이름과 한국인 이름 그리고 중국인 이름의 비교를 통해서 또 다른 읽는 방법을 살펴 보기로 하자.

4) 음과 훈을 혼용하는 일본인의 이름

(일본인 이름)

伊藤博文(이토히로부미)/**安倍**晋三(아베신조)/**池田**惠理子(이케다에리코)/**橋下**徹(하시모토도루)/**阿部**川餅(아베카와모치)/**麻生**太郎(아소타로)/**田中**大秀(다나카오오히데)/**中村**正直(나카무라마사나오)/**菅**義偉(스가요시히데)/**三木**谷浩史(미키타니히로시)/**谷內**正太郎(야치쇼타로)/**稲田**朋美(이나다토모미)/**古川**雅喜(후루카와마사키)/**伊藤**美恵子(이토미에코)/**柄谷**行人(가라타니코징)/**林**真理子(하야시마리코)/**鳩山**由紀夫(하토야마유키오)……

위의 예에서 보듯이 일본인의 이름은 음과 훈을 혼용하여 읽는 경우도 더러는 있지만, 대부분 훈으로 읽는다. 음으로만 읽는 한국과 중국인의 이름 가운데는, 드물게 '**鮮于**煇(선우 휘)' '**諸葛**亮(제갈 량)'과 같은 특수한 두 자로 된 성(姓)씨 한 두 가지가 있다. 이것을 제외하면 **金**大中(김대중)·**李**明博(이명박)·**朴**槿惠(박근혜)처럼 거의가 한 글자 성씨에 두 글자로 된 이름으로 쓰인다. 일본도 읽는 방법은 다를지라도 우리 성씨와 같이 林씨나 柳씨처럼 쓰는 한 글자로 ·야나기 된 성씨도 있다. 그러나 같은 한자를 쓰면서도 한국과 중국과는 달리 읽는 방법이 林(·하야시 はやし) / 柳(·야나기 やなぎ) / 森(모리 もり)처럼 한 글자로 된 성씨이기는 하지만 음이 아닌 훈(새김/뜻/의미)으로 읽는 방법을 우리와 달리 한다. 그리고 일본은 대개가 <u>安倍</u> 晋三(아베 신조)/<u>池田</u> 惠理子(이케다 에리코)와 같이 두 글자로 된 성씨에다 두 글자 이상의 이름을 가진 것이 대부분이다. 이 같이 일본인 이름을 통해서도 한국과 중국은 한자 읽는 방법에서 많은 차이를 느낀다.

그렇다면 일본만 왜 이렇게 한자를 다양한 방법으로 읽게 되었을까, 수 백 년 전에는 일본뿐만이 아니라 한국도 지금의 일본처럼 한자를 음(音)으로 읽기도 하고 훈으로 읽기도 하였다. 6·7세기 경의 우리 이두(吏讀)/향찰(鄕札·歌)식 방법에서 그것을 찾을 수가 있다. 그러던 것을, 한국은 도중에 중국처럼 오로지 음(音)만으로 말하고 읽고 쓰는 습성으로 되돌아가고 말았다는 데서 오늘날 같은 차이를 갖게 되었다.

5) 오로지 음으로만 읽는 중국과 한국인의 이름

(중국인 이름)

(인명) 孫文(쑨원)/蔣介石(장제스)/毛澤東(마오쩌둥)/李建國(리젠궈)/許其亮(쉬치량)/范長龍(판창룽)/鄧小平(덩샤오핑)/韓獻棟(한셴둥)/崔天凱(추이톈카이)/習近平(시진핑)/房峰輝(팡펑후이)/唐家璇(탕자쉬안)/張璉瑰(장롄구이)/魏志江(웨이즈장)/鄭軒棟(쩡셴둥)/呂耀東(뤼야오둥)/載秉國(다이빙궈)/華國鋒(화궈펑)/王琳佳(왕린자)/薄熙來(보시라이)……

(지명) 北京(베이징)/哈爾濱(하얼빈)/大連(다롄)/旅順(뤼순)/圖們(투먼)/陝西省(산시성)/西安(시안)/黃河(황허)/洛陽(뤄양)/重慶(충칭)/吉林(지린)/延吉(옌지)/瀋陽(세인양)/釣魚臺(댜오위타이)/浙江(저장)/江山(장산)/杭州(항저우)/長春(창춘)/南京(난징)/廣州(광저우)/天津(티엔진)/上海(샹하이)/臺北(타이베이)/昆明(쿤밍)/太原(타이유엔)/浦東(푸둥)……

(한국인 이름)

(인명) 安重根(안중근)/李承晩(이승만)/朴正熙(박정희)/尹潽善(윤보선)/崔圭夏(최규하)/全斗煥(전두환)/盧泰愚(노태우)/金大中(김대중)/盧武鉉(노무현)/李明博(이명박)/朴槿惠(박근혜)/姜云太(강운태)/呂俊英(여준영)/文炳山(문병산)/成光洙(성광수)/全甲柱(전갑주)/金英淑(김영숙)/池杜善(지두선)/明必首(명필수)/郭南柱(곽남주)/鄭學人(정학인)……

(지명) 忠武路(충무로)/世宗市(세종시)/光化門(광화문)/南山(남산)/江南(강남)/麻浦(마포)/漢江(한강)/平澤(평택)/水原(수원)/光明(광명)/慶南(경남)/京畿(경기)/仁川(인천)/江原(강원)/原州(원주)/忠州(충주)/忠南(충남)/大田(대전)/全州(전주)/光州(광주)/羅州(나주)/木浦(목포)/莞島(완도)/珍島(진도)/務安(무안)/海南(해남)/大佛(대불)/松汀里(송정리)……

한자로 된 말을 읽을 때, 한국인과 중국인은 일본처럼 음과 훈 두 가지로 읽지 않고 오로지 음 하나로만 읽고 있어 대조가 된다.

6) 맺음말

일본은 지금도 변함없이 음과 훈을 다양하게 이용하고 있다. 여기에 한국어와 중국어에 변화가 있다고 한다면, 한국어는 이제 점점 한자권(圈)에서 벗어나 한글만으로 읽고 쓰고 기록하는 성향(性向)으로 가고 있다. 그리고 중국은 번체자에서 벗어나 간단한 간체자(簡體字) 형태로 표음화(表音化) 경향으로 가고 있다는 점이라 하겠다.

우리의 머릿속에 기억해 두어야 할 것이 있다. 중국에서 빌려온 한자를 읽을 때 우리도 먼 옛날에는 일본과 마찬가지로 훈독(訓読)과 음독(音読)으로 읽었다. 그러나 많은 세월이 흐르면서 우리나라는 중국처럼 훈독 즉 훈(새김/뜻/의미)은 머리 속에 담아두고 음독 곧 음으로만 읽고 쓰고 기록하는 습관이 생겨난 것이다. 때문에 옛날 훈독으로 읽으며 생활할 때, 거기에 묻어 있던 우리의 고유 토박이말까지도 점점 사라지게 되면서, 음으로 읽고 있는 한자어만이 늘어나 오늘에 이르렀다. 그러나 일본은 음독과 훈독 두 가지로 읽는 습관이 동시에 오늘날까지 계속 유지되면서 한자로 읽는 훈독으로 해서 일본의 고유어인 토박이말이 오히려 풍부하게 살아남을 수 있게 되었다는 사실이다.

한국어와 일본어에 존재하는 고유한자에 대하여

1. 머리말

일반적으로 고유문자(固有文字) 또는 국자(國字)하면, 그 나라의 글자 또는 그 나라에서 쓰고 있는 문자를 말한다. 그러므로 현재 우리가 사용하고 있는 문자인 '한글'과 '한자'가 여기에 해당한다 하겠다. 그러나 여기서 말하고자 하는 **고유한자**(固有漢字)/**국자**(國字)란, 우리 말을 표기할 목적으로 기존 한자를 이용하여 새롭게 만든 한자를 말한다. 이는 한자 육서(六書)의 회의문자(会意文字)를 본떠서 필요에 따라 두 개의 한자를 결합하여 만든 이 글자는, 우리나라 입장에서 보면 옛날 고유 문자가 없었던 때 만들어진 것이라, 기존의 중국 글자인 한자보다는 새로운 느낌을 주는 문자라는 점에서 고유한자(固有漢字) 또는 국자(國字)라는 이름을 붙이게 된 것이 아닌가 생각한다. 다만, 이것이 언제부터 쓰이기 시작하였는지에 대하여는 확실한 기록이 없어 아쉽기 그지없다. 이때는 이미 중국에서 가져온 한자가 있기는 하지만, 우리 고유 문자인 **한글**이 있기 전이라서 당시의 사람들로서는 무엇을 표현하는데 필요한, 우리 실정에 맞는 문자가 절실했을 것이다. 그래서 기존 한자를 이용하는 음훈차용표기(音訓借用表記음과 훈을 비려 우리식 방법으로 표기하는 일)가 이미 이루어지고 있었을 것으로 본다.

마찬가지로, 같은 한자 권에 들어 있는 일본도 일본 문화에 존재하는 사물의 개념이나 말을 기록 하기 위하여, 한자 육서(六書)의 회의문자(会意文字)를 본떠서 새로운 문자를 만들었다. 이 같은 고유한자(固有漢字)를 일본에서는 **국자**(國字) 또는 **와지**[和字]라고 부른다. 이미 중국에서 수입한 문자인 한자가 있었음에도 불구하고 필요에 따라 새로운 글자를 만들고자 끊임없이 노력하였다는 것은 일본 역시 자기 나라 실정에 맞는 문자가 절실히 필요했을 것이라 생각할 때 당연한 시도라고 생각한다.

1) 고유한자/국자를 만들 수밖에 없었던 원인이 어디에 있을까

중국 문자인 한자가 처음 우리나라와 일본에 수입(輸入)되었을 때 당시의 사람들에게는 구문체계(構文體系문법체계)와 음운체계(音韻體系음성체계)가 다른 한문과 한자를 소화하여 자기 나라 말을 한자로 표기하는 데는 많은 고충이 있었을 것이다. 그래서 이러한 고충을 조금이나마 해소하여 가면서 자기 나라 말이나 글을 편리하면서도 유익하게 표기하려는 노력의 결과 **고유한자/국자** 와 같은 글자를 만들게 되었다고 본다. 특히 쓰고 있는 기존 한자가 애당초 중국의 문화와 문자 환경에 알맞게 창조된 것이어서 나라가 다른 우리나라나 일본 두 나라의 실정에는 맞지 않다는 사실이 실생활에 나타나기 시작하면서 이를 보충하기 위한 새로운 글자를 필요로 하였을 것이다.

2) 고유한자/국자는 현재 쓰고 있는 한자와 어떤 면에서 다른가

한자는 원래 어떤 물체의 형태나 모양을 그리는 이른바 그림문자 〔象形文字물체의 모양을 본뜬 것〕로부터 발달하였다. 그 후 그림문자와 그림문자를 합쳐서 새로운 의미를 나타내는 문자로 발전하게 되었다. 따라서 우리가 현재 쓰고 있는 한자는 그 제자원리(制字原理)가 육서(六書)의 조자(造字)와 용자(用字) 구조(構造)에 따라 의미를 중심으로 형성된 글자이다.

그러나 우리나라의 고유한자/국자는 육서의 제자원리로 말하면 문자의 의미나 내용과는 관계없이 그 문자의 **음(音/소리)**을 차용하는 '가차문자(假借文字)' 즉 한자의 음만을 발음하는 방식을 취한 글자이다. 반면, 일본의 국자/와지는 우리와는 반대로 음(音/소리)과는 관계없이 그 문자의 **훈(訓뜻/의미)**를 차용하는 「회의문자(會意文字)」 원리에 따라 만든 글자라는 점에서 다르다.

3) 우리 고유한자/국자와 일본 국자/와지는 어떤 면에서 다를까

우리나라의 고유한자/국자의 용례

① 한자와 한글 자모(ㄱ · ㄴ · ㅁ)가 결합한 것

「乬」(걱/꺽) 〔林巨(乬)正)〕 / 「乧」(둑) 〔畓乧(답둑),乧劫(둑겁)〕 / 「旕」(억) 〔旕金(억금)〕 / 「耇」(작) 〔耇德(작덕)〕 / 「乭」(둔) 〔乭乭(둔돌)〕 / 「耂」(놈) 〔耂金(놈금)〕 은 주로 공문서에 있는 것으로 보아 인명이나 지명에 쓰인 것으로 추측된다.

② '隱'의 '阝'이 종성표기(終聲表記)로 쓰인 것

「隱」자의 왼쪽 획 '阝'을 'ㄴ' 종성표기로 사용한 글자로서, 「䢖」(산)'斜+阝'/ '爲+阝' 와 같은 글자가 있다. 그리고 「乭」(둔) 〔乭〕과 같이 한글 자모'ㄴ'를 직접 한자에 붙여 쓴 것도 있다. 인명이나 지명 고문서 등에 쓰였다.

③ '乙'자를 종성표기(終声表記)에 쓴 것

「乫」(갈) / 「乫」(갈) / 「乬」(걸) / 「乺」(솔) / 「乼」(줄) / 「乽」(잘) / 「乤」(할) / 「乻」(올) / 「乷」(살) / 「乻」(얼) / 「乶」(볼,폴) / 「乲」(놀) / 「乯」(굴) / 「乫」(골)……

이와 같이 한자 '乙'자를 붙여 만든 글자들 역시 주로 지명, 인명에 쓰였다. 그 밖에 '乲'(쌀) / '乭,乭'(둘) / '乭'(톨) / '乬'(굴) / '乫,'(갈) / '乻'(울) / '乲'(놀) / '乭' (몰)……이상은 노비명(奴婢名)에 쓰였다.

④ '音'자를 종성표기(終声表記)에 쓴 것

「 」(감)←'可+音'에는 ' 末(감말)' / ' 不里(감불리)' 는 노비명에 보인다.

⑤ '邑'자를 종성표기(終声表記)로 쓴 것

「𠷎」(곱)/ '𠷎乷里(곱살리)'는 奴婢名(노비명)에서 찾아볼 수 있다.

⑥ 'ㅁ匕'를 ㅅ종성표기(終声表記)에 쓴 것

「䒿」(곳) / 「𠲖」(욋) / 「䒿,䒿」(곳) / 「𠱷」(붓) / 「𠲞」(짓) / 「𠲇」(엇) / 「𠳤」(짓) / 「𠲗」

(팟) / 「巪」(돗) / 「𪊧」(잣) / 「𠊱」(굿) / 「䢒」(갓)…인명과 지명에 쓰였다.

이 밖에 〈東國新續三綱行實圖〉에 「ㅁㄱ」(ㄱ)종성표기(終声表記)의 인명 〔無其ㅁㄱ金(무적쇠)〕, 〔注ㅁㄱ德(죽덕)〕, 〔注ㅁㄱ同(죽동)〕과 같은 것도 보인다.

⑦ 'ㅇ'의 종성표기(終声表記)에 쓰인 한자는 하나가 있다

'𠁣'(둥) 〔𠁣起(둥기)〕는 공사문서(公私文書) 에서 찾을 수 있다.

이상의 용례를 보면, 한글자모의 'ㄱ'~'0'가 사용된 사실을 확인할 수 있다. 다시 말해서 기존 한자에 한글 자음 자모를 붙여 우리 고유한자/국자를 표기하려고 애쓴 모습을 읽을 수가 있다. 그러나 자세히 보면 **'ㄱ'~'0'** 가운데 **'ㄷ'** 만이 쓰이지 않았다.

'ㄱ' 'ㄴ' 'ㅁ' 종성표기를 붙여 쓴 글자는 한글 탄생 이후의 고유한자/국자임을 짐작하게 한다. 그러나 '乙'자가 종성표기에 쓰인 '乫'(갈) / '갈'(乬) /(돌) / '乬' (걸) / '亄'(곱)…과 같은 고유한자는 '乙' '邑'과 같은 한자를 종성표기로 쓴 것으로 보아 한글 탄생 이전에 만들어진 고유한자/국자라고 생각한다.

이상은, 국내에서 그 어휘 수가 가장 많다는 한자 사전(옥편) [金相文(1968) 『漢韓大辭典』 東亞 出版社辭典部], 〔金鐘塡(1983) 『韓國固有漢字研究』 集文堂〕와 [컴퓨터 안의 漢字]을 통하여 추출한 것이다. 그러나 컴퓨터 안의 고유한자/국자는 출처가 불분명한 것이 많아 무조건 인용할 수가 없었다. 따라서 고유한자/국자 수는 생각보다는 그다지 많지 않았다. 이 글자들의 면면을 살펴보면, 땅 이름, 사람 이름, 장소, 등 여러 면에 걸쳐 쓰였음을 알 수가 있다. 그리고 오랜 세월 속에서 우리 선인들은 '한글'이 탄생하기 전부터, 또는 '한글'이 탄생한 뒤에도 기존 한자만 가지고는 일상 언어생활이 한계가 있다는 것을 깨달은 나머지 기존 한자에다 결합하기 쉬운 한자를 가지고 한자의 의미나 내용과는 관계없이 그 문자의 음(音/발음)을 차용하는 「가차문자(仮借文字육서의 한 종류)」방식을 본 떠서 우리 식 방법의 표현을 해 보려고 애쓴 흔적이 보인다.

일본의 국자/와지의 용례

일본 역시 고유문자 또는 국자라 하면, 일본 국내에서 쓰고 있는 한자와 일본의 가나(仮名일본 고유문자), 그리고 일본 국내 문자를 통틀어 **국자**라 일컫는다. 그러나 여기 말하는 일본의 **국자/와지**란, 일본도 고유 가나가 존재하기 전부터, 일본문화에 존재하지 않은 사물이나 그에 따른 어떤 개념을 적거나 기록하기 위하여 한자의 제자원리인 육서(六書)의 회의문자(會意文字)를 본떠서 일본 언어 환경에 알맞은 글자를 만들었다고 볼 수 있다. 그 용례를 보면 다음과 같다.

① ‘木’을 이용한 것

「**榊**」(사카키·비쭈기나무) ← ‘**木**’+‘**神**’/「**栂**」(토가·솔송나무) ← ‘**木**’+‘**母**’/**栃**(토치·상수리나무)/**柾**(마사·나무바름)/**椚**(쿠누기·상수리나무)/**椛**(모미지·단풍나무)/**椙**(스기·삼나무)/樫(카시·떡갈나무)/桂(카츠라·계수나무)/梻(시키미·향나무)/榁(무로·두송)/桛(카세·물래가락)……

② ‘魚’를 이용한 것

鰯(이와시·정어리)/**鱈**(타라·대구)/**鮑**(아와비·전복)/**鯰**(나마즈·메기)/**鯖**(사바·고등어)/鮠(하야·날치)/鱫(아이쿄·해묵은은어)/鱩(하타하타·도루묵은어)/鰚(하라카·송어,민어)/鱛(애소·공치)/鯒(코치·바다고기)/鯔(보라·큰숭어)/鯏(아사리·모시조개)/鯐(수바시리·숭어새끼)/鰔(우구이·황어)/魞(에리·물고기(통발)/鱰(시비라·바닷고기)/鱚(키스·서두어)鱇(앙코·천징어) /鰰(하타하타·은어)……

③ ‘예의(禮儀)’에 쓰인 것

躾(시츠케·바른 범절을 가르침)/**俤**(오모카게·용모)/**婲**(타데·멋,예쁘다)……

④ ‘자연(自然)’에 쓰인 것

峠(토게·고개)/**畑**(하타캐·밭)/**硲**(하자마·산골짜기)/凪(나기·잔잔한 바다)/**凩**(코가라시·찬바람)/閊(시카후·걸리다)……

⑤ '조류(鳥類)'에 쓰인 것

鳰(니오·쥐오리)/鵆(치도리·새떼)/鵤(이카루가·산비둘기)/鵢(이스카·대까치)/鵼(키쿠이타다키·오디새) /鶇(츠구미·공새)/鴇(토키·따오기) /蟷(히오무시·하루살이)……

⑥ '기타 다양'하게 쓰인 것

凧(타코·연)/込(코무·닫음)/狆(칭·삽살개)/杣(소마·나무군)/杢(모쿠·목공)/麿(마로·그대, 자네)/枡(마스·되)/粂(쿠메·묵은쌀)/糀(코지·누룩)/辻(츠지·네거리)/俥(쿠루마·인력거(人力車))/辻(츠지·네거리)/躮(세가레·내자식)/褄(츠마·치마)/適(아츠바레·갸륵할,의젓할)/鎹,鎹(카스가이·꺽쇠)……

위의 용례를 통해서 알 수 있듯이, 일본의 **국자/와지**는 한자의 음(音)과는 전연 관계없이 두 개 이상의 한자를 뜻으로 결합시켜 새 글자를 만드는 방식으로 이루어져 있다. 그리고 이 국자/와지는 음(音)이 아닌 훈(訓뜻/의미)으로만 읽는다는 원칙이 있다.

이상에서 고유한자인 국자는, 자세히 보면 기존의 한자에다가 한글 형식의 받침을 붙여 한글 형식으로 읽는 글자가 있는가 하면, 알 수 없는 글자 기호형식ㅁㄴ를 붙여 표현하려 한 흔적이 여러 글자를 통해 발견된다.

그러나, 일본 국자/와지는 한국 국자와는 달리, 육서형식의 회의문자(會意文字) 양식을 충실히 수행하고 있다. 그리고 우리나라의 국자가 지명이나 인명 또는 일상 생활의 물건을 표현하려 했다면, 일본 국자/와지는 생활 주변 그리고 물고기나 자연의 현상에 중점을 두었다는 점에서 차이가 있다.

4) 일본 고유한자/국자는 훈으로만 읽는다

위에서 언급한 榊(사카키·비쭈기나무)/鱈(타라·대구)/躾(시츠케·바른 범절을 가르침)/畑(하타케·밭)/鴇(토키·따오기)/凧(타코·연)/俥(쿠루마·인력거)와 같은 일본 국자/와지는 대부분 명사로서 훈으로만 읽는 것으로 되어 있다. 그러나 일부「働(도우/동)」「搾(사쿠/착)」와 같은 한 두 글자는 관용적으로 음으로도 읽는 습관이 생겨났다.

그 관용적인 예를 보면,「働」와「搾」과 같은 동사성 글자는「働(はたら)く」(하타라쿠)

「搾(しぼ)る」(시보루) 와 같이 동사로 쓰일 때는 훈으로 읽는다. 그러나 「労_働者 (노도샤)」, 「搾乳(사쿠뉴)」와 같은 글자와 결합하여 한 단어(명사)로 쓰일 때는 음으로 읽는 습관이 생겨 오늘날에는 일반적으로 통용되고 있다. 이렇게 하여 만들어진 국자/와지가 일본에는 약 2000여 자 있다고 본다. 이것은 어디까지나 飛田良文/菅原義三(1991) 『国字の字典』東京堂出版를 근거로 한 것이다. 그러나 이 밖에도 그 숫자는 더 있을 것으로 생각된다. 일본 역시 「국자/와지」에 대한 정확한 기록은 찾기 힘들다.

5) 우리나라의 고유한자/국자는 음으로 읽는다

그렇다면 한자권에 들어 있는 두 나라, 고유한자와 국자/와지의 특징이라면, 우리나라의 고유한자/국자는 일반 한자처럼 음으로만 읽는 것으로 되어 있다. 그러나 일본의 국자/와지는 처음부터 훈으로만 읽도록 되어 있다는 차이점이 있다. 우리나라는 후대에 와서도 옛날부터 중국식으로 훈(뜻/의미)는 머리 속에 접어두고 음(소리)만으로 읽고 쓰고 기록하는 습관이 그대로 오늘날까지 이어지고 있다.

그러나, 이와 같은 고유한자/국자의 음독은 후대에 와서 붙여진 것이고, 고유한자/국자가 성립되던 당시에는 우리나라도 음독이 없이 훈독으로만 쓰였던 것으로 추측한다.

6) 맺음말

우리나라와 일본 두 나라는 먼 옛날 자기 나라에 문자가 없었던 때 빌려온 한자를 생활에 적용하려 할 때, 백성들은 구문체계(문법체계)나 음운체계(음성체계)가 다른 한문과 한자를 소화하기란 어려움이 작지 않았을 것이다. 이 과정에서 일상생활에 직접적으로 필요로 하는 문자를 만들어 실생활에 새롭게 적용하려고 고안해 낸 문자가 고유한자/국자라고 생각한다. 따라서 오늘에 사는 후손으로서, 오늘날 우리가 쓰고 있는 문자가 한자와 한글만 존재하는 줄 알았는데, 선인들이 일상생활에 적용하려는 고유한자/국자와 같은 이러한 글자를 만들려고 여러 가지로 애써온 실상을 이와 같은 글자를 통해서 알 수 있었다. 그런 점에서 우리는 이러한 문자에 대해서도 관심을 가지고 이해의 폭을 넓혀갔으면 하는 마음 간절하다.

시민 아카데미

국제사회의 이해

전남대학교 명예교수

정치학박사 **최 영 관**

국제사회의 이해

Ⅰ. 국제사회의 변천

1. 유럽의 변화

오늘날 우리는 세계화(socialization) 시대에 살고 있다. 세계화라는 용어가 우리생활 속에 깊숙이 들어 온 것은 21세기였다. 물론 학술적 용어로 사용된 것은 소비에트 연방체제 붕괴와 함께 세계질서가 양극체제에서 다극체제로 전환되면서였다. 따라서 시기적으로 보면 1985년 고르바쵸프 대통령의 페레스트로이카(개혁)와 글라스노스트(개방) 정책으로 시작 되었다 할 수 있다. 이러한 세계화는 하루아침에 이룩된 것이 아니고 세계 대전 1차·2차 대전을 거치면서 본격화 된다.

세계정치사를 통해 볼 때 근대국가가 성립되기 시작한 것은 17세기부터였다. 그러니까 1688년 영국이 절대군주국가로부터 "왕은 존재하나 통치 하지 않는다." 라고 하는 불문헌법이 자리 잡고 혁명을 통해 공화제를 이룩하면서부터 근대국가가 시작된다. 1789년 프랑스혁명 그리고 1774년 미국의 독립, 그리고 20세기에 들어와 러시아의 혁명 등은 절대군주정을 근대국가로 전환하는 치열한 혁명을 통한 결과였다.

근대국가의 특징은 어떤 형태로든 공화정 이였고 국경의 개념이 분명하게 나타나고 민족개념이 발생하면서 인류사에서 본격적인 민족국가 시대가 도래 한 것이다. 기나긴 중세를 지나고 산업 혁명과, 종교개혁 그리고 문예부흥 등을 거쳐 본격화 된 근세에는 과학기술의 발달로 해외 개척의 시대를 갖게 된다.

대략하면 15세기에서 16세기에는 세계를 포르투갈 제국주의자들이 특히 아프리카를 식민지역으로 확보하기 시작한다. 그리고 17세기에는 네덜란드가 점차 포르투갈 점령지역을 확보해 간다. 그러나 17세기 중엽부터 영국과 프랑스가 네덜란드를 대체하여 아프리카를 점령해 갔다.

19세기가 되면 그러니까 1870년대부터 영국·프랑스·독일·이탈리아·포르투갈·스페인·벨기에 등이 아프리카 연해는 물론 내륙으로까지 주인 없는 영토를 점령하기 시작하였다. 이들 중 영토분할로 일어나는 충돌은 영국과 프랑스였다. 가장 치열한 쟁탈은 나일강 유역과 콩고강 유역인 이집트에 대한 쟁탈이 가장 심하였다. 결국 이들 국가들의 아프리카 점령은 프랑스가 제일 많은 지역을 다음이 영국이 되었다.

아프리카가 서구열강의 식민지화 되는 데는 북부아프리카 즉, 이집트·에티오피아·우간다·나이지리아 등은 봉건제 정치형태를 갖추고 있었으나 남·중·동 지역은 원시사회단계의 형태를 유지하고 있어 쉽게 지배하게 되었다.

이렇게 해서 20세기 초가 되면 아프리카대륙은 에티오피아 라이베리아 등 2개 국가만 남고 전 대륙의 96%가 식민지화된다. 여기서 서서히 아프리카인민들의 반제국주의 운동이 일기 시작한다. 이들의 반제국주의 운동은 주도세력이 봉건황제가 되기도 하고 혹은 초기 자산계급들이 주도하였는데 이중 이집트의 反 英國 투쟁운동과 에티오피아의 反이탈리아 항거 전쟁이 가장 대표적인 투쟁이었다.

한편 서구열강 중 영국은 라틴아메리카로 진전하다. 라틴아메리카는 오랫동안 스페인이나 포르투갈에 의해 지배되어왔다. 그러나 19세기 초부터 일어난 독립전쟁으로 대부분의 나라들이 독립을 한다. 하지만 여전히 라틴아메리카국가들은 정치적으로나 경제적으로 열악하고 낙후된다.

특히 전쟁 당시 식민주의만 반대하였지 봉건주의 체제는 극복 하지 못하였기에 봉건잔재가 많이 남았고, 새로운 장원제도가 형성된다. 장원제는 전쟁 중 식민지로부터 몰수한 대부분의 토지를 전쟁 중 장군이나 고급관료들에 의해 넘어가 이들이 새로운 莊園主에 의해 형성된 제도이다. 장원주는 여전히 봉건지주로 농민을 약탈한다.

또 하나는 매판자본계급의 군벌독재정치였다. 군벌은 전쟁 중 군권을 장악하고 토지를 약탈하여 세력을 확보하면서 또 다른 군벌들과 내전이 자주 일어난다.

이 과정에서 경제적으로 성장한 미국은 늦게 1880년대 후반부터 라틴아메리카국가들에 대한 경제 확장을 서둘면서 유럽열강의 세력을 배제하기 시작한다. 이때 미국의 대통령 먼로(James Monroe)는 "먼로주의"(Monroism)을 발표하고 "아메리카는 아메리카 인들의 아메리카"라는 구호를 외치며 凡美州會議를 거쳐 아메리카에 대한 미국주도의 체제를 이룩해 간다. 그러나 여전히 영국의 세력과 함께 라틴아메리카는 통제되어 갔다.

특히 미·영간에 갈등은 파나마운하 건설에 대한 입장 차이가 컸다. 그러나 신흥 미국의 경제력이 미주에서는 영국을 압도하게 되고 결과적으로 영국은 운하에 대한 건설과 지배권을 양도함으로서 미국의 라틴아메리카지배가 1903년 파나마운하건설 시작으로 확대되고 결국 운하는 10년 후인 1914년 완성된다.

이러는 동안 세계열강은 경제상장과 함께 군비경쟁에 들어간다. 특히 영국과 독일간의 패권경쟁이 극심하고 이를 토대로 하는 군사무기의 확충과 해군력 경쟁은 전쟁도 불사하게 되어갔다. 군사무기기술의 발전 역시 엄청난 성장을 가져온다.

영국은 중국을 '아편전쟁'이라는 이름으로 1845년부터 침략전쟁을 시작하여 중국을 분할하였고 일본 역시 '청일전쟁'(1894년)을 통해 일본의 대륙진출을 시도한다. 청일전쟁을 승리로 이끈 일본은 1905년에는 러일전쟁(일본승리), 동시에 유럽에서는 1911년의 이탈리아·터키전쟁 등을 거치면서 1914년 20세기 최초의 세계1차 대전이 발발하고 1918년까지 세계대전은 전 유럽 국가들은 발칸반도국가 그리고 일본, 중국, 태국, 브라질, 미국, 사우디아라비아 등 23개국이 참전하는 대규모 세계전이 치열하였다.

2. 국제연맹

20세기는 선진국가라고하는 강대국가들이 자본주의 논리에 따라 제국주의체제로 전환된 시기였다. 그 결과 세계 1·2차 대전을 거치면서 강대국들은 제국주의 논리에 의해 정치적으로는 강력한 패권주의가 경제적으로는 해외 식민지 확보를 위한 침략정책으로 전환된다. 그러나 세계 제1차 대전을 거치면서 강대국가들의 제국주의 전쟁이 얼마나 무서운 참화와 반인륜적인 비참을 자초하였는지를 깨닫게 된다. 이러한 경험은 국가들 간의 갈등을 전쟁이라는 수단이 아닌 협상과 비폭력으로 해결하기 위한 노력이 요구되고, 여기에서 국제사회 혹은 국제관계의 필요성과 긴밀성이 강하게 요구되었다.

국제사회는 행위주체가 국가이다. 국가들 간의 이해관계가 상호 동의를 얻어내고 이것을 기초로 하여 새로운 세계질서를 만들어내고 이질서에 의해 통제되고 관리하는 일련의 체제가 국제사회 체제인 것 이다.

세계 1 차 대전 이후 이러한 새로운 국가 간 질서를 만들어 평화라는 인류의 보편적 가치를 유지하고자 초국가적 기구를 요구하게 되었고 그것이 '국제연맹(The League of nations)으로 나타난다. 국제연맹은 2차 대전 이후 국제연합으로 발전하여 지금에 이르고 있다.

1) 국제연맹의 탄생과 소멸

1914년 6월 사라예보사건(오·헝제국 황제 페르디나도 부처 암살사건)으로 촉발된 1차 세계대전은 1918년 11월 오·헝 제국의 항복으로 결국 오·헝제국과 독일·불가리아 동맹국이 협상국인 러시아·프랑스·영국·미국·이탈리아에 의해 패전한 전쟁이었다.

종전으로 협상국은 1919년 4월 미국 윌슨의 (14개 조항) 요구로 베르사유 강화조약을 통해 전후처리를 마무리하고 동시에 세계전의 예방을 위한 국제연맹이라는 국제기구를 창설(1920년) 한다.

국제연맹은 1920년 창설 시 32개 국가와 주권단체가 가입되어 산하 기구로 총회·이사회상설 사무국·5개 상임 이사국·4개 비상임이사국·상설 국제재판소·국제노동기구 등을 두고 국제간 협력과 평화와 안정유지, 각 국가 간 공개적이고 공정하며 영예로운 국교유지(국가 간 분쟁을 전쟁 수단 사용 금지, 침략자에 대한 집단적 제재) 등을 전개하였다.

그러나 1931년 9.18일 일본의 중국대륙 침략을 위한 '만주 사변'이 발생한다. 국제연맹은 만주사변 조사단을 파견하여 조사하고 보고서를 내 놓았는데 결과가 중·일 양방 책임을 묻고 양국의 군대를 철수 할 것을 결의한다. 즉, 중국의 만주국에 대한 주권은 쟁의 대상이 아니며 일본의 군사행동은 강제점령이므로 만주국을 승인 하지 않는다는 것 이였다. 따라서 일본군대는 만주로부터 완전 철수를 의결한다. 그러나 이 결의에 반대하고 일본은 연맹에서 탈퇴를 선언하다.

독일은 새로운 독재자 히틀러의 등장과 그의 '군비확장 평등권'을 연맹에 요구 하면서 연맹 군축회의에서 반대결의 되자 이를 거부하고 1933년 10월 연맹에서 탈퇴한다. 그리고 1935년 이탈리아의 에티오피아 침공에 대한 연맹 차원에서의 신속한 대처를 하지 못하는 사이에 에티오피아가 이탈리아에 의해 점령당한다. 1938년 독일과 이탈리아가 스페인 내전에 간섭을 하였는데 역시 연맹이 적절한 대처를 하지 못하였다. 1939년 7월에는 일본의 중국 침략에 대하여도 연맹은 대처를 하지 못하였고, 독일·이탈리아, 일본 등은 새로운 파시스트정권으로 나타났고, 자국의 이익을 위해 침략을 시도한다. 여기에 국제연맹은 어떠한 대응을 하지 못하였고, 그 사이 라틴아메리카와 유럽 약소국가들이 연맹 의무를 이행하지 아니하는 현상도 나타난다.

결국 1939년 9월 독일의 폴란드 침공은 연맹의 파산과 함께 세계 2차 대전의 시작이 되었고, 1940년 4월 국제연맹은 정식 해산된다.

더욱이 세계2차 대전을 겪으면서 태평양지역에서의 대일본전쟁을 미국을 중심한 서구열강이 동아시아지역에 대한 관심을 갖는 계기가 되었고 세계사회는 더욱 큰 범위로 확대된 것 이다. 국제사회의 출현은 국가 간 협력을 통해 인류의 평화를 실현하려는 인류의 요구에 의해 나타난 국가 간의 사회현상이다. 국제사회는 발전되어 가면서 국가 간 관계만으로 시작 된 것이(society of states) 개인, 집단들이 자유롭게 국경을 경유하지 않고 직접 접촉하는 일이 폭발적으로 증대했고, 다른 한편으로는 국가들이 모여 국가집단을 이루어 함께 행동하는 사례도 늘어나서 오늘의 국제사회는 국내사회에 못지않은 복잡한 거대공동사회로 발전하였다.

모든 인류가 하나의 공동체 구성원이 되고 국가는 개인과 공동체 사이에 존재하는 중간 조직체라는 인식을 바탕으로 하는 코스모포리탄이즘(cosmoplitanism, 세계동포애주의) 확산이 자리하는 시각이 보편화 되었다. 특히 21세기에는 결코 어느 국가도 독단적으로 살아가기 힘든 '세계체제'로 국제사회가 정착 된 것이다. 국제사회는 발전과 함께 다양화되고 국가의 대표성을 갖는 정부 대 정부 간의 교류에서 더 나아가 정부와 기관, 정부와 개인에 이르는 폭 넓은 체제로 확대를 해 왔다.

오늘의 국제사회는 한 국가의 사회 현상이 곧 국제사회화 되는 현상으로 급속하게 파급되는 시대이고 이러한 현상이 바로 국제사회의 보편성으로 자리 잡고 있다. 그러나 모든 국제사회의 교류·협력 등의 비정치적 문제가 정치화 될 때는 궁극적으로 국가 간 문제로 발전하게 되고 이를 처리 하는 것은 국가를 대변하는 정부가 된다.

Ⅱ. 세계관리기구로서 국제연합(The United Nations : UN)

1. 국제연합의 설립

1945년 샌프란시스코회에서 헌장이 채택되고 미국 외 50개 국가들이 참가하여 서명함으로서 동년 10월 24일 국제연합이 발족된다. 좀 더 구체적으로 살펴보면 1941년 6월 런던선언을 통해 참가국은 9개의 망명정부(벨지움·네델란드·폴란드·그리스·룩셈부르크·노르웨이·체코·유고·드골의 망명정부)와 영국·캐나다·남아프리카·뉴질랜드정부가 조인하였다. 이들은 "모든 인민이 전쟁의 위협으로부터 해방되고, 경제적, 사회적으로 안전보장을 향유할 수 있는 하나의 세계에서 자유롭고 협력하며 살 수 있는 세계, 우리들이 의도하는 바는 전시든 평시든 자유국민의 목적을 위해 제휴하고 활동하는 것을 요구"하는 세계를 만든 다는 것이다.

런던선언 이후 대서양 헌장(1941.8)을 선언하고 8개 원칙을 채택하는데 주요내용은 독일의 유럽신질서와 일본의 대동아공영권 건설에 대항하고 민주적이고 평화롭게 번영하는 전후 국제질서를 건설하기로 하고 8개항을 선언한다. 8개항은 첫째 영토 확장을 포함한 어떤 형태의 확장도 추구하지 않는다. 둘째, 국민의 의사에 반하는 영토변경을 추구하지 않는다. 셋째, 모든 국민들의 정부형태의 선택은 존중하며 박탈당한 주권은 회복한다. 넷째, 현존하는 의무를 준수하고 모든 국가들이 무역과 천연자원을 획득하는데 균등한 대우를 받는다. 다섯째, 경제 분야에서 모든 국가들은 서로 협력한다. 여섯째, 나치가 망한 후 평화스러운 세계를 건설한다. 일곱째, 공해자유의 원칙을 준수한다. 여덟째, 힘의 사용을 폐지한다.

4국 공동선언(1943.10)과 덤버튼 오크스회의(1944.8.. 미·영·프랑스·소·중)를 통해 유엔의 기구 등을 합의한다. 그리고 샌프란시스코 합의(1945.4.~6)를 도출하고 50개국이 서명함으로서 유엔이 출발한다. 국제사회의 질서를 위한 초국가적 권력체로서의 국제연합이 탄생하였다.

국제사회에서 국가 간 핵심적 기능은 역시 정치기능이다. 정치는 여러 정의가 가능하지만 "새로운 질서를 창출하고 유지 관리하며 필요에 따라 변혁해 나아가는 인간들의 행위"라고 한다. 국제정치(International Politics) 역시 "국제사회의 질서를 창출하고 유지하며 통제하고 때로는 개혁하는 나라들 간의 정치행위이다."

이러한 국제정치를 강력히 집행하는 기구가 오늘날 국제연합(The United Nations : UN)운영되고 있다. 유엔은 세계 2차 대전 말인 1945년 1월 미·영·중·소 국가들이 중심이 되어 51개 국가가 서명 참여함으로서 태동하였다. 현재(1986년) 159개국이 가입하였고 21세기에 최초로 독립한 동티모르가 그 후 가입되었다.

2. 유엔의 목적과 원칙

이렇게 탄생된 유엔은 헌장에서 중요한 기본적 목적을 4가지로 규정한다.

첫째, 국제평화와 안전을 유지한다. 국제평화와 국제안전을 유지하는 것을 국제연합의 기본목적으로 정하였다. 이 목적 달성을 위해 두 가지 절차를 정하였는데 하나는 "평화에 대한 위협을 방지·제거를 한다. 다른 하나는 평화적 방법과 정의와 국제법원칙에 따라 평화를 파괴하는 국제분쟁을 조절 해결한다."

둘째, 국제연합의 둘째 목적은 '각 국가 간 우호적 발전을 시킨다.' 헌장에는 "각 국가 간에는 인민의 평등권과 자결의 원칙을 존중하는 것을 원칙으로 하고 이를 기초로 우호관계를 발전시킨다. 동시에 적당한 조치를 통하여 보편적 평화를 증강한다."

셋째는 국제협력을 촉진한다. "국제협력을 촉진하여 국가 간 경제·사회·문화 및 인류

복지 적 성질에 속하는 국제문제를 해결하고 종족·성별·언어·종교를 구별하지 않고 전체인류의 인권 및 기본자유에 대한 존중을 증진하고 격려한다.”

넷째, 각국의 행동을 조화시킨다. “국제연합은 각국의 행동을 조화하는 중심이 되어 이 목적에 도달한다.” 이것은 국제연합은 모든 나라의 행동을 조화시키며 협력하는 중요 장소가 된다는 것 이다.

결국 국제연합은 헌장 정신으로 국제평화와 안전을 유지하며 전지구인민의 경제, 사회 발전을 촉진하는 것으로 규정되며 이것이 유엔의 최고 강령이다.

이러한 유엔의 조직은 회원국의 권리 정지·회복 또는 회원직 박탈에 대하여 헌장에 규정되어 있다. 헌장 5조에 “회원국이 안보이사회에서 권고하고 총회에서 회원국 권리와 특권행사권리를 정지당할 수 있고 권리와 특권의 회복도 안보리이사회에서 회복시킨다.” 다고 규정하였다. 그러나 헌장에는 제명된 회원국이 다시 가입하는 데 대해서는 어떤 규정도 두지 않았다.

3. 유엔의 주요기구와 기능

유엔은 크게 6개의 주요기구를 두고 있다. 즉, 총회·안전보장 이사회·경제사회이사회·신탁통치이사회·국제사법 재판소·사무국 이다.

1) 총회(General Assembly)

총회는 최고기관으로 각 회원국은 국제법상 평등권에 입각하여 총회에 대표를 파견, 一國一票主義,에 따른다. 완전한 입법기능을 갖고 있지 않으나 국제평화와 안전에 관한 문제에 대하여 안보리에 심의 권고 할 수 있다(헌장 10조). 또 유엔헌장이 명시한 기능으로 권고와 권장, 준 입법 기능, 조사와 조정, 예산권과 감독권, 이사국 선출 권과 헌장개정권을 갖는다. 국제평화와 안전의 보편적 원칙, 군축과 군비 통제 등에 관하여 심의하고 이 원칙에 따라 유관된 권고를 한다. 또 정치·경제·사회·문화·교육·위생에 국제협력과 연구·촉진한다. 안보이사국·경제사회이사회 이사국·신탁통치이사회 이사국을 개선하고 안보이사회와 국제사법재판소 재판관을 선거한다. 안보이사회의 추천을 얻어 신규회원국과 사무총장을 비준한다. 예산과 회원국 부담금 결정한다.

총회는 의장 1명 부의장 17명 의장 부의장은 지역에 안배하여 선출한다. 안전보장이사회 5대 상임이사국 대표는 당연직 부의장이 된다.

2) 안전보장이사회(Security Council)

가장 핵심적 기구로 국제평화와 안전유지에 일차적 책임을 진다. 즉, 국가 간 분쟁이 전쟁 화 되는 경우를 대비하여 유엔 헌장은 힘의 우위체제로서 집단 안보기능을 여기에 맡기고 있어 안보리의 기능이 지대하다. 분쟁을 화해시키며 평화를 위협하거나 평화를 파괴 혹은 침략 행위로 단정 되면 경제·군사·외교 등 제재조치를 한다. 회원국의 가입이나 정지 재명의 권한이 있다.

구성은 안보리 5개 상임이사국(미·영·소·불·중)과 2년 임기의 10개의 비상임이사국으로 구성된다. 비상임이사국은 유엔에서의 공헌도·지역적 안배(아시아·아프리카 5석, 동구 1석, 중남미 2석, 서구 및 기타지역 2석)에 따라 총회 2/3의 찬성으로 선출된다. 안보리 행동양식에는 심사·거중조정·조정 등이 있다.

3) 경제사회이사회(Economic and Social Council)

경제사회이사회는 경제·사회·문화·교육 등 방면에 국제적 협력을 촉진하기 위한 주요 기관으로 총회산하에 둔다. 이사국은 현재 54개국으로 임기 3년이고 매년 18개국 이사국을 개선하되 연임 할 수 있다. 관례에 따라 이사국 배분 방법은 아시아와 아프리카 지역에서 12개국, 라틴아메리카에서 5개국, 동유럽지역에서 3개국, 서유럽과 기타국가에서 7개국을 선출한다.

경제사회이사회는 매년 두 차례 정기회의를 갖는다. 국제적인 결제·사회·문화·교육·위생 및 기타문제를 전문적으로 연구하고 그 결과를 총회·회원국 회원 및 관계전문기관에 권고한다.

4) 신탁통치이사회(Trusteeship Council)

제2의주요기구로서 위임통치구역, 전식민지지역, 유엔통치지역의 점진적 독립을 시킬 목적으로 설립되어 2차 대전 이후 11개 지역 중 모든 지역이 독립되어 이사회의 존립목적이 달성 됨. 그럼에도 지금도 세계 여러 지역에서 독립이나 자치를 요구하는 지역에 대한 지지와 합법성을 처리한다.

헌장이 규정한 국제신탁제도를 적용하는 영토란 대전이 종료된 후 독립하지 못한 영토로서 대전후 적국에서 떼어낸 영토를 말한다. 현재 신탁지역으로는 미국이 관리하는 태평양 전략 신탁도서로 마셜제도, 캐롤라인제도, 마리아나제도가 있고 호주가 관리하는 뉴기니아 등이 있다.

5) 국제사법재판소(International Court of Justice)

국제재판소 규정에 따라 임무수행을 하며 조직은 총회와 안보리의 과반수 찬성으로 선출된 9년 임기의 15명 재판관으로 되고 판결이나 의견의 결정은 출석 재판관의 9명 정족수의 과반수로 정한다. 유엔 회원국은 당연히 재판소규정에 가입할 수 있고 비회원국도 안보리의 권고에 의해 총회가 결정하는 조건을 수락하면 가입된다. 재판관 15명 중 3년마다 5명을 개선하며 연임도 가능하다. 관례에 따라 중국·프랑스·러시아·영국·미국에서 각기 한 사람씩 재판관이 선출되고 재판소 소장·부소장이 각 1명이며 임기는 3년이고 연임할 수도 있다.

6) 사무국(Secretariat)

사무국 규정은 헌장 15장에 명시된다. 국제적 정치문제, 경제적·사회적·문화적 문제 등의 처리에 필요한 자료와 정보의 수집·조사·연구·기획 등 주요 과업을 한다. 사무국은 사무총장1명, 총회·안전보장 이사회·경제사회 이사회·신탁통치이사회의 일체의 사무총장 자격으로 직원을 행사하며 총회에 연차보고서를 제출한다. 또 국제적 평화와 안전을 위험이 있는 사항에 대해 안보리에 주의를 환기할 권한이 있다. 사무총장은 안보리에서 추천한 후 총회에서 임명한다. 임기 5년이고 연임 될 수 있다. 차장 및 차관보(34명) 직원

18,000명으로 구성되고 조직은 행정관리부 등 6개 부서로 됨.

사무총장은 대개 중진국으로 상임이사국 포함해서 9개국 이사회 출신의 추천 총회 과반수 찬성으로 임명되고 임기는 5년(1차 중임 가능)이며 유엔대표로서 임무를 수행하고 대내적으로는 유엔의 활동연차보고서 작성, 유엔의 각 기관의 재정 관리와 지휘감독을 행하며 직원의 임명권을 갖는다.

Ⅲ. 탈냉전 이후 유엔의 변화와 특징

1. 주요활동의 변화

1) 권한과 책임의 강화

세계대전 이후 지금까지 세계는 각기 직역에서 크고 작은 분쟁이 많이 일어났다. 국지전이란 대체로 1국가가 다른 1국 혹은 몇 개국 간에 자국의 특수한 문제로 발생하는 전쟁으로 여기서는 주로 재래식 무기를 사용하여 싸우는 전쟁이다. 전후에서 1999년대 까지 대략 2000만 명의 사망자를 내고 있다. 이 숫자는 제1차 세계대전에서 희생된 숫자의 두 배가 넘는다. 전후 국지전은 1960년대 중반이 최고조를 보였는데 80년대 오면서 줄어들었다.

전후 1950년부터 1990년까지 약 149회에 걸친 국지전이 있었다. 이들 전쟁은 분석하면 민족해방전쟁이 대부분이고 그 외 반제국주의 전쟁이었다.

20세기 말 독일 통일을 시작으로 전후 이념적 양극체제가 극복되고 유엔의 역할이 강화되었다. 그 특징은 국제안보에 관해 헌장이 부여한 권한과 책임을 강화해가는 변화를 보인다. 그 특징을 보면, 집단 안보와 강제(헌 7장), 제재(Sanction)(헌장 41조 7항), 평화강제(Peace-enforcing)(헌 6과 3/4장), 평화유지(Peace-keeping), 평화조성(Peace-making), 예방외교(Preventive diplomacy), 평화구축(Post-conflict peace-building), 군비철폐(Disarmament)

등이다.

2) 집단안보 조치

구체적으로 살피면 집단안보(강제조치)의 경우 1990년 8월부터 1991년 4월까지 시행된 이른바 걸프전쟁의 예인데 이 전쟁은 1990년 이라크가 쿠웨이트를 침공하여 이른바 걸프 전쟁을 일으킨다. 이때 안보리는 국제평화 및 안전유지를 위해 15개국 안보리 이사국과 5개 상임 이사국 비상임이사국의 결의에 따라 경제재제·해상봉쇄·공중 봉쇄·무력제재를 감행한다.

유엔은 이를 신세계질서(New World Order)라고 주장하며 유엔은 여건만 마련되면 국제분쟁을 해결할 권한, 정당성 및 도구를 갖고 있음을 보여준 것으로 주장한다. 여기에 국제사회는 유엔으로 하여금 집단안보의 목표를 실행하였으나 유엔의 理念이 효과적으로 실현되기는 힘들다는 것이다.

3) 평화유지 활동

집단 안보가 냉전 시기 유명무실화되고 안보리가 마비상태가 되어 대안으로 발전한 것이 평화유지활동(Peace Keeping Operatnion: PKO)이다. 평화유지활동은 "적대국 사이에서 혹은 한 국가 내의 적대적 당사자 간 분쟁을 통제하고 해결하기 위해 당사자들의 동의와 국제적인 지휘체제 아래 무장 또는 비무장의 다국적 군사, 또는 비군사 요원들을 사용하는 활동이다." 탈냉전 시기 두드러진 특징 중 하나가 유엔의 국제 평화 유지 활동이다.

현재 분쟁국 지역에 평화유지군이 여러 지역에 파견되어 평화를 유지하고 있다. 우리나라도 중동·아프리카 지역에 파견하여 국제사회의 평화를 유지하고 있다.

4) 평화 조성과 예방외교

유엔은 분쟁 해결을 위해 PKO 활동과 평화조성(Peace-Making) 활동을 한다. 평화조성이란 분쟁의 평화적 해결 방법 즉, 분쟁의 중재, 조정, 주선, 교섭 등을 통해 분쟁을 억지하는 동시에 타협을 통한 분쟁의 정치적 외교적 해결을 위한 활동이다.

예방외교는 분쟁을 방지하고 현존하는 분쟁이 무력 충돌로 확대되지 않도록 막고, 충돌이 생기면 그 확산을 제한하는 활동이다.

5) 평화구축

평화구축은 분쟁 후 '분쟁의 재발을 피하기 위해 평화를 증진하고 견고히 하는 제도를 만들어 지원하는 것'이다. 즉, 분쟁의 근원을 제거하면서 산업구조의 재건, 민주적 정치·경제 제도의 정착, 민간 및 경찰 군대 요원의 훈련 등 국가 재건을 위해 지원하는 활동이다.

2. 전후 지역분쟁 지역

1944.5.9~1954.7 – 베트남·라오스·캄푸치아 3국 반 프랑스 민족해방전쟁, 프랑스가 [제네바 회의]에 서명함으로서 인도차이나 평화 회복.

1947.7~1948.12 – 네덜란드가 인도네시아에서 두 차례 식민전쟁, 1949년 11월 인도네시아와 회의하였으나 아직도 반식민지 상태임.

1948.5.15 – 이집트·요르단·이라크·시리아·레바논이 팔레스타인에 출병하여 제1차 중동 전쟁이 발발하였으나 이스라엘의 승리로 1949.2 각 기 휴전 협정을 맺음.

1950.6.25~1953.7.27 – 한반도의 북한의 남한 침략으로 시작된 전쟁. 미국을 중심한 16개국이 유엔주도 아래 치열한 남북전쟁이 진행되고 3년 만에 휴전됨.

1956.10.29 – 이스라엘이 시나이 반도 침입하자 영국과 프랑스가 이집트를 침공 그것은 이집트에 있는 파나마운하 영유권 때문임. 이른바 제2차 중동전쟁. 11월 영국과 프랑스가 유엔 결의에 따라 철수함.

1961.~1975	– 베트남·라오스·캄푸치아 항미 구국전쟁. 73년 파리협정 체결. 미국 인도차이나에서 철군. 75년 8월 인도차이나 인민들 항미전에서 승리.
1962.10.20	– 중국과 인도사이에 국경문제로 12월까지 지역분쟁이 있었음.
1964.10~1975.1	– 미국이 북베트남의 공격에 밀린 남베트남을 '자유주의 국가 수호' 라는 기치아래 참전했다가 패전됨.
1967.6.5	– 이스라엘이 이집트·시리아·요르단을 돌연 공격 제3차 중동전쟁이 발발한다. 10일 휴전, 아랍연맹이 많은 영토를 점령당함.
1968.8.20	– 소련이 폴란드·동독·불가리아·헝가리와 함께 체코슬로바키아를 공격하여 잠정 주둔함.
1971.11.12	– 인도가 동파키스탄에 침입, 인도 파키스탄 12월 7일 휴전.
1973.10.6	– 이집트·시리아·팔레스타인이 이스라엘 침공 이스라엘 반격하여 제4차 중동전쟁 발발, 아랍연맹에서 일부 영토 수복하고 10월 22일 전쟁 종결함.
1979.12.27	– 소련의 아프가니스탄 침공, 5월 15일부터 철군 9개월 내 철군 완료함.
1980.9.22	– 이란 이라크전쟁 시작 유엔 사무총장의 중재로 1988년 8월 8일 양국 동의하에 휴전
1990.1~1991.4	– 걸프전쟁으로 이라크가 이란전쟁을 무의미하게 끝내자 독재자 후세인이 쿠웨이트를 침공한 전쟁.
2002.5.20	– 1974년 인도네시아가 동티모르를 일방적으로 침공하여 티모르에 내전이 시작되어 2002년 5월 20일 지도자 구스마오 당선되어 전쟁을 통한 독립함.

이 외에도 크고 작은 내전들이 아프가니스탄·중동·중국 내부 소수민족의 독립투쟁 앙골라 내전 등등 많은 지역에서 아직도 분쟁은 끝나지 않고 있다.

시민 아카데미

행복한 기업 만들기

前 조선대학교 교수

행정학박사 최 준 원

행복한 기업 만들기

이제는 기업도 사장과 사원이 협력해서 즐겁게 돈을 버는 사업으로 방향성을 모색해야 한다. 기업의 입장에서는 세상 사람들이 필요로 하는 양질의 재화나 서비스를 만들고 팔아서 최대의 이윤을 창출하는 것이 목표라 할 수 있지만 보다 행복한 기업으로 발전하기 위해서는 기업과 종업원이 상생할 수 있는 목표를 향하여 나아가야 한다. 그렇다면 행복한 기업이란 어떤 기업을 말하는 것일까.

사장과 사원이 긍정적 마인드를 가지고 주인정신, 열정, 책임감, 안전의식, 상호 존중과 배려의 마음으로 똘똘 뭉쳐있는 회사. 고객들의 삶의 질을 높여서 사회에 공헌하는 활동을 활발히 펼치는 회사를 행복한 기업이라 말할 수 있을 것이다.

이제부터 우리는 행복한 기업을 만들어 가고 있는 구체적인 모범사례들에 대해 알아보고 행복과 성공이란 두 마리의 토끼를 함께 다 잡을 수 있는 기업과 지속성장이 가능한 모델이 무엇인지, 핵심경영 전략은 무엇인지, 나의 적성은 어떠한지 등을 토론식 강의를 통해서 고찰 한다.

Ⅰ. 기업과 행복

모든 성공은 대부분 가정의 행복에서 시작된다. 직원들이 직장에서 뿐만 아니라 가정과 사회생활에서도 건강하고 행복할 수 있도록 만드는 것이 사장과 리더의 역할이다.

한 사람의 고객을 1,000명의 고객처럼 대접하고

종업원이 자신감 즉 자기회사와 회사 제품에 대한 확신을 가질 수 있도록 회사를 운영해야 한다.

1. 사업 아이템 찾기

남들이 원하고 또 그들에게 꼭 필요한 것을 선택 한다. 그 중에서 내가 정말 사랑하고 내가 재미있게 잘 할 수 있는 사업을 선택 한다. 그래야 신이 나서 열정적으로 일하게 되고 상상력과 창의력이 발휘되어 행복한 기업을 만들고 성공할 수 있다.

2. 좋은 사업을 선택을 하기 전에 확인해야 할 5가지 체크 포인트

1) 기술적·물리적으로 가능한 일인가

문제를 해결할 수 있는 여러 가지 대안들을 비교하여 가장 효과적인 대안을 선택하는 것이다. 이때 비용은 고려하지 않는다.

ex) 에너지 공급을 위해 필요한 태양에너지 개발, 원자력에너지 개발, 풍력 에너지 개발 시설, 수력발전 중에서 어떤 대안을 선택하는 것이 기술과 환경적으로 가장 합리적인 방법인가를 판단해야 한다.

2) 경제성이 있는가

문제를 해결할 수 있는 여러 가지 대안들을 비교 평가하여 가장 능률적이고 비용이 저렴한 대안을 선택하는 것이다.

ex) 통신 설비의 확충 - 여러 가지 통신 설비 중에서 총 비용에 비해 이익이 가장 큰 설비를 선택하는 것이 이에 해당하는 경우다.

3) 법적 합리성

선택한 대안이 현행 법적 제도 안에서 허용되는 것인지에 대한 판단이 필요하다. 반드시 법률, 규칙, 규정 등에 합치 되는 대안을 선택해야 한다.

ex) 공무원 채용제도 - 남녀차별이나 연령차별 등을 금지하는 법에 저촉되지 않도록 해야 한다.

4) 사회적 합리성

사회적으로 가치가 있고 용납될 수 있는지에 대해 심사숙고해야 한다. 이때 구성원들이 민주적으로 참여할 수 있는 제도적 안전장치 확보가 우선적으로 필요하다.

5) 현실적 합리성, 적합성

나의 체질, 체력, 성격, 적성, 나의 지식과 경험, 현재의 여건 등 현실적 환경 하에서 자신에게 가장 적절한 대안은 무엇인지를 고민하고 선택해야 한다.

3. 행복한 삶. 기업 성공론 – 행복은 습관이다

전통적 교육관은 고진감래(苦盡甘來)형 교육이다. 고생하며 열심히 공부하면 언젠가는 성공하고 행복해진다는 것인데 최근에는 새로운 교육관이 대두되고 있다. 새로운 교육관이란 바로 '행복 습관 교육'이다.

공부는 행복할 때 잘 되고 성장과 발달의 교육적 효과가 크다. 불안, 초조, 강박적 목표로 긴장할 때 보다 학생들은 마음이 편안하고 즐겁고 행복할 때 기억도 잘 되고 추리력과 상상력, 창의성도 증가하고 집중도 잘 되어 오히려 학습 성과가 커진다.

행복은 어릴 때부터 습득한 미소, 감사, 친절, 양보, 희생, 용서와 같은 긍정적 습관과 열정, 호기심, 희망, 비전과 같은 긍정적 정서에 의해서 결정될 때가 많다. 그래서 교육은 실력도 키워야 하지만 행복 능력도 키워 주어야 한다. 앞으로 우리들 앞에 펼쳐질 인생은 언제나 블루 오션(Blue ocean)만 있는 것은 아니다. 친구에게 배신을 당하고, 사업과 결혼에 실패할 수도 있고 큰 기업을 하다 파산을 당할 수도 있으며, 암에 걸려 시한부 인생을 살 수도 있다. 이런 험난한 삶 속에서도 굴하지 않고 견뎌낼 수 있는 힘이 바로 행복 능력이고 성공 능력이고 기업가 정신이다.

4. 조직의 구성원은 프리랜서가 아니다

기업에 몸을 담고 있는 사람들 중에는 학생이나 프리랜서의 마인드를 가지고 있는 사람이 있다. 자기의 발전에만 관심이 있거나 자기가 맡은 일만 잘하면 된다고 생각하는 사람들. 하지만 조직에 속한 사람이라면 자기 일뿐만 아니라, 다른 사람이나 전체 조직에 대해서도 함께 생각하는 마음가짐이 필요하다. 만약에 개인의 발전이나 목표가 더 중요하고, 어떤 일을 여러 사람이 함께 작업을 할 때 성취감과 보람을 느끼지 못하는 사람이라면 그 사람은 기업 조직에 속해 있는 것보다는 프리랜서로서 일을 하는 것이 더 적합할 것이다.

조직 구성원은 적어도 다음과 같은 자세가 필요하다.

첫째, 공동의 목표에 대한 인식

조직에서는 구성원 한 사람 한 사람이 모두 맡은 일을 잘했어도 전체의 목표를 달성하지 못했을 때는 각 개인들의 노력은 물거품이 될 수 있다. 따라서 구성원들 각자가 일을 맡아서 하는 근본적인 이유는 전체적인 목표를 달성하기 위한 것임을 항상 명심해야 한다. 일을 할 때는 그 일이 전체에서 어떤 부분을 차지하고 있는지, 그리고 전반적인 흐름은 어떠한지, 자신뿐만 아니라 다른 사람들과의 연결 고리인 과정상의 개선점은 없는지 등도 살펴보아야 한다.

둘째, 조직의 가치관을 공유

조직이란 여러 사람들이 모여서 같이 일을 하기 때문에 시간이 지날수록 독특한 문화와 가치관이 자리 잡게 된다. 그래서 서로간의 충돌을 미연에 방지하기 위해서는 조직의 문화와 가치관을 이해하고 받아들이려는 노력이 필요하다. 조직 문화를 좋은 방향으로 개선하려는 노력도 이러한 존중과 이해가 바탕에 기반으로 깔려 있어야 가능하기 때문이다.

셋째, 구성원 서로에 대한 존중과 배려

가족들끼리도 마음이 맞지 않는 경우가 있는데, 살아온 환경이 다른 사람들끼리 힘을 합쳐 일을 하는 것은 결코 쉬운 일이 아니다. 이럴 때 필요한 것이 타인을 존중하고 배려하는 마음이다. 구성원들 간에 서로 이해하려는 노력은, 특히 기존 구성원들과 새롭게 조직에 들어온 사람들 사이에서는 필수적인 것이다. 기존 구성원들은 자신에게도 고쳐야 할 부분이 많다는 인식을 가지고 새로 들어온 사람들의 열정과 아이디어를 적극적으로 받아들이는 자세가 필요하다. 또 새로 들어온 사람도 지금까지 발전해 왔던 조직의 장점에 대한 존중을 기반으로, 개선을 위한 논리적 설명과 공감대 형성을 위해서 노력해야 한다.

5. 소통의 중요성

흔히 전문가라고 하면 한 분야에서 아주 깊은 전문 지식을 가지고 있는 사람이라고 단순하게 생각하기 쉽다. 그러나 21세기를 살아가는 전문가에게는 전문 지식뿐만 아니라 또 다른 능력인 소통능력이 요구된다. 지금은 서로 다른 분야의 전문가들이 힘을 합해서 하나의 큰 일을 성취해 가는 시대다. 다른 분야의 사람들에게 자기의 전문 지식을 정확하게 전달하는 능력, 또 다른 분야의 사람들이 하는 말을 정확하게 이해하는 능력이 중요하다. 그러하기에 개인이 지닌 지식이 아무리 세계적인 수준의 것이라 하더라도 소통 능력이 없는 사람은 실력이 없는 사람과 다를 바가 없다.

정확한 소통을 위해서는 다음의 원칙들을 지켜야 한다.

첫째, 상대방과의 상식이 다를 수 있다는 점을 인식

내가 상식이라 생각했던 부분이 상대방에게는 상식으로 받아들이지 않을 수도 있기때문에 소통과정에서 오해가 생길 수 있다. 자신의 상식과 지식만을 고집하면서 상대방이 알아듣지 못한다고 답답해 할 것이 아니라, 나의 상식이 상대방에게는 상식이 아닐 수도 있다는 열린 유연한 사고방식을 가져야 한다.

둘째, 사용하는 말의 뜻이 사람마다 다를 수 있다는 것을 인식해야 한다.

전체적인 논지와는 맞지 않는 단어가 나올 때는 혼자 생각대로 짐작하지 말고 직접 질문을 해서 확인을 해보는 것이 오해를 막는 좋은 방법이다.

셋째, 자기가 아는 만큼만 볼 수 있다는 것을 인식해야 한다.

책을 읽거나 대화를 나눌 때도 자신이 알고 있고 경험한 만큼만 이해가 되는 법이다. 따라서 지식이나 경험이 다르거나, 특히 전문 분야가 다른 사람끼리 이야기할 때는 서로의 뜻이 제대로 전달되지 않는 경우가 있다. 따라서 다른 사람과 이야기할 때는 내가 틀릴 수도 있다는 열린 생각을 가지는 것이 필요하다.

넷째, 감정이나 체면을 경계해야 한다.

대개 사람들은 자기 의견을 말하기 전까지는 매우 유연한 태도를 보이다가도 그러면 자신의 의견을 이야기한 다음에는 어떤 경우에도 그 입장을 고수하는 경우가 많다 그러므로 자기의 의견과 자존심을 구분할 줄 아는 성숙한 마음가짐이 정확히 필요하다.

다섯째, 정직하고 솔직한 소통이다.

인간관계는 소통을 통해서 시작되고, 발전하고, 깨어진다. 모든 인간관계는 서로의 의사를 전달함으로써 비로소 형태를 갖추게 되는 것이다. 말을 하지 않아도 서로의 의도를 알아차리는 데는 한계가 있는 법이다. 따라서 말을 꺼내기가 민감한 부분이라도 솔직하게 이야기하고 함께 고민을 나누어야 그 사람과의 관계가 다음 단계로 발전할 수 있다.

그리고 서로에게 불편한 이야기일 때에는 먼저 이야기를 꺼내는 쪽이 상대방과의 관계를 한 단계 더 개선하고 싶기 때문이라는 것을 충분하고 진솔하게 전달할 필요가 있다.

한 사람이 얼마나 풍요로운 인생을 사는가는 결국 진실한 인간관계가 얼마나 많은가에서 달려 있다. 그리고 그 관계를 끊임없이 개선하려는 노력에 달려 있다고 해도 과언이 아닐 것이다.

*** 맥아더 장군의 자녀를 위한 기도 중에서**

기도합니다. 저의 자식들을 평탄하고 쉬운 길로 인도 하지 마시고,
고난과 도전에 직면하여 분투, 항거할 수 있도록 인도하여 주소서.
(고통은 사람으로 하여금 생각하게 하고, 생각은 인간을 지혜롭게 만든다. 그리고 그 지혜는 그 고통을 견딜 만하게 해준다. 인간은 모두 천재가 될 가능성을 가지고 태어났다. 당신이 하는 일에 온 정신을 집중하라. 햇빛은 하나의 초점에 모일 때만 불꽃을 내는 법이다.)

Ⅱ. 광주의 정신과 사회적 기업

1. 광주정신은 옳은 것을 추구하고 불의(不義)를 거부하고 배격하는 정신이다

광주정신은 민주화를 위해서, 폭력적인 군사독제 정권에 맞서 저항하며 싸웠던 투쟁정신이다.

1980년 5월 광주 민주화 운동은 1980.5.18.부터 5월 27일까지 전남과 광주 시민들이 계엄령 철폐와 보안사령관 전두환 퇴진 등을 요구하며 벌인 민주화 운동이다. 광주 민주화 운동은 신군부 新軍部에 의해 수많은 희생자를 내며 잔인하게 진압 당했지만 1987년 6월 민중항쟁 등 1980년대 이후의 한국 민주화 운동에 큰 영향력을 미쳤다.

김대중 대통령은 1998.8.26. 전라남도 도청 방문 시 광주 민주화 운동의 정신은 비폭력 준법정신이라고 말했다.

1) 광주는 역사적 사건들을 통해서 민주주의와 정의를 추구하고 위기가 있을 때마다 불의에 맞서 싸우는 실천력을 보여 왔다.

광주정신은 역사적·지역적·문화적인 맥락 속에서 형성된 것이다.

생활 속의 민주주의란 절차적 정당성과 과정의 정당성이 중요하다. 목적이 아무리 정당해도 과정상의 절차적인 민주주의를 제대로 지키지 못한다면 결코 정당화 될 수 없다. 우리 속담에 '모로 가도 서울만 가면 된다.'는 말은 민주주의 정신에 정면으로 위배되는 것이다.

산업화 과정에 들어오면서 우리나라는 지역 간 불균형과 정치적 차별이 심하게 나타났다.

광주 민주화 운동은 광주·전남 지역에 대한 경제적·사회적 차별이 결국 정의가 실현되지 못하는 비민주적인 정치체제에 있다고 생각했다. 그래서 민주화만이 지역적 불균형과 차별을 해소하고 정의가 바로서는 대한민국을 건설할 수 있다고 믿었다.

2) 민주 인권 평화의 광주정신은 역사적인 사건과 정치적 행태에서는 실천적으로 보여주었지만 실제 생활과 지역 문화로 형성 되지는 못한 측면이 있다.

광주정신은 공론화, 상징화는 되었지만 학습하고 공유하는 과정이 부족했다고 생각된다. 광주정신이 생활양식과 습관으로까지 뿌리내려 다른 도시와 구별될 수 있을 정도로 광주의 정체성이 형성되지는 못한 것이다.

그래서 광주의 용서와 포용력 관용성, 공동체 의식, 준법정신, 남을 배려하는 마음, 타문화에 대한 이해와 존중문화가 더욱 제고되어야 한다.

3) 광주 민주화 정신은 공동체가 함께 성장하고 발전하는 것을 목표로 하는 대동정신(大同精神)이므로 우리나라의 전통적 건국이념인 홍익인간(弘益人間)사상을 지향하고 있다고 봐야 한다.

그러므로 광주는 영남과 호남, 보수와 진보, 여당과 야당이라는 二分法的이고 폐쇄적인 고정관념을 타파하고 심리적 해방과 긍정적인 마음을 가져야 한다.

광주가 외로운 섬으로 남아 있을 것이 아니라, 이제는 영남은 물론 다른 지역을 모두

끌어안고 아시아를 넘어 세계로 나가야 한다(전남일보 2014.8.27).

민주 인권 평화의 광주정신은 국제사회에서 통용되는 보편적 가치들이고, 또 국제사회와 원활하게 소통하기 위한 실천 윤리이다. 우리들은 자신의 의식과 행동을 반성하고 변화시킴으로써 광주를 국제도시, 선진문화도시로 탈바꿈하는데 진력하며, 지도자를 발굴하여 교육하고 훈련시켜 나가야 한다.

지도자는 비전과 소통능력 ,글로벌 마인드를 가져야 하고 지역사회와 국가, 국민을 위해서 충무공 이순신 같이 사심 없이 헌신할 사명감과 애국심이 투철해야 한다. 냉철한 지성과 열정, 열린 마음을 가고 문제를 대승적 미래지향적으로 해결하는데 솔선수범할 수 있어야 한다. (대승적--부분적인 것이나 개인적인 것에 얽매이지 않고 전체적인 관점에서 처신).

망국적인 지역감정을 편의적으로 이용해서 관 피아적인 경력을 내세워 자기영달과 출세만 꾀해왔던 소아적인 지도자들을 멀리해야 한다.

4) 국제화란 우리나라의 각종 제도와 정책 및 관행과 사고방식을 국제수준에 맞게 바꿔가는 과정이다. 선진시민 의식이란 우리사회가 지속 가능한 선진사회로 발전하기 위해서 일반 시민들이 갖추고 실천해야할 소양, 책임의식, 실천능력 이며, 또 국제사회와 소통하고 협력하기 위해서 시민들이 갖춰야 할 상식과 지식, 태도, 행동양식을 의미한다.

2. 광주정신과 사회적 기업의 일맥상통

사회적 기업은 노인, 장애인, 다문화 가족, 저소득층 등을 30% 이상 고용하거나 이들 취약계층을 주요서비스 대상으로 한다. 이러한 사회적 기업은 사회적 경제적인 문제를 경쟁 시장을 통해서 해결하는 것이 주된 목적이므로 시민 사회의 지속적인 관심과 자발적인 동참이 매우 필요하다.

광주 정신은 공동체가 올바르게 함께 성장하고 발전하는 것을 지향(指向)하는 대동정신(大同精神)이므로 사회적 기업의 정신과 상통(相通)한다고 할 수 있다.

사회적 기업이란 취약계층에게 사회서비스 또는 일자리를 제공하여 지역 주민의 삶의 질을 높이는 등의 사회적 목적을 추구하면서 재화 및 서비스의 생산 판매 등 영업활동을 수행하는 기업이기 때문이다.

다시 말해 빵을 팔기 위해 고용하는 것이 아니라 고용하기 위해 빵을 파는 기업으로, 좋은 일을 하면서도 수익을 내는 기업을 말한다.

3. 사회적 기업을 설립하고 인증받기 위해서 알아야 할 사항

- ▸ 사회적 기업의 창업에는 업종의 제한이 없다.
- ▸ 사회적 기업으로 인증을 받으면 최대 3년간 인건비등의 지원을 받을 수 있다. 또, 예비적 사회적 기업은 지자체가 지정을 하고 2년간 지원을 받을 수 있다.

1) 조직형태를 갖추어야 한다

조직형태는 민법상 법인 또는 조합, 상법상 회사 또는 특별법에 의해 설립된 법인, 비영리단체 등을 들 수 있다. 개인사업자는 인증이 불가하다.

2) 유급 근로자를 고용하여 재화와 서비스의 생산, 판매 등 영업 활동을 해야 한다

유급근로자의 의미는 정규직 근로자나 비정규직 근로자, 파트타임 근로자 등 사업을 수행하기 위해 인증 신청기간에 고용된 인원을 말한다. 일자리 제공형은 유급근로자가 5인 이상이어야 한다.

3) 사회적 목적의 실현을 조직의 주된 목적으로 해야 한다

조직의 '주된 목적'이 사회적 목적을 추구해온 경우에만 인정된다. 사회 서비스란 개인 또는 사회의 전체의 복지 증진 및 삶의 질 제고를 위한 사회적 서비스를 말한다.

4) 서비스 수혜자와 근로자 등 이해 관계자가 참여하는 의사결정 구조를 갖추고 있어야 한다

사회적 기업 대표나 설립자 대표 이외에 다양한 관계자가 참여하는 민주적 의사 결정 구조를 갖추고 있어야 한다.

5) 인증 신청일이 속하는 월의 직전 6개월 동안의 영업활동을 통한 총 수입이 해당 조직에서 지출되는 총 노무비 대비 30% 이상이 되어야 한다

영업활동 총 수입에는 보조금, 후원금 등은 포함되지 않는다.

6) 정관이나 규약 등을 갖추어야 한다

인증을 받기 위해서는 해당 기관의 정관이나 규약 속에 법적 기재 사항 10가지가 반드시 포함되어야 한다. 목적, 사업내용, 명칭, 주된 사무소의 소재지, 기관 및 지배구조의 형태와 운영 방식 및 중요 사항의 의사결정 방식, 수익 배분 및 재투자에 관한 사항, 출자 및 융자에 관한 사항, 종사자의 구성 및 임면에 관한 사항, 해산 및 청산에 관한 사항, 재원 조달 및 회계에 관한 사항 등이다.

7) 상법상 회사는 이윤의 2/3 이상을 사회적 목적을 위해 사용되어야 한다

조직 형태가 상법상 회사인 경우는 정관이나 운영규정에 이익금의 2/3 이상을 사회적 목적을 위해 사용한다는 내용이 명기되어야 한다.

8) 광주시는 양질의 일자리를 창출하고 사회의 양극화 해소, 경제적 민주화에 노력하여 지역사회 구성원의 삶의 질을 향상시킬 목적으로 2013.8. 제정된 사회적 경제 활동 지원 조례가 있다

4. 나의 작은 행동이 세계의 지구촌을 깨끗하고 아름답게 가꾸는 일이고 또 광주 공동체의 대동정신을 상기시키는 울림이 있는 시가 있어서 여기에 소개한다.

시(詩)

나태주 지음

마당을 쓸었습니다.
지구 한 모퉁이가 깨끗해졌습니다.

꽃 한 송이 피었습니다.
지구 한 모퉁이가 아름다워졌습니다.

마음속에 시(詩) 하나 싹텄습니다.
지구 한 모퉁이가 밝아졌습니다.

나는 지금 그대를 사랑합니다.
지구 한 모퉁이가 더욱 깨끗해지고
아름다워졌습니다.

Ⅲ. 활기찬 기업조직 만들기

조직이란 주어진 환경 하에서 특정한 목표를 달성하기 위하여 분업의 원칙에 따라 편성된 체제 (시스템)이다. 조직은 계층을 이루고 있고 조직이 놓여 있는 환경과 영향을 주고받으며 상호 작용을 한다.

1. 리더와 직원들의 비전과 이익의 일치해야 한다

1) 뚜렷한 목표를 설정하고 직원들이 목표를 달성하기 위해서는 상하 좌우로 협력하면서 자신의 역량을 최대한 발휘하며 업무를 게임하듯이 즐기도록 조직을 운영해야 한다.

2) 조직이 잘 되려면 "혼魂"이 있어야 한다. 직원들 연수 때 그런 정신을 기르기 위하여 집단적 극기 훈련과 감수성 훈련이 필요하다.

3) 기업의 성장과 몰락은 경영자의 마인드에 달려 있다. 경영 철학과 기업문화를 바로 세워놓고 사원들이 열심히 뛰게 만들어야 회사가 발전 한다.

4) 세유 백락연후에 유천리마(世有伯樂然後有千里馬)라는 말이 있다.

"아무리 탁월한 재능을 가진 사람이도 그 사람을 찾아서 그의 재주를 알아주고 활용해주는 사람이 없다면 그 재능은 세상에서 빛을 발하지 못하고 그대로 썩어 버린다." 라는 뜻이다.

그러므로 리더는 자기 자신이 뛰는 것도 중요하지만 잘 뛰는 사람들을 발탁해서 적재적소에 배치해 잘 뛰게 하는 것이 더욱 더 중요하다.

2. 일본 전산 나가모리 사장의 유별난 면접 및 실기 시험

전문 대학출신인 나가모리씨는 1973년 자신과 4명의 직원이 허름한 창고에서 사업을 시작하여 현재는 계열사100 여개 ,직원 13만 명을 거느린 매출액 8조원의 막강한 대기업이 되었다.

그러나 초창기에는 대졸사원의 모집광고를 하였으나 3차례나 지원자가 전혀 없어서 교육을 시켜서 사용할 계획으로 독특한 면접과 실기시험을 개발하여 시행했다.

일본 전산회사는 이력서에서는 기본 인적사항만 확인했다. 면접에서도 기본 교양 정도만 확인할 뿐이다. 글을 읽고 쓰고 자기 의견을 표현할 줄 아는 정도면 면접은 모두 통과시켰다.

1) 큰 소리로 말하기 시험

큰 소리로 말한다고 하는 것은 대부분의 경우 자기 실력에 대한 자신감이 있고 최선을 다해 노력한다는 것을 의미한다. 예컨대, 상사에게 보고를 할 때에도 일처리를 제대로 한 사람은 목소리가 자신만만하고 큰 소리로 말을 하기 마련이다. 반면, 자신이 없거나 꼬투리가 잡힐까 미리 겁을 먹은 사람은 목소리가 기어들어간다. 시험방법은 한 문장을 준비해서 지원자들에게 순서대로 읽게 한다. (그러나 미리큰 소리로 읽어야한다는 요구사항은 알려주지 않는다.)

"이번에 00회사에 신입사원으로 입사하게 된 000입니다. 앞으로 열심히 하겠습니다. 잘 부탁드리겠습니다."

이 문장을 면접관을 향해서 읽게 하고 책상위에 있는 전화기를 들고 회사 내 다른 부서로 전화를 걸어 말을 하게 한다. 자기소개를 하고 상대방이 놀라거나 당황하지 않게 자기의 뜻을 잘 전달하려면 분명하면서도 예의바른 태도가 기본이다. 큰 소리로 말을 할 수 있는 사람은 자신감뿐만 아니라 실수했을 때도 반성하는 것이 빠르다. 그것은 진보할 수 있는 가능성이 있다는 것이다.

2) 청소 시험

이 회사에 들어온 신입 사원은 누구나 1년 동안 화장실 청소를 하게 한다. 1년 정도 직접 자기 손으로 화장실 청소를 해보면 화장실을 더럽게 쓰지 않게 된다. 청소를 잘못하는 사람은 아무리 학벌이 좋아도 큰 일을 제대로 처리할 수 없다고 본 것이다.

청소 같은 밑바닥 일을 제대로 경험하지 못하면, 나중에 관리자가 되었을 때, 직원들을 제대로 통솔하기 어렵고 또 부하직원들을 제대로 이해하기 어렵다는 것이 사장의 지론이다. 실제 응시자들 중에는 화장실 청소를 시키면 심한 모욕감을 느꼈다고 생각하고 화를 내며 회사를 그만 두는 사람들도 있었다. 화장실 청소를 시키는 것은 나를 하급인력으로 취급하는 것이니 참을 수 없다는 것이다. 이 시험을 치루는 이유는 겉과 속이 일치한 사람 또 순수한 사람, 한 치의 불량도 용납하지 않는 꼼꼼한 사람을 뽑는 것이다. 우리가 생각하는 좋은 인재란 명문대학 졸업생이나 성적 우수자 또는 일류기업 경력자가 아니다.

마음속에 열정을 가지고 언제든지 그 열정을 불태울 수 있는 사람이다. 그런 사람은 남들이 싫어하는 화장실 청소도 주저하지 않고 잘 할 수 있어야 한다.

사무실이나 공장을 청소하는 단순하고 반복적인 일에 제대로 단련되지 않으면 매일 반복적으로 그런 일을 해야 하는 사람들(미화원)의 심정을 헤아리지 못한다. 아무리 명문대를 나온 사람이라 하여도 밑바닥 경험을 제대로 하지 않고서는 한 직장에서 오래 견뎌낼 수 없고 나중에 아랫사람을 제대로 부릴 수도 없다. 또 아랫사람이 잘 성장할 수 있도록 키울 힘도 없다. 진정한 프로가 된다는 것은 남들이 보지 못하는 곳까지 보고 생각하는 것이다. 자신의 생각을 계속해서 확장시키고 문제가 생기면 책임지고 해결하려는 습관을 가진 사람만이 프로가 될 수 있다.

3) 오래 달리기 시험

토끼와 거북이의 달리기 시합 이야기를 예를 들면, 토끼는 머리가 좋고 실력이 뛰어난 사람이다. 주위 사람들로부터 실력자로서 인정을 받고 자존감도 높은 사람이다. 그런데 머리가 좋고 실력 좋은 사람의 특징은 끝까지 밀어 붙이는데 익숙하지 않다는 점이다. 우직한 면이 부족해서 오랫동안 해야 할 일에는 익숙하지 않다. 조금만 더 하면 되는데 그러지 않고 더 좋아 보이는 일, 매력적인 일로 쉽게 눈을 돌리고 이직(移職)을 한다.

하지만 평범한 아이들(거북이) 중에는 집중력이 뛰어나고 한 가지 일을 오랫동안 해내는 아이들도 있다. 토끼와 거북이 같은 사람 중에서 게으른 거북이가 아니라 부지런한 거북이를 채용한다.

오래 달리기 시험 방식은 20대의 건강한 사람이면 누구나 완주할 수 있는 정도의 거리다. 끝까지 그 거리를 한 번도 쉬지 않고 달려야 한다. 걷든지 뛰든지 기어가든지 중간에 쉬지 않고 달린다는 것이 조건이다. 아무리 빨리 달려왔어도 중간에 쉬었다 온 사람은 무조건 불합격 처리한다.

비록 늦더라도 끝까지 한 번도 쉬지 않고 지친 발걸음을 끌고 최종 지점까지 도달한 사람은 합격이다. 끝까지 계속 하는 근성을 시험하기 위함이다. 현실적으로 앞서 갔던 천재들은 대부분 제 풀에 넘어져 중도에 포기하는 게 다반사이기 때문에, 뒤에서 근성을 갖고 자신의 일에 끝까지 몰입했던 사람들이 결국은 천재 소리를 듣게 된다는 것이다.

3. 기업이 직원에게 해줄 수 있는 최고의 복지는 '교육과 훈련'이다

1) 일본 전산의 경우

'꿈을 가진 인재'들이 머무는 토양을 만들기 위해서는 목표로부터 우러나오는 동기 유발이 필수적이다. 꿈과 비전이 없다면 회사는 역동적일 수 없다. 개인 역시 '회사를 통해 꿈을 이루겠다'는 비전이 없다면 일에 열정을 쏟기 힘들다. 기업과 개인은 서로의 꿈을 이루어주는 파트너가 되어야 한다. 조직이 개개인의 꿈과 연결되지 못한다면 생명력을 발휘할 수 없기 때문이다.

일본 전산의 나가모리 사장은 직원 교육을 매우 중요시하고 그에 대한 투자도 적극적으로 한다. '교육이야말로 직원들을 위해 해줄 수 있는 최고의 복리 제도'라고 믿기 때문이다.

'교육을 통해 직원들이 성장하고 더 많은 결과를 낼수록 좋은 평가로 이어지고 그것은 승급, 승진으로 이어진다. 또 회사는 그렇게 성장한 직원들의 역량에 의해 한층 더 발전하고, 결과적으로 직원들에게 더 좋은 대우를 해줄 수 있다.'

나가모리 사장은 이런 직원들에게 뼈 있는 말을 던진다.

"교육과 자기계발에 게으른 사람들일수록 월급 타령하고 근무시간 타령을 한다. 유심히 관찰해보면 자기계발에 열심이고 교육에 적극적으로 참여하는 사람들은 그런 불평불만 따위는 하지 않는다. 언제든 월급을 많이 받고 창의적, 압축적으로 일할 수 있는 위치에 오를 수 있다는 자신감이 있기 때문이다."

2) 유한 킴벌리회사의 경우

국내에서 건전하고 행복한 기업 만들기에 앞장서고 있는 유한 킴벌리도 생산성 향상의 비결도 평생학습이다. 유한킴벌리의 근로자들은 한 달에 4일 동안 교육을 받는다. 이 중

하루는 근무일에, 나머지 3일은 휴일에 실시된다. 물론 모든 교육은 의무사항이 아니다. 그러나 자율적인 선택교육의 직원 참여율은 7,80퍼센트에 달한다. 교육 참여율이 이처럼 높은 이유 중 하나는 다름 아닌 교육일에 주어지는 교육수당이다. 회사의 입장에서는 이러한 지출이 낭비가 아닌 투자라고 판단하고 사람에 대한 투자가 현장에서의 생산성 향상으로 나타난다고 믿기 때문이다.

이러한 회사의 정책에 직원들도 교육의 효과를 체감하고 있다. 선택 교육에 참석하는 직원들은 교육을 통해서 스스로 향상된다는 것을 느끼기 때문에 꼬박꼬박 출석하게 된다고 입을 모은다.

이밖에도 유한킴벌리의 직원 교육은 직무 교육 외에 교양교육까지 이루어지고 있는데 영어회화, 컴퓨터 교육, 전시회 관람, 봉사활동 등이 이에 해당한다. 그렇다면 유한 킴벌리가 이렇게 직원들의 교양교육에도 관심을 두는 이유는 무엇일까. 그것은 유한킴벌리가 추구하는 기업문화가 바로 개인의 품성을 키우고, 서로 존중하고 신뢰하는 기업풍토를 만들어 가자는 것이다.

4. 실패하기 쉬운 리더의 다섯 가지 유형

1) 전략적인 사고와 대책 없이 무조건 열심히만 하는 관리자

조직전체로 우선순위가 높은 일은 하지 않고 낮은 일만 열심히 한다든가, 중요한 일은 하지 않고 급한 일만 처리하다가, 틀린 방법으로 열심히 엉뚱한 방향으로 가면서 조직에 큰 손해를 입힐 수 있다.

2) 조직의 이익보다 개인의 이익을 우선시하는 관리자

개인의 이익에는 횡령 등의 금전적인 것도 있지만 자리 보전에 대한 집착도 포함된다. 자신의 능력이 부족하여 조직에 해를 끼치고 있음에도 그 자리에 집착하는 마음가짐이 결국 그 조직을 실패하게 만드는 것이다.

3) 부하 직원에게 감정을 잘 드러내는 관리자

감정에는 화뿐만 아니라, 스트레스 또는 다른 사람이나 다른 부서에 대한 감정적인 비난 등도 포함된다. 어떤 일이 잘못되었을 때 관리자가 스스로의 잘못을 인정하지 않고 일이 진행되지 못한 책임을 다른 팀이나 부서로 전가하는 방어적인 태도를 취하면 이것이 다른 팀이나 부서에 대한 불만과 부서간의 이기주의를 만들게 되어 전체 조직을 분열시키게 된다.

4) 지나치게 자신만의 원리원칙에 집착하는 관리자

고집 센 관리자는 보편타당한 원리원칙이 아니라 자신만의 원리원칙을 고수하면 다른 팀이나 부서 혹은 고객과 타협할 줄 모르게 되고, 변화하는 환경에도 적응하지 못해 결국 조직이 실패할 수밖에 없다.

5) 마음 약한 인사 관리자

직원이 잘못하고 있는 일에 대해서는 정확하게 지적을 해주는 것이 그 직원의 성장을 위해서도 좋은 것인데, 관리자가 지적을 하지 않고 그냥 넘어가는 경우가 많다. 또 한 사람을 적재적소에 배치하는 것이 전체 조직이 잘되기 위해 당연한 일인데도, 마음이 약해 더 능력 있는 사람으로 바꾸지도 못한다. 결국 마음이 약해서 전체 조직을 그르치게 되는 것이다.

위의 다섯 가지 유형 중에 어느 것 하나도 해당되지 않는 사람은 존재하지 않을 것이다. 그런데 성격은 쉽게 고칠 수 있는 것이 아니다. 중요한 것은 자신의 성격을 냉철하고 객관적으로 분석하여 자신의 업무를 성격 때문에 그르치는 일이 없도록 경계해야 한다는 것이다.

5. 조직의 구성원은 핵심 가치를 공유하고 실천해야 한다.

조직은 다양한 사람들이 모여서 일하는 곳이다. 따라서 조직 구성원 각자가 가지고 있는 가치관이나 인생의 목적도 저마다 다를 수밖에 없다. 조직이 힘을 모아 조직과 구성원 모두가 지속적으로 발전을 도모하기 위해서는, 한 목표를 향해 나갈 수 있도록 생각을 공유할 필요가 있다.

지금 당장 눈에 보이는 목표뿐만 아니라 근본적으로 우리가 이 조직에서 함께 모여 일하는 이유는 무엇인지, 그리고 일을 할 때 공통된 판단 기준이나 가치관은 무엇인지를 함께 생각하고 공유할 필요가 있다.

핵심 가치가 분명하게 정립되고 신념화 된다면 조직의 발전뿐만 아니라 구성원들에게도 성취감을 줄 수 있으며 지치지 않는 발전을 가능하게 할 것이다. 또한 이상적인 핵심 가치는 생계 수단 이상의 가치와 의미를 부여하며 조직이 위기에 처할 때 함께 힘을 모아 극복하게 하는 원천이 되기도 한다.

조직을 이루고 있는 구성원들이 모여 공통적인 가치관을 형성할 때 그것은 핵심 가치가 되고 조직의 영혼이 된다. 즉, 핵심가치는 조직에 생명을 불어넣어 주는 역할을 하는 것이다.

조직 내에서 같이 살아가는 구성원들이 조직의 핵심 가치를 존중하고 따르며, 조직은 구성원들이 바람직한 인재로 발전할 수 있도록 환경을 제공해 주는 상호 발전적인 관계가 되어야 조직과 구성원 모두 발전할 수 있고 커다란 힘을 발휘할 수 있다. 따라서 핵심 가치와 인재상은 서로 떼려야 뗄 수 없는 밀접한 관계에 있는 것이다.

6. 성공한 기업가들이 공유하고 있는 DNA

미국 조지아 대학교 토머스 J 스탠리 박사가 20여간 733명의 성공한 부자,100만 장자들에 대한 설문조사, 인터뷰, 통계자료의 분석을 통해 확인한 부자들이 공유하고 있는 DNA.

1. **진실성** -- 모든 사람에게 정직하다.
2. **자기관리능력** -- 철저하게 자기 자신을 통제 할 수 있는 사람이다.
3. **사회성** -- 사람들과 잘 어울린다.
4. **성실성** -- 다를 사람보다 훨씬 더 열심히 일하는 사람이다.
5. 배우자가 내조와 외조를 잘 해주는 부부 -- 아내의 절반은 가사에만 전념하고 있었다.
6. 자기 자신에게 딱 맞는 **천직**天職을 발견한 사람들 이었다(천직-자기가 사랑하고 좋아하고 잘 할 수 있는 직업, 자기 천성에 꼭 맞는 직업).
7. 경제적 기회가 왔을 때는 담대하게 결단력을 발휘한 사람들 이었다.
8. 대부분 명문대학을 나오지 못했고 학교성적도 좋지 않았지만 자신의 장점과 약점을 정확하게 인식하고 있었다.
9. 자기 자신과 자기 일에 많은 투자를 했던 사람들이었다.

Ⅳ. 효(孝) 사상을 통한 경영 전략

효도란 나를 낳아 주시고 길러 주신 부모님을 위하여 자식이 마땅히 해야 할 도리이자 의무다. 예로부터 우리 조상들은 '효도는 모든 행실의 기본이 된다.'고 하여 효를 무엇보다도 중요한 도덕적 가치로 생각했다.

효도하는 방법은 자녀들이 건강하고 행복하게 살면서 자신이 맡은 일에 최선을 다하는 것이고, 부모님이 건강하게 사시도록 보살펴 드리며 부모님의 마음을 늘 즐겁고 편안하게 해드리는 것이다.

항상 부모님을 사랑하고 존경하며 부모님의 말씀을 경청하는 것이 효의 출발점이다.

1. 조선 후기 제 19대 임금 숙종 때 서포(西浦) 김만중(金萬重)이 지은 구운몽(九雲夢)이라는 소설이 있다.

김만중은 어머니에게서 글을 배우고 숙부의 가르침을 받아 과거에 합격하여 벼슬길에 오르게 되지만 임금의 잘못을 바로 잡으려 충언을 하다 오히려 귀양을 가게 된다. 이에 김만중은 홀로 집에 계실 어머니를 위로해 드릴 방법을 고심하게 되고 귀양지에서 어머니가 읽으실 수 있도록 한글로 된 이야기책을 쓰기 시작한다. 그 이야기책은 김만중이 귀양을 가 있었던 3년이라는 시간동안 어머니에게 계속 보내진다. 이렇게 해서 탄생한 소설이 바로 구운몽이다.

구운몽이라는 소설이 탄생하기까지는 홀로 남겨진 어머니를 향한 아들의 애절한 마음이 바탕이 되었을 것이다. 진심으로 부모님을 공경하고 생각하는 김만중의 지극한 효심이 결국 지금까지 읽혀 내려오는 유명한 고전을 만들어 낸 것이라 할 수 있다.

2. 논어의 '학이편'에도 이와 비슷한 내용이 나온다

"제자 입즉 효(弟子入則孝)하고 출즉 제(出則弟)하며, 근이신(謹而信)하며 범애중(汎愛衆)하되 이친인(而親仁)이니, 행유여력(行有餘力)이거든 즉이학문(則以學文)하라."

젊은이들은 집에 들어가서는 부모님께 효도하고 밖에 나가서는 어른들을 공경하고, 또 말과 행동을 삼가고 신의를 지키며, 널리 사람들을 사랑하고 어진 사람과 가까이 사귀어라, 그리고 나서도 여력이 있을 때 공부를 해야 한다" 즉 공부보다 먼저 사람이 되어야 한다는 뜻이다.

위의 이야기를 소비자의 입장에 대입해 보면 좋을 것 같다. 고객을 부모처럼 생각하고 대접하고, 고객의 말에 진심으로 귀를 기울이고, 고객과의 약속을 반드시 지킨다면 기업의 성장과 발전은 당연히 따라오지 않을까. 아마 이보다 더 확실한 경영 전략은 없을 것이다.

* **효행에 관한 글들**

신체발부 身體髮膚는 수지부모 受之父母이므로
불감훼상 不敢毁傷이 효지시야 孝之始也요

입신행도 立身行道하고 양명후세 揚名後世 하여
이현부모 以顯父母하는 것이 효지종야 孝之終也니라

부모지명 父母之命은 불역불태 不逆不怠하라
- 부모님의 명령을 받으면 거역하지 말고 태만하지도 말라.

3. 조직에서 지속성장한 임원과 간부들의 공통점

1) 야심이 있고 겸손하다.
2) 공금을 자기 돈과 똑 같이 아껴 쓴다.
3) 상사에게 부드럽게 직언한다 - DJ 정부 때 최종영 대법원장, 이상주 교육부 장관

4. 홍보 전략

상품의 개발과 판매, 환경 변화에 능동적으로 대응하면서 기업이 지속적으로 성장발전하기 위한 품질향상과 홍보에 힘써야 한다.

홍보란 나의 생각 감정 정보를 제공해서 상대방의 생각과 행동 결정에 변화를 주려는 것이다. 누구나 의사전달을 받으면 받기 전과 다른 결정이나 행동을 하게 된다.

*** 홍보의 기본 원칙은**

전달자의 정보가 신뢰성과 일관성이 있어야 한다. 내용이 명료하고 수신자가 쉽게 이해할 수 있게 간결해야한다. 양이 적정하고 적시성이 있어야 한다.

*** 내 삶에 어떤 문제가 발생했다면**

그것은 내가 인생을 살면서 배워야할 어떤 것이 생겨났다는 것을 의미한다. 지금 이 순간 나에게 일어난 이 사건이야 말로 내가 지금 꼭 경험하고 깨달아야할 바로 그것이다. 좋은 일이든 나쁜 일이든 나에게 일어나는 모든 일(문제)들은 나를 미리 배움(깨달음)으로 인도하기 위한 목적으로 나타난 것이다. 내가 배움과 경험을 회피할 때 나의 삶은 둔화되지만 적극적으로 받아드리고 배울 때 나의 삶은 성장하고 성숙해진다.

5. 결론

기업은 근로자의 헌신적인 노력 없이는 결코 성장할 수가 없다. 근로자 역시 기업의 발전이 없이는 행복할 수 없다. 결국 기업과 근로자(노동)는 함께 공존공영 해야만 하는 운명의 공동체인 셈이다.

기업의 리더는 직원들의 기를 살려주고 직원들의 창의적인 아이디어가 나올 수 있도록 신나는 분위기를 만들고 직원들은 열정을 가지고 이웃을 배려하며 최선을 다해서 신나게 일해야 한다.

우리나라의 효(孝)를 근본으로 하는 충효사상이 기업과 노동의 가치를 높이고 새로운 경영이념을 만드는 데 중요한 덕목이 될 수 있을 것이다.

종합적으로 판단할 때 창업은 철저한 준비와 그 사업을 하지 않고는 견딜 수 없을 만큼의 간절함과 열정이 있다면 창업을 하고, 그런 정도가 아닌 사람은 샐러리맨으로 성공하는 것이 현명한 삶이 될 것이라는 것이 잠정 결론이다. 행운은 준비된 자에게 찾아온다.

참고문헌

1. 정혜원, 유한킴벌리, 거름출판
2. 김성호, 일본전산이야기, 쌤 엔 파커스
3. CEO 안철수, 영혼이 있는 승부, 김영사
4. 빌게이츠, 생각의 속도, 청림출판
5. 잭 웰치, 위대한 승리, 청림출판
6. 민경조, 논어경영학, 청림출판
7. 박동서, 한국행정의 쇄신, 법문사
8. 진대제, 열정을 경영하라, 김영사
9. 황농문, 공부하는 힘, 위즈덤 하우스
10. 신리나 옮김, 신화가 된 여자 오프라 윈프리. 청년정신

시민 아카데미

인 쇄 | 2014년 10월 15일
발 행 | 2014년 10월 20일

저 자 | 김춘섭·김태성·김화택·노희관·손광은
송희성·윤정한·이정구·전태갑·정환담
지경래·최영관·최준원(가나다순)
발행인 | 지병문
발행처 | 전남대학교출판부

등 록 | 1981. 5. 21. 제53호
주 소 | 500-757 광주광역시 북구 용봉로 77
전 화 | (062) 530-0571~2, **마케팅부** 530-0573
팩 스 | (062) 530-0579
홈페이지 | http://www.cnup.co.kr

값 15,000원

ISBN 978-89-6849-153-5 (03040)

이 도서의 국립중앙도서관 출판예정도서목록(CIP)은 서지정보유통지원시스템 홈페이지(http://seoji.nl.go.kr)와 국가자료공동목록시스템(http://www.nl.go.kr/kolisnet)에서 이용하실 수 있습니다.
(CIP제어번호 : CIP2014030077)